《金融研究》

Journal of Financial Research

精编版

2019 年（上卷）

《金融研究》编辑部 / 编

中国金融出版社

责任编辑：仲　垣
责任校对：张志文
责任印制：张也男

图书在版编目（CIP）数据

金融研究：精编版. 2019年. 上卷/《金融研究》编辑部编. —北京：中国金融出版社，2019.12
ISBN 978 - 7 - 5220 - 0395 - 5

Ⅰ. ①金…　Ⅱ. ①金…　Ⅲ. ①金融学—文集　Ⅳ. ①F830-53

中国版本图书馆CIP数据核字（2019）第277312号

《金融研究》（精编版）2019年（上卷）
《Jinrong Yanjiu》（Jingbianban）2019 Nian（Shangjuan）

出版发行　中国金融出版社
社址　北京市丰台区益泽路2号
市场开发部　（010）63266347，63805472，63439533（传真）
网 上 书 店　http://www.chinafph.com
（010）63286832，63365686（传真）
读者服务部　（010）66070833，62568380
邮编　100071
经销　新华书店
印刷　保利达印务有限公司
尺寸　169毫米×239毫米
印张　27.75
字数　360千
版次　2019年12月第1版
印次　2019年12月第1次印刷
定价　75.00元
ISBN 978 - 7 - 5220 - 0395 - 5

《金融研究》学术委员会与编委会

前 言

《金融研究》是中国人民银行主管、中国金融学会主办，对国内外公开发行的正式出版物。创刊 40 年来，《金融研究》已成为引领国内学术前沿的理论性、政策性、实践性兼备的权威学术期刊。2005 年荣获第三届国家期刊奖。2012 年入选国家社科基金资助期刊。《金融研究》编辑部设在中国人民银行金融研究所，负责期刊的组稿、审稿、编辑和出版发行等工作。

为面向国内外读者更广泛、充分地推广《金融研究》所刊载的研究成果，进一步提升期刊的学术和政策影响力，同时促进学术成果转化，更好地服务于中央决策和宏观管理部门的履职需要，《金融研究》编辑部自 2019 年起对已刊载论文编写精编版，每年分上、下两卷结集出版。

本书是《金融研究》2019 年 1~6 期共 66 篇论文的精编版，并结合当前经济金融热点研究领域分类编排。精编版论文为中英文对照，每篇中文内容约 2500 字，充分考虑了国内外读者的阅读习惯和知识背景，对论文研究背景与意义、研究主题与思路、研究方法与理论依据、数据及来源、主要结论与政策建议、创新与贡献以及未来研究扩展方向等进行了概括和提炼，以期更完整、准确地介绍论文的精华与贡献。精编版同时兼顾现实性、政策性、学术性和可读性，注重提炼思想，阐述观点，力求用简洁生动的语言讲好中国故事，立足文章结论提出有针对性的政策建议，供参阅。

如需论文完整版，请查阅正刊或登录《金融研究》网站（www.jryj.org.cn）下载论文pdf版。

欢迎扫描二维码关注《金融研究》
微信公众号（ChinaJFR）

目 录
CONTENTS

01 宏观经济与货币政策

02　金融稳定与风险防范

05 金融市场

06 国际经济与贸易

07 财税政策与地方政府行为

08 普惠金融与社会发展

09 公司治理与公司金融

01 Macroeconomics & Monetary Policy

02 Financial Stability & Risk Management

04 Enterprises Reform & Innovation

05 Financial Markets

06 International Economics & International Trade

07 Fiscal, Taxation & Local Government

08 Inclusive Finance & Social Development

09 Corporate Governance & Corporate Finance

01 宏观经济与货币政策

四十年来中央银行的研究进展及中国的实践*

陈雨露

改革开放四十年来，中国金融体系从无到有，发生了翻天覆地的变化，目前已基本建成了与中国特色社会主义市场经济相适应、具有活力和国际竞争力的现代金融体系。四十年来，现代货币经济学和全球中央银行政策实践也发生了深刻变革。作为全球最大的新兴市场加转轨经济体的中央银行，中国货币政策当局面临的现实约束条件更加复杂，中央银行研究为推动中国金融体系发展和中央银行科学决策提供了可靠支撑，既与世界同步，也具有自己的鲜明特征。本文以世界经济十年左右的周期波动及与之相伴随的货币经济学理论进展和中央银行政策变迁为主线，结合美联储、欧洲中央银行和新兴市场经济体中央银行研究的知识图谱分析，总结了四十年来中央银行的研究进展和中国经验，旨在进一步推动中央银行理论研究，更好地促进金融高质量发展。

第一个十年是从20世纪70年代后期到80年代末的“大通胀”时期。为了驯服“通胀野马”，现代货币数量论达到了巅峰，发达经济体货币政策纷纷从相机抉择转向按规则行事的货币数量目标制。

这一时期，国内的研究主要聚焦于财政和信贷的配合、中央银行职能及金融体系的重构。财政信贷综合平衡理论时至今日依然是我国宏观

* 原文刊载于《金融研究》2019年第2期。
作者简介：陈雨露，经济学博士，教授，中国人民银行。

经济金融领域一个重要的分析框架。人民银行自1978年从财政部独立出来，标志着我国开始区分财政和金融的功能，着手发挥金融在社会资源中独特的配置作用。

第二个十年是从20世纪80年代末到90年代末“大缓和”时代的前十年，“单一目标、单一工具”货币政策框架逐步确立，以独立性和通货膨胀目标制为典型特征的“第二次中央银行革命”渐次展开。同时，受“单一目标、单一工具”学术思潮影响，货币政策与金融监管的分离逐渐成为主流趋势，委托—代理、机制设计等大量文献也为分离趋势提供了理论证明。这一时期，新兴市场经济体则面临着开放经济条件下“三元悖论”的现实冲击。

20世纪90年代，人民银行开始重点研究货币政策与货币供应量之间的关系，逐步缩小直接干预范围，最终在1998年以取消信贷规模管理和重启人民币公开市场操作为标志，形成了以广义货币供应量为中间目标、以通货膨胀为主的多重目标、综合运用多种政策工具、符合现代意义的间接调控的货币政策框架，实现了货币政策调控框架的第一次重大转型。同时，人民银行针对健全微观金融主体、建设金融市场和完善政策机制等方面，进行了大量深入的研究，有力地推动了中国金融体系的发展、改革和开放，为间接调控提供了必要的微观基础和制度条件。

第三个十年是从20世纪90年代末到2008年国际金融危机爆发的“大缓和”时代的后十年，关于金融自由化问题的研究成为主流，也导致了全球范围内的监管放松。“监管竞次”使分业监管极不适应金融综合经营的趋势，埋下了金融危机隐患。新兴市场经济体反而吸取了亚洲金融危机的教训，积极调整经济结构和政策体系，积累了足够的经验和政策空间以应对危机冲击。

这一时期，人民银行的研究人员没有拘泥于现有理论，而是努力将短期宏观调控与中长期金融改革紧密结合，根据中国实际提出有利于推动金融改革的理论分析和政策主张。高度重视“在线修复”金融体系，通过外汇储备注资完成国有商业银行股份制改造，以激励相容的方式通过置换中央银行票据完成农信社改革，为抵御国际金融危机的冲击奠定了良好的微观基础。对经典的“不可能三角”理论进行扩展，探索出中间制度安排理论并应用于中国实践。在完善货币政策传导机制的基础上，很好地把握了货币调控“量”与“价”的平衡。

第四个十年是自2008年开始的“大衰退”时期，对于危机的反思仍在继续。危机的爆发暴露出主流经济学理论和研究范式存在的缺陷，各国中央银行的研究主要集聚在把金融因素系统性地引入宏观经济学一般均衡模型、非常规货币政策的全球实验及其正常化、宏观审慎政策与系统性金融风险防范、金融发展的新理念及其实践四大主题上。

这十年来，人民银行的研究与本轮危机之后全球中央银行的反思是一致的。人民银行的研究人员在中国较早地开展了宏观经济模型分析，也是构建DSGE模型并针对中国问题开展研究的引领者之一。在运用货币政策工具应对危机冲击方面，中国的政策实践非常丰富，强调突出价格稳定并兼顾金融稳定等其他目标，高度重视结构性改革的基础性作用。中国的中央银行很早就对建立适合中国国情的宏观审慎政策框架进行了积极理论探索，处于全球主流理论研究的第一方阵。人民银行将创新、协调、绿色、开放和共享五大新发展理念贯穿于金融改革发展稳定的全过程，与国际社会一道，在理论和实践上进行了积极探索与有益创新。

作为与政策紧密相连的领域，现实的挑战始终是中央银行研究的最大动力。当前，我国仍面临着直接融资特别是股权融资占比较低、小微企业和民营企业的融资状况与其在国民经济当中的占比不尽匹配这两大长久存在的融资体系结构性矛盾。深化金融结构性改革的新使命，呼唤我国金融结构改革理论的新突破，也让我们共同期待在不断深化的金融供给侧结构性改革推动下，尽早取得更大的成果。

中国潜在产出的综合测算及其政策含义*

徐　忠　贾彦东

近10年来，我国宏观经济运行呈现出较为明显的趋势性变化特征。经济增长、消费、投资及货币供应量等主要宏观经济指标增速均出现趋势性放缓。实际GDP平均增速由2008年国际金融危机前的13%逐步降至2018年的6.6%，社会消费品零售总额及固定资产投资完成额平均增速从2008年的20%以上快速下降至2018年的6%和9%左右，M2增速更由16%降至8%的历史最低水平。针对这一现象，既有的理论与政策研究提出了多种解释，包括经济周期性与结构性变化、技术增长空间降低、人口红利逐渐消退及金融危机冲击影响的延续等，但从整体来看尚缺乏足够的定量分析支持，且部分结论存在与经验事实不符之处。一般而言，在通货膨胀基本稳定的条件下，经济出现长期的趋势性放缓通常源于潜在产出增速的持续下降。那么，我国当前的潜在产出走势究竟如何？为何会出现趋势性变化？这种变动趋势又是否会长期持续？上述问题不仅是理论研究的焦点，更是影响未来宏观政策决策的关键。

潜在产出是指在资本和劳动等生产要素得到充分利用的条件下总产出可以达到的水平，描述了没有名义黏性影响下宏观经济运行的理想状态，反映了经济长期有效供给的能力。全要素生产率（TFP）是估算潜在

* 原文刊载于《金融研究》2019年第3期。

作者简介：徐忠，研究员，中国人民银行研究局；贾彦东，副研究员，中国人民银行研究局。

产出的重要基础，反映了实际产出增长中不能被要素投入解释的部分，是衡量和评价整体技术进步的核心指标。近年来，上述理论概念越来越多地走向政策实践前台，成为宏观政策决策的重要参照基准。通过测算潜在产出，决策部门有能力判断宏观经济运行趋势和周期状况，通过政策调整减小摩擦，实现经济的长期可持续增长。

对中央银行而言，潜在产出的测算和估计尤为重要。潜在产出不但反映经济的中长期供给能力，也是货币政策的核心目标之一，相应地产出缺口更直接进入货币政策决策规则，影响货币政策的具体操作。遗憾的是，无论潜在产出还是全要素生产率都属于不可观测的状态变量，无法直接得到，只能通过不同方法或模型进行估算。在政策实践上，各国政府和中央银行通常结合本国经济特点，依据研究目标，选择使用不同方法或方法组合估算潜在产出。在当前经济环境下，如何有效估计我国潜在产出，分析不同因素对潜在产出的影响，从而预测中长期走势，具有重要的理论与现实意义。

在梳理和比较现有测算潜在产出主流方法的基础上，从货币政策决策出发，运用状态空间、DSGE等多种方法对我国的潜在产出进行估计，结合估计结果对潜在产出的变动原因和变化趋势进行分析和预测，得到的主要结论如下：

（1）1993—2018年我国潜在产出呈现出逐步放缓走势，平均增长率为9.4%，略低于实际GDP的平均增长率（9.5%）。其中，全要素生产率趋势平均增速为3.6%，资本投入平均增速为11.7%，劳动力投入平均增速为0.6%，对潜在产出增速的平均贡献率分别为38.3%、58.3%和3.4%。

分阶段来看，资本投入对潜在产出增长的影响力持续增强。2008年国际金融危机前，我国潜在产出平均增速为10.4%左右，而实际资本平均贡献率约为50.8%，劳动投入平均贡献率为4.4%，全要素生产率的平均贡献率则为44.9%。2008年国际金融危机后，潜在产出平均增速下降至8.2%，资本、劳动和全要素生产率对应的平均贡献率则分别为71.1%、1.8%和27.1%。这表明危机后，过度关注总量问题，依靠高投入的结果是全要素生产率大幅下降、低效回报部门在加杠杆、潜在产出增速在不断下降，扭转这一趋势必须依靠供给侧结构性改革。

（2）近年来，潜在产出增速的趋势性放缓主要源于高投资并未形成有效资本，进而导致有效资本投入对潜在产出的拉动力持续走低。而投资专有技术进步放缓、投资调整成本上升、资本形成效率快速下降，是造成有效资本投入不足和潜在产出放缓的深层次原因，这也是供给侧结构性改革的理论基础。

具体来看，2011年以来，我国的资本形成效率和投资专有技术进步均出现了较大幅度的下降。尤其是资本形成效率下降幅度较大，持续时间较长。两类因素交替依次下降似乎表明，2011—2013年，为缓解国际金融危机影响，政府通过扩大基建投资力度，带动房地产投资迅速增长。基建投资和房地产投资对其他投资，尤其是制造业投资产生了明显的挤出效应，并造成了资本形成效率下降以及整体技术进步增长的放缓。2016—2018年，房地产与基建投资增长虽得到一定程度的抑制，但制造业投资恢复缓慢，尤其民营企业、小微企业投资增长乏力，不足以成为拉动经济的主要动力。此外，近年来我国资本调整成本明显上升，投资调整成本反映了投资结构调整的难易程度，投资增速变动越大，投资调整成本将越高，资本投入增长也将越缓慢。

（3）劳动力市场搜寻成本较高，供需结构不匹配，导致劳动的增长贡献率较低，我国的人口优势并未得到充分利用和有效发挥，进一步加剧了近年来潜在产出增速的趋势性放缓。

（4）如果不推动供给侧结构性改革，未来5~10年我国潜在产出平均增速仍将缓慢下降，并逐步稳定在4.8%~5.1%。与发达经济体相比，我国潜在产出增长仍有较大的提升空间，尤其在劳动投入方面。经济高质量发展势必要求推动供给侧结构性改革，以提高全要素生产率来提升潜在产出增速。

由此提出以下几点政策建议：第一，在平衡好短期需求和中长期改革目标上，应更加注重提升投资质量，优化投资结构；第二，应完善劳动力市场，提高劳动力质量，降低就业主体搜寻匹配成本，减少无效供给，提升劳动投入的增长贡献率；第三，应加强体制机制建设，进一步推动供给侧结构性改革，促进全要素生产率整体提升；第四，面对潜在产出的趋势性变化，货币政策应重视对经济趋势性变动与周期性波动的识别，保持战略定力，提升宏观政策应对的精准度。

我国外汇储备的溢出效应研究*

——基于引力模型的分析

唐爱迪　陆　毅　杜清源

在全球经济失衡的大背景下，我国作为主要的贸易顺差国，外汇储备规模连续多年位居世界首位。如此高额的外汇储备在发挥调节国际收支、维持汇率稳定等内部作用的同时，是否还会产生溢出效应进而影响全球资产配置？经验表明，不同国家的外汇储备之间往往存在协同增长。外汇储备本质上反映的是全球经济不平衡问题，单纯从一国角度进行储备调整或寻求储备积累原因并不能完全阐释外汇储备增长问题，还需充分考虑外部因素，如不同国家储备波动的协同性以及国家之间的经济联系。已有文献主要针对外汇储备对我国经济的内部影响，或侧重于分析我国外汇储备增长的原因，或探究外汇储备的合理规模及资产组合选择，却忽视了外汇储备的外部影响。基于此，本文将从外部视角切入，重点考察我国外汇储备的国际影响力及其对全球资产配置的影响，并通过将传统的引力模型引入外汇储备分析框架，分析双边汇率制度关联、资本账户开放程度，以及金融发展水平等因素对两国外汇储备持有比例相似程度的影响，以验证我国高额外汇储备的溢出效应。本文采用WDI数据库的外汇储备非平衡面板数据，样本涵盖了2000—2015年199个国家和

* 原文刊载于《金融研究》2019年第4期。

作者简介： 唐爱迪，博士研究生，清华大学经济管理学院；陆毅，经济学博士，教授，清华大学经济管理学院；杜清源，经济学博士，助理教授，莫纳什大学商业与经济学院。

地区，既包括发达国家，也包括崛起中的新兴市场经济体和其他发展中国家。与以往研究相比，本文研究具有时间跨度长、样本量大、国家类型多样化等优点，丰富的国家数据为实证检验提供了充足的数据支持。

本文的主要研究结论如下：OLS回归结果表明，我国外汇储备具有随地理距离递减的空间溢出效应，且这种溢出效应更多地发挥在与中国存在汇率制度关联、金融发展水平相似、资本账户开放程度相近的国家之间；共同的语言、宗教、法律制度等也会减少两国外汇储备持有比例的差异。为了克服异方差和样本选择偏误的影响，本文采用泊松伪极大似然估计（PPML）方法对模型进行重新估计，采用工具变量法进行两阶段最小二乘法（2SLS）来处理内生性问题，并对外汇储备占比、资本账户开放程度、金融发展水平等变量进行重新度量以验证结论的稳健性。在考虑了样本选择问题、内生性问题与变量度量等问题后，本文结论依然稳健。

本文的主要贡献在于：（1）创新性地提出了中国外汇储备的溢出效应问题，与单一地考察外汇储备的合适规模相比，如何做好现有外汇储备的经营管理，从而扩大外汇储备的国际影响力更具现实意义；（2）本文借鉴危机国际传染理论对外汇储备溢出效应的作用渠道展开分析，一国外汇储备既可以通过资本流动、贸易溢出和信贷途径等直接渠道，也可以通过影响投资者心理预期等间接渠道对其他国家的外汇储备产生影响；（3）引力模型凭借其良好的解释力和稳定性被广泛地应用于各种涉及空间经济活动的研究当中，鉴于引力模型对国际资本流动具有良好的解释能力，本文尝试性地将其引入外汇储备分析框架，拓展了引力模型在国际金融领域的实际应用。

本文的研究为全面探究外汇储备的国际影响提供了经验支持，同时也为引力模型在国际金融领域的实际应用开拓了新的思路。探究我国外汇储备的溢出效应，有利于发展中经济体更好地理解外汇储备的变动逻辑，对于完善大规模外汇储备经营管理体制、增强宏观调控能力、进一步参与国际宏观经济政策协调机制具有积极意义。本文的结论还凸显了国家间加强外汇储备合作调整的战略意义。各国可以通过建立国家间外汇储备库，设立国家银行，通过资本金认缴、债券发行集中外汇储备以满足融资需求，共同应对国际冲击。与此同时，还应保持货币政策与汇率政策、资本管制等工具之间的协调，避免竞争性贬值、资本管制宽严不一等行为削弱政策效果。

总之，探究我国的外汇储备问题，不应简单地局限在规模上，应更多地关注现有外汇储备的经营管理问题。“用好增量，盘活存量”，深化多元化运用，服务国家战略，保障国家经济金融安全，进而不断扩大我国外汇储备的国际影响力。此外，也不应局限在外汇储备管理的内部影响，要充分考虑国家间的经济联系和储备波动的协同性。随着我国经济、金融发展水平的不断提升，逐步扩大我国外汇储备对全球资产配置的影响，促使我国在全球经济治理中发挥负责任的大国作用，共同推动国际经济治理结构的完善。

货币政策、消费品和投资品通货膨胀*

——基于金融加速器视角

林东杰　崔小勇　龚六堂

货币政策如何在短期内影响产出和通货膨胀一直是宏观经济周期理论关注的核心问题，也是中央银行通过货币政策进行总需求管理时所要考虑的问题。然而长期以来，相关研究大多集中在货币政策如何影响消费品价格水平（CPI），较少有研究讨论货币政策对其他产品价格水平的影响机制。投资作为GDP的主要组成部分一直是影响中国宏观经济运行的重要因素。目前中国经济正处于结构转型的重要阶段，中央银行在实施货币政策的过程中更加关注不同部门的结构性差异。本文的研究有助于理解消费品和投资品部门的内在差异，从而使货币政策可以根据不同部门和行业的特征作出有针对性的调整。

通过对比中国消费品和投资品的环比季度通货膨胀可以发现，2011年之前，消费品和投资品通货膨胀的变动趋势基本相同，但从数量上看，投资品通货膨胀的波动幅度更大，消费品通货膨胀的波动则比较小。在2008年国际金融危机期间，投资品通货膨胀有较大幅度的下降，消费品通货膨胀下降幅度相对较小。自2011年开始，投资品通货膨胀和消费品通货膨胀的变化趋势出现分化，表明投资品和消费品的价格缺口在扩大，

* 原文刊载于《金融研究》2019年第3期。

作者简介： 林东杰，博士研究生，北京大学光华管理学院；崔小勇，经济学博士，副教授，北京大学经济学院；龚六堂，数学博士，教授，北京大学光华管理学院、数量经济与数理金融教育部重点实验室。

投资品相对消费品的价格水平在下降。由此可见，消费品和投资品的价格变化存在较大差异。那么货币政策对这两个部门的产出和通货膨胀有何影响？这两个部门的货币政策传导机制的差异如何？影响这两个部门的通货膨胀动态的主要因素是什么？通过研究这些问题，不仅可以从理论上更好地理解消费和投资在宏观经济波动中的不同表现，也有助于为货币政策的制定提供政策建议。

本文首先基于中国宏观经济季度数据进行实证分析，提炼经验事实，利用宏观计量模型考察了货币政策的改变对消费品和投资品部门的产出和通货膨胀的影响。研究结果表明，当货币政策扩张时，两个部门的产出和通货膨胀都呈现上升趋势。然而，投资品部门的产出和通货膨胀上升幅度比消费品部门更大。

为解释经验事实，本文建立包含消费品和投资品生产在内的一般均衡模型，并引入金融加速器以分析货币政策对消费品和投资品通货膨胀的影响机制。在金融加速器机制下，企业的资产负债表状况会内生地影响企业外部融资成本，从而影响企业的投资行为。本文利用贝叶斯方法对模型进行估计，使模型能够拟合实际数据的特征。在此基础上，基于理论模型进行模拟得到货币政策扩张对两个部门产出和通货膨胀的影响与实证分析得到的经验事实相一致。

产品的价格水平由该产品的需求和供给一同决定。基于理论模型的估计结果表明，两个部门的供给曲线（菲利普斯曲线）结构特征十分接近，因此两个部门需求结构的异质性是解释货币政策对两个部门影响差异的关键。货币政策作为一种需求管理的工具，主要通过刺激需求对经济产生影响。本文理论分析表明，货币政策对两个部门需求刺激的效果存在较大差异。

一方面，消费品部门的需求方主要是家庭，然而家庭存在跨期消费平滑的动机且消费具有习惯性，这使家庭消费波动比较平稳，因此消费需求对货币政策的反应较小。另一方面，投资品部门是经济中的上游部门，生产出来的产品被用于制造新的资本品，因此，投资品的需求方是企业。货币政策扩张使利率下降，首先，通过利率传导增加了企业对资本的需求，进而增加投资。其次，由于存在金融加速器机制，资本需求增加使资产价格上升，进而增加了企业的资产价值，降低了企业杠杆率，使外部融资溢价下降。因此，货币政策通过企业资产负债表进一步增加企业对投资品的需求。金融加速器机制将会放大货币政策对投资品需求的影响效果。由于货币政策扩张对投资品需求刺激效果更加显著，从而解释了货币政策扩张时，投资品部门产出和通货膨胀率上升幅度比消费品部门更大。方差分解结果表明，加总技术冲击、投资边际效率冲击和货币政策冲击是经济波动的主要来源。

本文对现有文献的贡献在于构建了一个较为完整的理论模型，对影响消费品和投资品部门的需求和供给两方面的因素都进行了刻画。通过引入金融加速器机制对企业投资行为进行刻画，更好地反映货币政策对消费品和投资品需求面影响的差异。运用贝叶斯方法对模型参数进行估计和识别，发现货币政策对两个部门需求面影响的差异是解释两个部门通货膨胀异质性的关键。传统货币理论则更多的从供给面的差异（菲利普斯曲线）解释部门通货膨胀的异质性变化。

本文的研究对于中央银行制定和实施货币政策有一定的启示。首先，货币政策对于消费品和投资品部门的产出、通货膨胀和企业投资的影响机制有较大差异，投资品部门对货币政策变化的反应更加敏感。因此，中央银行在制定和实施货币政策时除了关注经济总量的变化，还应综合考虑不同部门的异质性特征。对不同部门采取有针对性的货币政策有利于更好地维持宏观经济稳定。其次，企业的融资状况是影响货币政策效果的重要因素，金融市场借贷环境的变化不仅影响企业投资，还会影响不同部门产品相对价格的变化。因此，中央银行可以根据金融市场的变化调整货币政策，从而使货币政策对产出和物价的调节更加有效。

中国结构性通缩中的周期性与结构性问题*

莫万贵　袁　佳　魏　磊　高海燕

2012—2016年，中国的CPI和PPI呈现长期背离分化走势，从整体上表现出明显的结构性通缩特征。CPI和PPI走势长期背离使价格信号失真，难以正确判断物价水平和经济形势，给宏观调控带来较大干扰，在学术研究和政策制定层面引发较多争论。因此，迫切需要深入研究、准确分析这一时期的结构性通缩现象，有效甄别中国结构性通缩背后的深层次原因，揭示中国经济系统内部存在的深层次问题。

从传统理论来看，对通缩成因的研究主要有三种代表性观点：一是以凯恩斯（1936）为代表的总需求不足理论，二是以费雪（1933）为代表的"债务—通缩"理论，三是以弗里德曼（1971）为代表的货币紧缩理论，分别从不同角度揭示通缩的成因及影响，但整体而言还是从总量的视角来分析一般意义上的通缩现象。当前，从短期和总量角度研究物价和通缩问题的文献仍占多数，少数文献对物价变化的结构性因素进行了分析。但从周期性和结构性两个维度对2012—2016年CPI和PPI背离及各自变动的主要因素进行的研究分析比较少，定量研究也存在不足，更缺乏对于宏观政策应对的针对性分析。

* 原文刊载于《金融研究》2019年第3期。
作者简介：莫万贵，经济学博士，副研究员，中国人民银行金融研究所；袁佳，经济学博士，副研究员，中国人民银行金融研究所；魏磊，经济学博士，中国人民银行研究局；高海燕，经济学博士，中国人民银行研究局。

本文从2012年以来CPI与PPI走势长时间背离的现象切入，综合考虑周期性因素和结构性因素，将理论推导和实证研究相结合，深入分析了中国结构性通缩的原因，并给出相应结论与建议。参考伍戈和曹红钢（2014）的相关研究，将巴拉萨—萨缪尔森效应引入总需求—总供给模型（AD-AS模型），进一步结合中国实际，引入外部冲击、产能过剩等因素，力图更好地解释中国结构性通缩产生的机理。采用CPI/PPI作为衡量结构性通胀的变量，用非贸易品对贸易品的相对价格衡量结构性通缩。在周期性因素方面，纳入大宗商品价格、经济增长、进出口规模、固定资产投资、居民收入、货币供给等变量。在结构性因素方面，纳入产能过剩、产业结构、贸易品对非贸易品的相对劳动生产率、企业资产负债率、贸易条件等变量。样本期为2002年第一季度至2016年第四季度，所有数据均来自Wind数据库。

研究发现，结构性通缩是中国经济在“三期叠加”背景下的客观反映，但也显示了经济运行可能面临的风险和挑战。一方面，周期性因素是导致中国结构性通缩的重要原因，内外需疲软、国际大宗商品价格下降等都会对CPI和PPI产生负向冲击，但这种影响持续时间相对较短，随着国内外经济形势的复苏以及大宗商品价格的上涨，这种周期性因素的负面冲击将会减少或消失，甚至会形成对CPI和PPI的正向支撑。另一方面，结构性和制度性因素是导致结构性通缩的深层原因。近年来，中国劳动生产率增速放缓、大规模刺激计划导致的产能过剩等供给侧冲击，住房、养老、教育、医疗等领域相关制度改革未到位导致居民消费需求不足，以及存在的巴拉萨—萨缪尔森效应等，多重因素效应叠加，导致中高端产品服务供给不足和中低端工业产能严重过剩，这些都对价格的结构性偏离形成趋势性和长期性影响。如果不能有效解决结构性问题，CPI和PPI的走势背离可能持续较长时间，无论是以结构性通缩还是结构性通胀的形式。

本文政策启示如下：要有效解决结构性通缩问题，需要创新政策工具，从供给端入手加快结构性改革步伐。从国际经验来看，中央银行对扩张性货币政策和紧缩性货币政策的控制能力是不对称的，在发生结构性通缩的情况下，由于商业银行控制风险和货币持有人预期的改变，货币政策效率往往大幅降低，此时实施过度宽松的货币政策反而不利于产能出清，且可能导致新一轮资产价格泡沫。在经济新常态背景下，总需求和总供给调控效果呈现出非对称状态，未来在保持总量政策稳健中性、做好总需求管理的同时，更应注重供给侧结构性改革，在优化结构方面进行政策布局，改善供给侧环境与机制，激发微观主体活力，全面提高全要素生产率，实现产能过剩部门的市场出清和经济结构的优化调整。未来还需要持续跟踪国内外结构性通缩现象及演变趋势，进一步创新研究方法，从理论和政策层面展开分析研究。

耐用品、投资专有冲击与货币政策福利*

石 峰 王 忏

货币政策的主要目标是熨平经济波动，保障国民经济稳定运行，但不同外生冲击的传导机制和对货币政策的影响存在显著差异。因此，有效识别各种冲击的来源及性质，成为货币政策部门需要解决的首要问题。在实际经济周期研究中，中性技术冲击被视为驱动经济波动的主要因素。基于新凯恩斯模型的货币政策文献也同样关注技术冲击对货币政策的影响。

但实证研究发现，中性技术冲击对产出和就业波动的解释程度较低，经济波动更有可能源于其他冲击：投资专有冲击、劳动供给冲击、实际利率冲击、消费冲击，以及住房需求冲击等。其中，投资专有冲击与经济波动的关系逐渐成为宏观经济的研究重点。投资专有冲击刻画了未预期到的投资专有技术变动。投资专有技术是一单位投资品转化为厂商生产资本的效率。当投资专有技术进步时，一单位的资本品积累能够转化成更多的生产资本，家庭的储蓄动机上升，进而影响家庭消费、厂商的实际边际成本及中央银行的货币政策选择。

---

* 原文刊载于《金融研究》2019年第5期。

作者简介：石峰，经济学博士，助理研究员，北京大学光华管理学院；王忏，经济学博士，讲师，中央财经大学金融学院。

现有文献表明，投资专有冲击是经济波动的重要驱动因素。例如，投资专有冲击能够解释第二次世界大战后美国总产出波动的30%。在引入工资黏性和可变资本利用率等其他名义摩擦后，投资专有冲击对产出波动和投资波动的解释程度分别上升至50%和80%。国内学者也关注到投资专有冲击在我国经济波动中的作用。研究发现，投资专有冲击对产出、投资和资本波动的解释程度分别为90%、62%和66%。当采用混频数据对参数进行估计时，与投资相关的外生冲击能够解释我国总经济波动的30%以上。

虽然投资专有冲击是经济波动的重要来源，但与货币政策相关的研究仅关注中性生产技术的作用，而忽略了投资专有冲击的影响。有必要考虑投资专有冲击的传导机制，并分析投资专有冲击与中性技术冲击对货币政策的影响存在哪些差异。

本文构建一个包含耐用品和非耐用品的两部门模型。其中，非耐用品只能用于消费，耐用品既可以作为耐用消费品进入家庭消费，又能够形成资本用于厂商生产。之所以选择耐用品与非耐用品两部门模型进行分析，是因为在实证研究中，投资专有技术进步时，家庭消费和投资会同步上升，二者呈现出显著的正向协动特征（见图1）。但在仅包含非耐用品的单部门模型中，投资专有技术进步时，家庭增加当期投资及下一期资本存量，降低消费，意味着投资挤出了家庭消费，消费与投资反向波动。将单部门模型（仅包含非耐用品）推广到两部门模型（包含耐用品与非耐用品），能够有效地解决这一问题。这是因为在两部门模型中，投资专有技术进步时，家庭投资需求上升，推升耐用品相对价格。家庭用非耐用品消费替代耐用品积累，非耐用品需求及产出上升，家庭消费与投资同向波动。本文在两部门模型中引入投资专有冲击，分析中央银行的货币政策选择问题，研究发现：

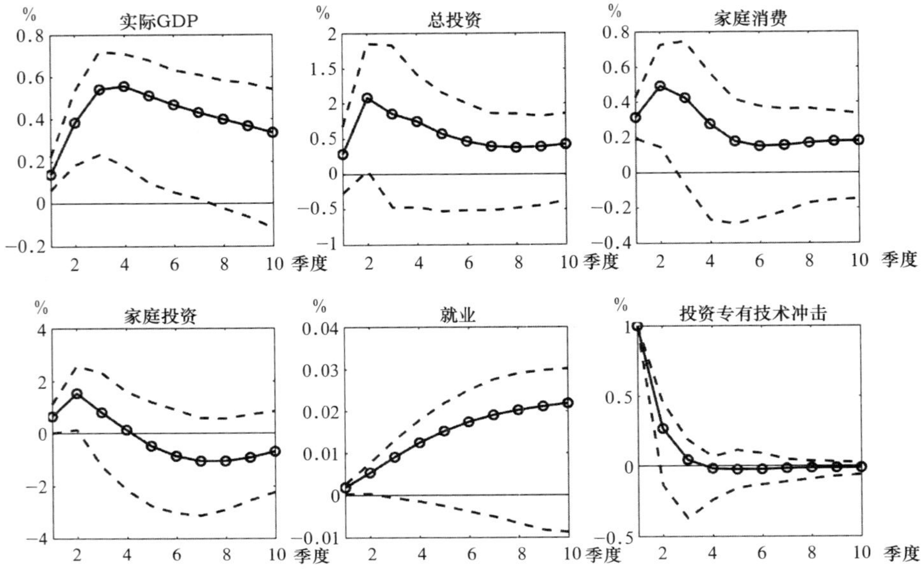

图1　投资专有技术冲击的脉冲响应函数[①]

第一，即使耐用品价格不存在价格黏性，最优货币政策也无法同时稳定价格和实际GDP，与仅考虑中性技术冲击时的结论明显不同[②]。在基准模型中，耐用品相对价格缺口波动率的上升虽然增加实际GDP波动，却能够有效地降低投资专有技术对边际成本的冲击，稳定价格。所以两部门投资专有冲击时，中央银行倾向于稳定价格水平。与其相反，在单部门投资专有冲击或两部门生产技术冲击时，最优货币政策应降低耐用品相对价格缺口波动，稳定实际GDP。

第二，虽然最优政策描述了投资专有冲击对货币政策权衡的影响，却无法给我国中央银行提供相应指导。由于泰勒规则成功刻画了多数国

① 样本数据包括实际GDP、就业、家庭消费、家庭投资、总投资和投资专有技术，时间跨度为1996年第一季度到2016年第四季度，数据来自中国宏观经济数据库。其中，总投资为社会固定资本形成总额，消费是支出法中的总消费，就业为季度平均就业水平。将投资品相对消费者价格指数的实际价格取倒数，衡量投资专有冲击。

② 在考虑中性技术冲击的两部门经济中，如果只有一个部门存在价格黏性，而另一个部门价格灵活，最优货币政策仅需稳定价格黏性部门的价格指数，就能够同时稳定价格与产出。

家中央银行的货币政策，本文也对比了钉住非耐用品PPI、钉住两部门加权平均PPI，以及钉住CPI三种形式的泰勒规则。结果表明，无论何种外生冲击，钉住非耐用品PPI的社会福利水平最优，钉住加权平均PPI最低，钉住CPI则介于二者之间。就具体数值而言，投资专有冲击的福利损失是中性技术冲击的2倍，意味着投资专有冲击加剧了货币政策在稳定价格与实际GDP间的权衡，恶化社会福利。敏感性分析表明，当耐用品折旧率、家庭消费特征，以及劳动供给行为等关键参数改变时，上述结论依然成立。

本文研究结论对我国货币政策实践具有如下启示：（1）在多部门经济模型中，中央银行应关注部门间相对价格在稳定价格水平与实际GDP中的作用，并通过相对价格的合理波动，改进货币政策的操作空间；（2）在制定并实施货币政策前，中央银行需构建更加贴合现实的经济模型，识别不同冲击在当前经济波动中的地位和作用，并关注主要驱动因素的传导机制和对社会福利的影响。

人口年龄结构与金融结构*

——宏观事实与微观机制

余静文　姚翔晨

中国经济增速自2012年起已连续7年低于8%，其中连续4年低于7%，潜在经济增速也处于下行区间，中国经济正从要素驱动型增长模式向效率驱动型乃至创新驱动型增长模式转型。人口年龄结构是影响宏观经济运行的重要因素，不仅能够通过“人口红利”影响经济增长，也可通过金融资产需求作用于金融结构。过去20年，中国人口年龄结构发生了巨大变化，未来的发展趋势也较为清晰。依据第六次人口普查提供的出生率、死亡率对分年龄人口数量进行预测，未来中国整体人口年龄结构将呈现蘑菇状，总抚养比进入上升渠道，人口红利逐渐减少，这将给中国经济的长期发展带来三个方面的挑战：劳动力供给下降、储蓄下降，以及养老负担加重。前两方面挑战将直接导致驱动经济增长的投入要素绝对数量下降。

如何应对人口年龄结构变化对经济的负面影响成为一个十分重要又具有实际意义的问题。在人口老龄化背景下，发展金融市场、提高资源配置效率是有效的应对措施之一。人口老龄化将导致要素投入减少。一方面，劳动力人口的绝对数量出现下降；另一方面，生命周期理论表明，

* 原文刊载于《金融研究》2019年第4期。

作者简介：余静文，经济学博士，副教授，武汉大学经济发展研究中心；姚翔晨，硕士研究生，香港中文大学商学院。

少年阶段和老年阶段为消耗储蓄的阶段，人口老龄化也将带来储蓄的绝对数量下降。此时，提高要素的配置效率、提高全要素生产率能够为经济发展带来新的动能。

人口年龄结构还会对金融市场的发展产生影响，金融市场的发展不仅依赖于金融资产的供给，还取决于金融资产的需求。一方面，老龄人口为消耗储蓄的群体，会售出金融资产以平滑消费，金融资产价格由此出现下降，对风险资产的需求也会下降。另一方面，微观主体的风险偏好也与年龄密切相关，老龄人口的风险偏好往往更低，即更厌恶风险，这也将影响金融资产的需求。人口年龄结构变化会通过金融资产需求的变化来影响金融市场和银行体系的相对发展程度，进而对金融结构产生影响。

在国民经济增长放缓、产业升级滞后、供需严重不匹配的背景下，党中央提出供给侧结构性改革，并根据国情进行阶段性政策调整。与此同时，中国人口老龄化问题日渐严重，人口红利带来的经济高速增长已成过去时。研究人口年龄结构转型在经济发展中的作用和影响，将为有关政策的执行和调整提供有益参考。

本文基于宏观跨国数据的研究表明，随着人口老龄化程度的提高，股票市值与私人信贷比重呈下降趋势，经济体更偏向银行导向的金融体系。从宏观风险偏好指标来看，随着人口老龄化程度的提高，股票市值与银行存款比重也呈下降趋势，宏观层面的风险偏好程度降低。

为了更加深刻地理解人口转型在经济增长模式转型中所扮演的角色及其对长期经济发展的影响，本文进一步考察微观家庭层面的人口年龄结构转型是否能够影响家庭的资产配置，从需求面对金融结构产生影响。基于微观家庭数据的研究表明，随着家庭层面的老年人口占比或老年人口抚养比的提升，家庭的基金参与度和股票市场参与度都会下降，家庭风险资产配置的比重降低，家庭层面的风险偏好程度也在下降。

宏观跨国证据与微观家庭证据的结合有效验证了人口年龄结构能够通过影响不同金融资产的需求，进而影响金融市场和银行体系的相对发展程度。相关政策启示如下：

首先，在家庭规模逐渐缩小、家庭养老负担逐渐加重的背景下，居民风险承担水平和风险资产需求均会受到负面冲击。政府在进行长期经济政策制定时应参考人口年龄结构的特点和变化趋势，在人口红利效应逐渐减弱的情况下，减少和预防养老负担加重对金融市场的冲击。在金融市场的发展中，有必要根据不同人口年龄结构特点来设计不同风险的金融产品。在人口老龄化背景下，应鼓励专业机构投资者的发展。

其次，由于持有不同类别资产的家庭具有不同的风险偏好，高风险偏好家庭更倾向于持有股票，低风险偏好家庭更倾向于持有债券、银行存款，政府在进行相关金融政策执行和市场调控时，可以根据不同区域人口年龄结构的特点（各个省份和地区间差异较大），采取差异化的政策，有效刺激不同类型家庭的投资需求，更好地助力实现区域经济的协调发展。

最后，理论上，债权融资中资金拆出方由于只能获得固定收益，往往不愿意承担创新的风险，从而没有动机去鼓励企业从事创新活动；而股权融资相对于银行体系的融资更能促进企业创新。但银行间的市场结构变化，如竞争程度提高，能够通过缓解企业融资约束这一渠道来促进创新。因此，人口老龄化程度提升与间接融资比例提升的关系并不意味着金融结构的变化不利于向创新驱动型经济增长模式的转型。

银行竞争背景下定向降准政策的“普惠”效应*

——基于A股和“新三板”“三农”、小微企业数据的分析

郭　晔　徐　菲　舒中桥

在经历了几十年规模速度型粗放增长的发展模式后，我国进入经济发展新常态，出现经济增长率下降、生产效率偏低等一系列问题。传统宽松的常规性货币政策刺激并未有效解决矛盾，反而导致经济结构失衡、资源分配不合理等问题日益突出。在这种背景下，我国中央银行对货币政策操作工具进行了创新，推出定向降准政策、短期流动性调节工具（SLO）、常备借贷便利（SLF）等一系列结构性货币政策工具。

定向降准政策的调控模式，与“普惠金融”理念十分契合。数据显示，在中央银行实施定向降准政策后，我国小微企业境内贷款呈现上升趋势，而大型企业境内贷款有所下降，农、林、牧、渔业境内贷款也有所提升。与此同时，从货币政策的具体实践来看，货币政策工具通常是通过影响银行等金融机构放贷来调节外部融资成本，因此银行行为对货币政策的传导至关重要。一方面，银行业竞争程度的提高可能增加其不稳定性，导致中央银行实施定向降准政策时，银行可能出于预防心理收紧信贷并降低风险承担水平，不愿向农业企业和中小企业增加信贷投资，这就在

* 原文刊载于《金融研究》2019年第1期。
作者简介：郭晔，经济学博士，教授，厦门大学经济学院，王亚南经济研究院；徐菲，硕士，渤海证券股份有限公司；舒中桥，博士研究生，厦门大学经济学院。

一定程度上抵消了中央银行实施结构性货币政策所期望达到的效果。另一方面，银行业竞争程度的增加可能会使银行个体间更容易出现互相观察模仿行为，表现出趋同的特性，从而放大货币政策实施效果。因此，有必要针对银行业竞争与定向降准政策之间的关系进行深入探索，明确银行业竞争对定向降准政策“普惠”效应的影响。

本文基于2011—2017年Wind宏观数据和企业信贷数据、CS-MAR企业微观数据及人民银行的货币政策数据，采用倾向评分匹配法（PSM）与双重差分法（DID），首先实证检验定向降准货币政策的实施是否对农业和小微企业等所谓“弱势部门”的信贷资源产生了作用，从而实现政策的“普惠”效应。其次，基于定向降准政策的影响机制，依托常规性货币政策的研究范式，深入探究银行业竞争与定向降准政策之间的关系，将基于时间维度和区域维度的银行业竞争引入实证模型，考察银行业竞争对定向降准政策“普惠”效应的影响。结果表明，我国定向降准政策可以促进农业企业和小微企业获取信贷资源，发挥“普惠”效应；而且，银行业竞争可以在一定程度上对定向降准政策的“普惠”效应表现出正向调节作用。定向降准政策同时具备总量微调效应和结构调整效应：其总量效应增加了市场流动性，优化了信贷环境，改善了市场的资金面状况；其结构效应则改变了中央银行和商业银行资产负债表的规模和结构，商业银行基于利润最大化目标，将资产组合重新配置，促进了定向部门信贷资源的获取。此外，定向降准政策带来的银行信贷扩张，有效促进了金融发展与金融竞争，从而提升了银行对“三农”和小微企业的服务质量。具体来说，时间维度的银行竞争对定向降准政策“普惠”效应的影响较为明显，区域维度的银行竞争没有调节作用。在反事实检验中将政策实施点设为2011年，结果并不显著，后续的稳健性检验也进一步证实了本文的研究结论是稳健的。

本文政策启示如下：中央银行可适当增加定向降准政策的运用，强化对特定领域的信贷支持，增加农业企业和小微企业获取银行信贷资源的可能性，同时适当促进银行业的竞争发展，发挥银行竞争的正向调节作用，强化定向降准政策的“普惠”效应，平衡经济发展的不均衡现象，从而促进普惠金融发展，保证经济结构改革顺利进行，实现宏观经济平稳运行和健康发展。

本文的主要贡献在于：在微观数据的基础上，运用倾向评分匹配法和双重差分法实证检验了定向降准政策的“普惠”效应。从企业层面出发，采用A股与“新三板”最新企业数据进行分析，弥补了已有研究缺乏企业微观数据支持的不足；从定向降准政策的影响机制出发，将银行业竞争引入研究框架，既是对银行业竞争与政策调控之间关系的检验，也是对定向降准政策的“普惠”效应影响因素的进一步探索，在一定程度上可以为后续研究打开思路。

后续研究可从以下几方面进行延伸：（1）围绕银行层面的数据，基于信贷渠道、风险承担渠道等多角度展开研究，尤其是考察定向降准政策与银行风险承担的关系；（2）从信号渠道传导机制出发，探讨接近定向降准政策实施标准的银行是否会在定向降准政策预期下显著调整信贷投向结构；（3）从银行业竞争度和集中度两个角度出发，分别检验其对定向降准政策“普惠”效应的影响，寻找与货币政策操作最匹配的银行业市场结构；（4）可继续研究定向降准政策与产业结构转型之间的关系，分析定向降准政策、普惠金融、企业信贷以及投资之间的动态调整。

02 金融稳定与风险防范

中国影子银行的经济学分析：定义、构成和规模测算*

李文喆

自2008年国际金融危机后，中国金融体系发生的一个重大变化是影子银行的较快发展。由银行理财、同业业务、信托贷款、委托贷款、各类资产管理产品等组成的影子银行业务规模迅速膨胀，交易结构日趋复杂，储户、企业、银行、证券、基金、保险、信托等各类市场主体都牵涉其中，产品嵌套层出不穷。这些变化引起了政策制定者和学术界的广泛关注。据本文测算，截至2017年末，我国影子银行存量规模为51.1万亿元人民币，为2008年末的7.7倍，年复合增长率为25.5%，同比增速最高超过80%。2018年末存量仍高达48万亿元（图1）。

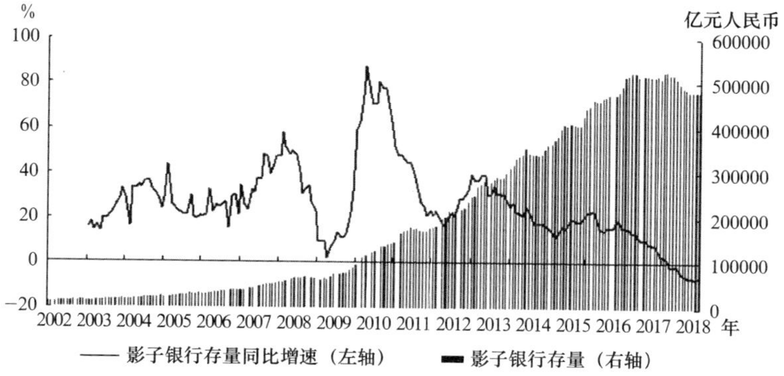

数据来源：作者根据相关数据测算得来。

图1 我国影子银行存量和同比增速

---

* 原文刊载于《金融研究》2019年第3期。

作者简介：李文喆，博士研究生，清华大学五道口金融学院，中国人民银行货币政策司。

中国的影子银行对于货币政策调控和金融稳定具有重要影响。在影子银行扩张时期，相当于为实体经济提供了传统表内贷款和债券以外的融资；在影子银行收缩时期，又会促成一定程度的信用收缩，加大经济下行压力。在此背景下，及时理顺影子银行的业务结构、准确测算影子银行的宏观总量变化，对于摸清影子银行底数、加深对金融部门在经济发展中作用的理解、开展高质量的理论建模和实证研究都具有重要的理论和现实意义。

关于影子银行，已有文献尚未给出质量高、时间跨度长、频率高的时间序列数据测算方法。大部分文献将资金来源和资金运用业务直接相加，存在重复计算问题，数据来源多涉及非官方数据源。由于缺乏较好的总量时间序列数据，基于影子银行总量开展的实证研究并不多见。

本文的主要工作和结论包括：

一是给出影子银行的功能性定义，逐项分析影子银行业务。本文将中国影子银行定义为依赖于银行信用，从事银行业务，但又没接受严格的银行业监管的金融业务，具体指传统的银行表内贷款和债券投资以外的，具备完整的信用转换、期限转换和流动性转换功能的金融业务，其核心功能是信用转换、期限转换和流动性转换，核心结果是“货币”创造，核心主体是为影子银行发展背书的银行。符合上述定义的影子银行与中央银行的货币政策调控、金融稳定的相关性更强。本文进一步给出了中国影子银行的结构图（见图2），注重区分了资金来源和资金运用两个方面。根据资金来源的不同方式，本文把影子银行的业务类型分为未贴现的银行承兑汇票、“准贷款”、金融嵌套三类。其中，“准贷款”又包括了买入返售票据、同业代付、买入返售信托受益权等。金融嵌套从资金来源看包括银行表内资金和表外理财，从资金运用看包括资金信托计划、各类资产管理产品、委托贷款、债券投资等。在此基础上详细总结分析了影子银行各业务类型的交易结构、业务主体、业务实质、资金来源、法律基础和资产负债表表示。

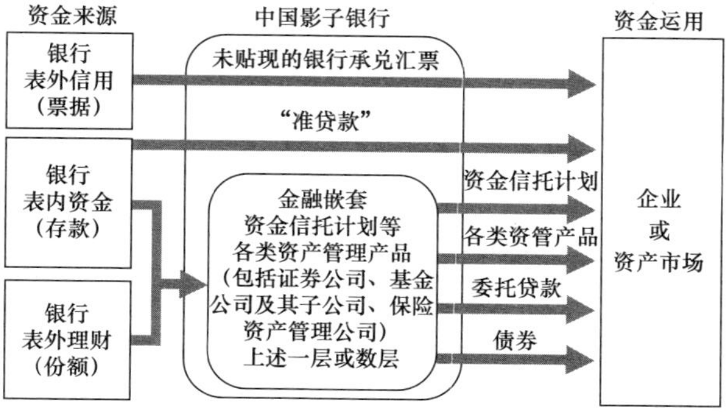

图2　中国影子银行结构图

二是基于七项原则，测算自2002年以来影子银行总量和资产负债表结构月度数据。测算原则包括可靠性、可复制性、无重复计算、避免高估、高频度和连续性、可比性、存量增量匹配。本文只从资产负债表的负债端着手加总，既完整地涵盖了影子银行的全部业务，得到其宏观总量数据，又剔除了重复计算。应当说，本文对影子银行总量的估计是比较准确的。此外，经过适当的统计调整，本文数据做到了存量和增量匹配，可以很方便地计算同比、环比等指标。本文详细列明了影子银行资产负债表各主要科目的数据来源和测算方法，包括负债端未贴现的银行承兑汇票（同时也在资产端）、银行间同业准贷款、金融嵌套（包括银行表内资产和银行表外理财），资产端的委托贷款、信托贷款、债券投资和其他资产，并生成了2002年至2019年的分科目月度时间序列数据。这些方法和数据为后续研究打下了基础，也可供其他研究者进行验证和改进。

杠杆率如何影响资产价格*

——来自中国债券市场自然实验的证据

王永钦　徐鸿恂

自 2008 年国际金融危机爆发以来，“杠杆”受到了学术界的广泛关注，“去杠杆”也成为各国政策讨论的焦点。危机前的高杠杆和危机后的快速去杠杆，往往伴随着资产价格的周期性上涨与下跌。

在现代金融体系中，基于抵押资产的金融市场和货币市场变得越来越重要。如果投资人需要借入资金，可以将其持有的资产作为抵押。例如，如果质押的折扣率（Haircut）为 20%，意味着可以借到资产价格 80% 的资金，这里的 80% 即质押率（Loan-to-value），杠杆率就是 5；一般而言，对于某种资产而言，其杠杆率 =1/（1- 质押率）=1/ 折扣率。折扣率反映了放贷人对抵押资产的担心程度：对抵押资产未来的价值波动性越担心，折扣率越高，杠杆率就越低。

杠杆周期理论证明，金融资产的质押率（相应地，杠杆率）上升会提高资产价格，因为杠杆可以使乐观者的观点更充分地反映在价格中，但由于做空机制的不足，悲观者的观点不能反映在价格中。这种由杠杆驱动的繁荣—衰退周期加剧了金融的脆弱性和经济活动的波动。历史上曾出现过多次杠杆周期，如投资者的高杠杆引发了美国 1929 年的股灾和

* 原文刊载于《金融研究》2019 年第 2 期。

作者简介：王永钦，经济学博士，教授，复旦大学经济学院；徐鸿恂，硕士研究生，复旦大学经济学院。

随后的“大萧条”；房地产市场的高杠杆导致了美国2008年的金融危机和随后的大衰退等。尽管理论和历史都表明了杠杆周期的重要性，但由于杠杆率和资产价格都是内生的，在实证上一直很难确立杠杆率与资产价格之间的因果关系。

为识别杠杆率与资产价格之间的因果关系，本文尝试通过如下的自然实验，分析杠杆调控政策对债券市场产生的影响。中国债券市场由交易所债券市场和银行间债券市场组成，其中，交易所债券市场包括上海证券交易所和深圳证券交易所。交易所债券市场由证监会监管，其公司债的登记、托管和结算业务由中登公司实施。银行间债券市场由人民银行进行监管，其公司债的登记、托管和结算业务由银行间市场清算所股份有限公司（上海清算所）实施。从两个债券市场的功能与架构来说，交易所债券市场上发行、流通的公司债与银行间债券市场的中期票据（MTN）类似，但监管和清算使用的是不同的体系。2017年4月7日，中登公司对交易所债券市场上流通的信用债券质押入库资格进行了调整，将之前的“信用债券入库开展回购，需满足债项和主体评级均为AA级（含）以上要求”，改成了“需满足债项评级为AAA级、主体评级为AA级（含）以上要求”，另外制定了新老划断原则，在2017年4月7日（不含）前公布募集说明书的债券采用旧规定，2017年4月7日及以后公布募集说明书的债券采用新规定。

本文利用这一难得的自然实验来检验新规实施前后，交易所债券市场和银行间债券市场的AA级债券发行价格利差的变化是否具有显著差异。以2017年1月至8月在上海证券交易所、深圳证券交易所、银行间债券市场发行的主体评级和债券评级均为AA级的债券为样本，将交易所挂牌的AA级债券作为实验组，在银行间债券市场挂牌的AA级债券作为对照组。研究发现，中登公司出台新规之后，交易所债券市场发行的AA级债券的利差变化要显著大于银行间债券市场发行的AA级债券的利差变化，差异可高达70个基点。

本文从实证上确立了杠杆率与资产价格之间的因果关系，对理解金融市场和货币政策的传导机制具有重要意义。长期以来，经济学家和中央银行将利率看作经济中最重要的变量，但在基于抵押资产的现代金融体系中，杠杆率或许发挥着更重要的作用。历史经验表明，无论是1929—1933年的“大萧条”，还是2008年国际金融危机，人类历史上几次重大金融危机都是由杠杆周期引起的。繁荣期的杠杆率上升往往会带来资产的泡沫，埋下金融危机和经济危机的种子。因此，有必要考虑将杠杆率作为宏观审慎监管政策的核心工具。政府应实施反周期的杠杆率监控，在经济繁荣期限制杠杆率上升，在经济下行期则要防止杠杆率过度下降，以避免资产价格暴跌和经济紧缩。中登公司对债券进入质押库资格的管理，实际上是控制债券市场杠杆的一种手段，从本文的实证结果来看，该方法能够有效地影响债券价格，对防止杠杆率增加带来的债券价格虚高发挥了一定作用。

本文研究具有重要的政策含义。资产合约包括收益率（利率）和质押率两个维度，而各国的货币政策长期以来只关注利率，忽略了质押率的调节，从而在一定程度上导致了资产价格泡沫的产生。实际上，在2008年国际金融危机之前的杠杆周期中，利率基本上没有大的变化，资产价格波动主要由杠杆率变化导致。如何将资产杠杆率纳入货币政策的考量范围值得研究。监控杠杆（资产杠杆、金融机构的杠杆和金融体系的杠杆）应成为中国宏观审慎监管和货币政策工具箱的重要工具。

美联储货币政策对我国资产价格的影响*

姜富伟　郭　鹏　郭豫媚

2008 年国际金融危机以来，各国政策当局都意识到注重维护金融市场稳定和防止金融资产价格过度波动的重要性。金融安全是国家安全的重要组成部分，是经济平稳健康发展的重要基础。在金融经济全球化的趋势下，各国货币政策调控呈现出越来越强的外溢效果。尤其是随着我国资本市场的不断改革开放和中美两国经济贸易联系的深化，美联储货币政策对我国资产价格的外溢性日益增强，无形之中增加了我国金融市场所面临的外部风险。例如，2018 年 6 月，美联储在两年半的时间内共加息 7 次，联邦基金目标利率的区间也提高到 1.75%~2%，美联储这一系列加息会导致我国短期资本出逃风险加大，资本流出压力增大，严重影响我国经济金融体系的稳定和安全。而且美联储加息会限制我国货币政策的操作空间，例如，我国货币当局难以通过宽松的政策促进经济增长，因为这势必导致中美利差的进一步扩大，危及我国经济和金融稳定。从金融稳定的角度来看，历史经验表明，政策调控不当不仅不能稳定市场，反而可能引起资产价格的更大波动，而忽视美联储货币政策对我国资产价格的影响，很有可能导致我国货币政策调控过度或力度不足。

* 原文刊载于《金融研究》2019 年第 5 期。

作者简介：姜富伟，金融学博士，副教授，中央财经大学金融学院；郭鹏，硕士研究生，中央财经大学金融学院；郭豫媚，经济学博士，讲师，中央财经大学金融学院。

本文使用事件研究法分析了美联储货币政策风险对我国资产价格的短期冲击效应，探究了美联储货币政策议息会议包括的信息。美联储在货币政策操作中，会通过与市场沟通进行预期管理，而市场参与者则可以依据对美联储当前和未来的货币政策的合理预期进行经济决策。因此，本文将美联储货币政策分为预期到的美联储货币政策、未预期到的美联储货币政策调整和美联储前瞻性指引，分别探究其对我国资产价格的影响。本文采用联邦基金目标利率的变化计算美联储货币政策调整，用联邦基金利率期货计算预期到和未预期到的货币政策，用欧洲美元利率期货计算前瞻性指引。以 2007 年 9 月 18 日的美联储议息会议决议为例，市场在货币政策决议公布之前认为美联储会降息 35 个基点，并可从联邦基金利率期货价格中计算得到，本文用这 35 个基点指代预期到的美联储货币政策。在美联储议息会议之后，美联储宣布降息 50 个基点，这表明有 15 个基点利率变化未被市场预期到，即代表未预期到的美联储货币政策。同时，美联储在该会议决议中指出，“委员会判断通货膨胀风险仍然存在，并将持续通货膨胀发展”，这一陈述表示美联储对未来经济形势不乐观，市场也将其认定为未来美联储会继续降息的信号，即美联储通过前瞻性指引引导市场对未来政策走向的预期，并以欧洲美元利率期货价格来反映，本文计算的前瞻性指引指标表明未来美联储仍将继续降息 19 个基点。

本文的研究结果表明，美联储货币政策会显著影响我国债券和股票回报。具体来说，美联储加息会使我国债券和股票回报下降，而降息则会使债券和股票回报上升，这种影响主要通过利率和现金流两个渠道影响我国资产价格。从利率渠道来看，美联储加息会加大中美利差，造成短期资本从我国流向美国，我国货币当局为平衡国际收支和稳定人民币汇率被动采取的相应措施就是跟随美联储加息。从现金流渠道来看，美联储加息会通过降低企业未来的收益与股利分配，进而使股票回报下降。而这种效应会通过贸易往来作用到我国企业，对我国企业的收益与股利分配造成影响。

本文进一步发现，预期到与未预期到的货币政策调整都会影响我国债券市场回报，而股票市场回报只与预期到的货币政策有关。这一发现说明，尽管美联储货币政策调整已经被美国市场所预期到，但并没有完全被我国市场所预期到，因此仍然会通过利率渠道和现金流渠道影响我国资产价格。此外，美联储前瞻性指引同样会显著影响我国资产价格，前瞻性指引所代表的未来货币政策不确定性源于美联储对未来经济不确定性的担忧，这种货币政策不确定性提高了投资者的风险厌恶水平，从而要求更高的风险溢价。

本文还发现，我国资产价格波动率风险也会对美联储货币政策作出反应。只要美联储货币政策有所调整，我国股票市场波动率就会增大，波动幅度随着政策调整幅度的增加而增大，且未预期到的货币政策调整和前瞻性指引对股票波动率影响的系数都显著为正，说明美联储货币政策会给我国经济和政策带来不确定性，进而给股票市场带来较大的波动风险。

本文政策启示如下：针对美联储货币政策对我国资产价格的溢出效应，货币当局应充分考虑到美联储货币政策对我国金融市场的影响，降低金融体系面临的国际货币政策冲击，防止我国金融市场过度波动。应加强预期管理，利用前瞻性指引和预期管理加强政策沟通，提高货币政策有效性，有效应对和平滑国际货币政策冲击，降低市场波动。对投资者而言，美联储货币政策调整对中国金融市场来说是风险事件，可能加剧金融市场的波动，应进行相应的风险管理，根据市场预期动态调整投资组合，以达到降低风险和提高投资回报的目的。

中国金融部门间系统性风险溢出的监测预警研究*

——基于下行 ΔCoES 和上行 ΔCoES 指标的实现与优化

李　政　梁　琪　方　意

随着我国金融改革的全面深化、金融开放水平的不断提高，以及金融科技的快速发展，银行、证券、保险等金融机构加速融合渗透，交叉性金融业务和产品不断推出，金融业综合经营的趋势愈发明显。这不仅加剧了风险的跨部门、跨市场传递，使金融风险交叉传染的可能性大幅上升，而且当某一部门发生危机时，风险的交叉传染和叠加共振有可能进一步诱发系统性金融风险，给我国的金融安全造成重大威胁。同时，作为新时代我国金融工作的核心任务之一，防范化解系统性风险、维护国家金融安全受到了党和政府的高度重视，系统性风险成为监管当局、学术界和金融业界关注的焦点问题。然而，防范系统性风险并非易事，准确地度量监测风险是科学防范的前提，只有对系统性风险做到实时监测和有效预警，才能守住不发生系统性风险的底线，维护国家金融安全。因此，对我国银行、证券和保险三个金融部门间的系统性风险溢出进行监测预警研究，不仅有助于防控跨部门、跨市场的交叉性金融风险，而

* 原文刊载于《金融研究》2019年第2期。

作者简介： 李政，经济学博士，副教授，天津财经大学金融学院，天津财经大学大数据统计研究中心；梁琪，经济学博士，教授，南开大学经济学院；方意，经济学博士，副教授，中央财经大学金融学院。

且有利于防范系统性金融风险，维护整个金融系统的安全稳定，具有极其重要的现实意义。

目前，ΔCoVaR、Exposure-ΔCoVaR、MES 和 LRMES 等系统性风险度量指标都着眼于系统性风险的实现和释放，度量下行的风险溢出和左尾部依赖性，它们都是系统性风险的同期度量指标，具有较强的顺周期性。在金融周期的上行区间，系统性风险处于累积积聚阶段，此时同期风险度量指标值较小；在金融周期的下行区间，系统性风险处于实现释放阶段，并且在极端情形下以金融危机爆发的形式呈现出来，此时同期风险度量指标值较大。然而，系统性风险在时间维度上“积聚—爆发—传染放大”的过程表明，系统性风险的积聚累积是风险爆发释放的前提，但是上述指标方法以刻画系统性风险的实现为目标，无法捕捉到系统性风险的积聚过程，测度结果难以为逆周期的宏观审慎监管提供指导依据。为解决系统性风险同期度量指标的顺周期问题，本文引入周期性分析视角，度量上行的风险溢出和右尾部依赖性，通过上行周期金融机构的冒险行为和系统性风险的积聚累积，预测下行周期金融危机的爆发和系统性风险的实现释放。从理论上讲，上行的风险溢出和右尾部依赖性是下行的风险溢出和左尾部依赖性的前瞻预警指标。

鉴于此，为了对我国金融部门间的系统性风险溢出进行实时监测和有效预警，本文基于 Adrian 和 Brunnermeier（2016）的 CoES 指标构想，在传统左尾视角的基础上，进一步引入右尾视角，在 CoES 的统一框架下，构建下行 ΔCoES 和上行 ΔCoES 分别作为系统性风险的同期度量指标和前瞻预警指标，并且汲取 CoVaR 和 LRMES 等方法的优势，提出了更为有效合理且同时适用于下行 ΔCoES 和上行 ΔCoES 的计算方法。然后，本文选择申万二级行业指数中的银行、证券和保险行业指数来代表三个金融部门，采用优化改进的 CoES 指标对我国金融部门间的系统性风险溢出进行监测预警研究，并基于我国的经验数据考察上行 ΔCoES 指标的前瞻性、预警性及下行 ΔCoES 指标的实时性。

研究结果显示，我国三个金融部门间具有显著的系统性风险溢出效应，且三个部门间的风险溢出存在非对称性，银行对保险、银行对证券和保险对证券的风险溢出水平均大于反方向的溢出，银行部门是系统性风险的主要发送者，证券部门是系统性风险的主要接收者；三个部门两两间的风险溢出水平表现出明显的协同性和周期性，且上行的风险溢出和右尾部依赖性高于下行的风险溢出和左尾部依赖性。同时，基于我国的经验数据发现，上行 ΔCoES 对下行 ΔCoES 具有显著的先导性和前瞻性，上行 ΔCoES 可以作为系统性风险的前瞻预警指标。此外，下行 ΔCoES 能够引领 ΔCoVaR 和基于 MES 估计方法计算的短期 ΔCoES 指标，表明本文构建的下行 ΔCoES 实时注更强，更适合作为系统性风险的实时监测指标。

本文研究结论的政策含义主要体现在以下两个方面：在截面维度上，监管当局需要根据不同金融部门在系统性风险传导中扮演的角色和地位，选择针对性的监管目标和政策工具，进行差异化监控和防范。银行部门是系统性风险的主要发送者，证券部门是系统性风险的主要接收者。因此，我国系统性风险防范的重点应该是银行部门，降低银行部门的风险溢出水平是防范化解我国系统性金融风险、维护金融系统安全稳定的关键；对于证券部门，风险防范的重点则是提高部门的抗风险能力，降低系统脆弱性。在时间维度上，监管当局不仅需要实时监测系统性风险溢出水平的动态变化，更要对系统性风险进行有效预警，健全风险监测预警和早期干预机制。本文的研究表明，相比 ΔCoVaR 和短期 ΔCoES，下行 ΔCoES 的实时性更强，且上行 ΔCoES 对下行 ΔCoES 具有显著的先导性和前瞻性。因此，监管当局可尝试采用本文构建的下行 ΔCoES 和上行 ΔCoES 作为系统性风险的同期度量指标和前瞻预警指标，进一步完善我国系统性风险的监测预警体系。

微观层面系统性金融风险指标的比较与适用性分析*

——基于中国金融系统的研究

陈湘鹏　周　皓　金　涛　王正位

2008 年国际金融危机对实体经济造成了巨大的负面冲击，引起学术界与政策制定者对系统性金融风险的空前重视。当前，我国宏观杠杆率增速过快、信用风险高企等问题突出，加之美国“加息”“缩表”和“贸易保护主义抬头”等可能形成的外溢效应，我国金融监管部门实施宏观审慎政策以确保不发生系统性风险事件。

国内关于系统性风险指标的文献尚存在以下不足。首先，多位学者应用不同的风险指标测度我国微观机构的系统性金融风险边际贡献值，但尚未有文章综合性评价上述指标在我国金融体系的适用性。比较分析显示，基于 MES、ΔCoVaR 和 SRISK 的系统重要性排序存在很大差异，尤其是在基于 MES 与 SRISK 的排序之间。其次，国内文献尚未从负外部性角度回溯检验上述风险指标的有效性。再次，部分国内研究直接套用 Acharya 等（2012）提出的经验近似关系：$LRMES = 1-e^{-18 \times MES}$ 来计算各机构的 SRISK 值，但该经验近似关系的推导是基于美国的金融体系，其

* 原文刊载于《金融研究》2019 年第 5 期。

作者简介：陈湘鹏，经济学博士，清华大学五道口金融学院；周皓，经济学博士，教授，清华大学五道口金融学院；金涛，经济学博士，助理教授，清华大学五道口金融学院，清华大学恒隆房地产研究中心；王正位，经济学博士，助理教授，清华大学五道口金融学院。

对我国金融体系的有效性并未被深入研究。最后，以往学者在确定不同行业金融机构的审慎资本比例时，或统一采用巴塞尔资本协议Ⅱ的资本充足率要求（8%），或采用各机构审慎资本比例的历史均值，而未能仔细考虑我国的金融监管实际。因此，有效评价微观层面系统性金融风险指标对我国金融体系的适用性具有较强的理论价值和现实意义。

考虑到可比性与波动率的非对称性，本文基于 GJR-DCC-GARCH 模型，从以下两个方面分析我国微观层面系统性金融风险指标的特点和适用性：其一，评价上述风险指标对我国金融（房地产）机构的系统重要性认定与排序；其二，回溯检验上述风险指标的有效性。

（1）系统重要性金融机构的认定。巨大的规模、高杠杆率和互联紧密性是系统性金融风险最重要的因素。因此，我们通过斯皮尔曼等级相关系数分析各风险指标是否包含了互联紧密性、规模和杠杆率等方面的信息。同时，在推定银行业管理部门所认定的系统重要性银行名单的基础上[①]，本文进一步比较了上述指标排序结果的可靠性。

（2）回溯检验风险指标的有效性。从"能否涵盖规模、杠杆率和互联紧密性三方面信息"及"排序结果是否与银行业管理部门认定的系统重要性银行吻合"两个角度进行评价，我们发现 SRISK 对于认定和排序我国系统重要性金融机构最为有效。进一步控制信用利差、期限利差、市场组合收益率、货币供应增速、固定资产投资增速及全社会消费增速等变量，检验上述微观层面系统性金融风险指标对我国实体经济活动（如工业增加值增速、CPI 和 PPI 等）是否具有预测能力，进一步回溯验证上述指标对我国金融体系的有效性。

在微观层面，本文选取了截至 2016 年 9 月 A 股市场上全部 182 家金

① 监管部门尚未公布系统重要性金融机构名单，但银监会在 2014 年发布的《商业银行全球系统重要性评估指标披露指引》中要求部分银行披露全球系统重要性评估指标。我们可从该指引中推测出管理部门认定的系统重要性银行名单。

融与房地产类上市企业，其中，银行机构21家，证券机构27家，保险机构6家，房地产机构128家。在宏观层面，本文选用了月度的工业增加值增速、CPI和PPI来表征宏观经济运行状况，数据来源于Wind和国泰安数据库，时间跨度为2007年1月至2017年12月。

本文主要结论如下：首先，SRISK更适用于测度我国金融机构对系统性金融风险的边际贡献。只有SRISK综合反映了规模、杠杆率和互联紧密性三个层面的信息。同时，根据SRISK认定与排序的前20家系统重要性金融机构与银行业管理部门认定的系统重要性银行名单十分吻合，而根据其他指标排序的结果与银保监会名单存在较大出入。其次，本文的回溯检验发现，"整体SRISK值"能够有效预测我国宏观经济活动，而"整体MES值""整体SES值"不具备预测性。最后，若以MES或ΔCoVaR为评价指标，随着市场尾部风险的加大，监管部门更应该关注市值规模极小、波动率较大、互联紧密性较强的金融机构，这与审慎监管实务存在严重背离。

那么，在本文分析和评价的微观层面系统性风险指标中，哪个指标最适合认定中国的系统重要性金融机构？是否可以回溯检验其有效性？本文试图从以下三个方面回答上述问题：（1）风险指标是否包含机构的规模、杠杆率和互联紧密性等方面的信息；（2）基于指标的排序是否与中国银保监会的系统重要性银行名单相匹配；（3）风险指标是否可以预测宏观经济下行。

本文研究发现，SRISK最适用于评价我国个体金融机构对系统性风险的边际贡献。具体而言：（1）SRISK考虑到了规模、杠杆率和互联紧密性；（2）根据SRISK认定与排序的前20家系统重要性金融机构与银保监会认定的系统重要性银行名单十分吻合，而根据其他指标排序的结果与银保监会名单相比存在较大出入；（3）SRISK指标可以预测宏观经济下行，而其他指标则无法预测。

中国住房市场波动的影响因素研究*

——基于租金收益率的方差分解

陈思翀　陈英楠

自 2003 年以来，中国主要城市住房价格快速上涨，引起社会广泛关注。在观察与讨论住房市场波动时，相对于直接研究住房价格的波动，通常更关注住房的估值比率。类似于股票市场红利收益率，住房市场的一个常用估值指标是租金收益率。在住房价格膨胀的背景下，近年来国内主要城市的租金收益率指标呈现出持续走低的现象，被各界认为是住房价格被高估甚至出现泡沫的主要依据之一。值得注意的是，近年来以“北、上、广、深”等为代表的一线城市出现了租金大幅上涨的现象，引发了对住房市场租金收益率的广泛讨论。那么，究竟什么因素可以解释国内主要城市住房市场租金收益率的变动？

在现有的研究住房市场的文献中，一方面，基于金融学资产定价的视角，通常使用动态戈登增长模型来解释住房市场波动，得到租金收益率与未来住房回报率及租金增长率之间的线性关系。另一方面，在房地产经济学中，也经常使用与租金收益率相关的静态住房使用成本模型。租金收益率又可以解释为反映居民购房的单位使用成本（User Cost），主要由资金成本（通常是无风险利率或按揭贷款利率）、折旧率、购房

* 原文刊载于《金融研究》2019 年第 2 期。
作者简介：陈思翀，商学（金融）博士，副教授，中南财经政法大学金融学院；陈英楠，经济学博士，讲师，暨南大学金融系。

相对于租房的风险溢价以及未来出售住房的资本利得率等因素构成。

本文将标准的动态戈登增长模型和传统的住房市场使用成本模型结合起来，构建一个关于租金收益率的动态住房使用成本模型，即将住房使用成本模型作为约束条件，施加到租金收益率的动态戈登增长模型中，从而将租金收益率的波动进一步分解为预期未来租金增长率、购房的预期资金成本和预期购房相对于租房的风险溢价三个部分。该模型相对于动态戈登增长模型的优势在于，可以观察住房特性因素——预期购房资金成本，以及预期购房相对于租房的风险溢价是如何影响预期未来回报率的变化，进而驱动租金收益率变动的。

接下来，将该模型应用于北京、上海、广州与深圳四个城市的季度数据中。其中，租金与房价指数来自戴德梁行公司（DTZ），基期租金收益率来自中国国际金融公司研究报告，资金成本数据来源于人民银行官网。首先，使用向量自回归（VaR）预测系统并结合理论模型，构造上述城市的预期未来租金增长率、回报率、资金成本以及购房相对于租房的风险溢价等各项的估计值。其次，通过计算租金收益率模型各分解部分的方差，量化考察各因素对于租金收益率动态波动的相对重要性。

本文的主要结果是：购房资金成本是四大城市租金收益率波动的主导因素，而租金在上述城市住房市场波动中虽然起到一定影响，但作用不如资金成本显著。此外，通过理论模型考察无法直接观测到的购房和租房的相对风险对国内住房市场的影响，发现购房相对于租房的风险溢价也是影响住房市场的一个不可忽视的重要因素。值得注意的是，近年来四大城市居民租房面临的风险相对于购房正日益上升。

本文的贡献主要体现在以下三个方面。首先，基于资产定价的视角，将动态戈登增长模型应用于“北、上、广、深”四大城市，研究国内城市住房价格波动的影响因素，拓展了国内关于住房市场波动的研究视角和分析框架。其次，将标准的动态戈登增长模型和传统的住房市场使用成本模型结合起来，建立一个关于租金收益率的动态住房使用成本模型，以考察时变（time-variant）的住房市场因素如何影响中国住房市场租金收益率的波动。最后，基于理论模型构建了一个购房相对于租房的风险溢价的衡量指标，并考察其对国内住房市场的影响，而这一风险因素并不能直接观测到。

本文的结论可以为理解中国住房市场波动提供以下启示：首先，资金成本是影响居民购房和租房的首要因素，因此相应的货币和信贷政策可能会对居民的租购房行为产生重要影响。其次，购房与租房的相对风险反映了国内房价与租金的变动趋势，当房价处于上涨期，意味着租房相对于购房的风险增大，这在某种程度上可以为近年来国内房价持续上涨但居民仍然选择购房提供一种解释。最后，大力发展住房租赁市场，可通过降低租金波动风险提高购房相对于租房的风险溢价，促使租金收益率实现合理回调。

虽然本文结合动态戈登增长模型和静态住房使用成本模型将影响中国住房市场波动的因素分解为租金增长率、资金成本及购房相对于租房的风险溢价三个部分，但并未将这三个影响因素与货币政策、实体经济的变化以及投资者行为等直接联系起来。在动态现值模型的框架下，探讨货币政策、实体经济表现及投资者行为等对以上分解因素的影响机制，可作为下一步的研究方向。

住房价格、房屋购买与中国家庭杠杆率*

周广肃　王雅琦

近年来，我国实体经济债务水平明显提升，居民部门杠杆率增速尤为迅猛。数据显示，中国居民总体杠杆率从2007年的45%上升至2015年的90%，明显超过了同期企业部门杠杆率的增速。此外，企业部门杠杆率在2009—2012年出现了一些波动，而相比之下，家庭部门杠杆率自2008年之后一直保持着快速持续上升的态势。从贷款规模来看，2008—2015年，中国居民部门贷款总额占可支配收入总额的比例年均增长23.3个百分点，远超同期的GDP增速，尤其是2009—2010年，居民部门贷款总额增速更是高达40%左右。快速增长的家庭杠杆率可能蕴含着较高的风险，并导致一系列经济发展问题，由此成为供给侧结构性改革和经济新常态背景下亟待解决的一大难题，并被称为未来中国经济面临的“灰犀牛”问题。

中国家庭杠杆率的快速上涨引起了广泛的关注和讨论，本文尝试探讨资产价格的上涨对于家庭借贷行为的影响，这对理解资产价格波动如何影响经济周期具有重要意义。已有文献表明，过高的家庭杠杆率可能会导致较高的违约率，并引致经济衰退（Mian and Sufi，2009，2011）；

* 原文刊载于《金融研究》2019年第6期。

作者简介：周广肃，经济学博士，副教授，中国人民大学劳动人事学院；王雅琦，经济学博士，副教授，中央财经大学金融学院，全球经济与可持续发展研究中心。

通过“抵押效应”影响渠道，房产价值的上升会放松家庭的预算约束，促使家庭进行更多的借贷和消费。然而对于中国家庭杠杆率迅速上升的解释还较缺乏。

本文基于2014年和2016年中国家庭追踪调查的微观数据以及城市层面的住房价格数据，从住房购买需求的角度，给出了一个对近年家庭杠杆率急剧上升的解释。从数量来看，房价每上涨1倍，样本期间的家庭贷款数额将会增长288.1%，而家庭杠杆率将上升39.2%。分样本的探讨发现，不同特征家庭的影响效果并不一致，这一效应对于非农户口家户以及有配偶和子女家户的影响更为明显。对于机制的分析发现，“抵押效应”无法独立解释文章的结论，因此本文提出了“直接效应”和“投机效应”并进行验证。更进一步，本文发现家庭杠杆率的提升主要来源于银行正规借贷而非民间借贷。

本文主要贡献体现在以下几个方面。首先，从住房需求角度给出了一个中国家庭杠杆率迅速上升以及地区之间分布不均的解释。2000年以来，国际上绝大部分关于家庭负债的文献都集中于对发达国家住房抵押贷款问题的探讨，并把这种变化归因于美国或欧洲国家住房抵押贷款的可得性以及消费贷款创新工具的发展，鲜有文献对中国的这一问题进行解释。从这个层面上，本文首次尝试探讨了中国大中城市房价与家庭杠杆率之间的关系。

其次，讨论了住房价格对家庭杠杆率影响的渠道。在已有文献“抵押效应”的基础上，进一步提出和区分了“直接效应”和“投机效应”。抵押贷款模型显示，较高的房价会增加抵押品的价值而放松借贷约束，从而提高了消费者的消费水平和杠杆率。然而不同于已有研究，“抵押效应”在本文样本中并不显著，一个可能的解释是2008年以后房价的持续显著上涨造成投机效应更强。

本文研究表明，房价的大幅上升是家庭杠杆率提升的主要原因，这也为近年来银行体系房贷的大幅增加提供了解释。本文政策启示如下：第一，为防范家庭部门较高的杠杆率所隐藏的金融风险，应该继续调控房价，保持房价在合理范围内波动。“房子是用来住的，不是用来炒的”，这体现了党和国家对于稳定房价、解决居民住房问题的决心。住房市场的规范发展是解决家庭部门杠杆率问题的根本所在。第二，在目前中国以银行为主的金融体系的背景下，监管部门应坚持宏观审慎的监管框架，合理调控家庭部门借贷数量的增长速度与结构分布，严格借贷审批程序，确保家庭部门贷款的发放与家庭收入水平或还款能力挂钩，从而控制家庭部门借贷的隐藏风险，守住不发生系统性金融风险的底线。

一损俱损：违规事件在企业集团内的传染效应研究*

刘丽华　徐艳萍　饶品贵　陈　玥

企业集团在我国经济发展中扮演着举足轻重的角色，在 2012 年世界 500 强的企业名单中，我国大陆有 87 家企业集团上榜。从 1000 强大企业集团营业收入来看，2013 年年营业收入为 530677 亿元，营业收入增长率达到了 25.58%。企业集团的成员公司通过各种正式或非正式的方式连结在一起。同时，随着企业多元化进程的加快，企业集团组织架构也逐渐发展为包括纵向关系和横向关系的网络结构。现有文献多从企业经营效率、公司价值等角度探讨集团化经营的优势和劣势（Bertrand et al., 2002），鲜有文献探讨集团内成员公司之间网络结构的经济后果。

本文从投资者的角度考察了违规公告事件基于集团关系在资本市场中发生的传染效应。首先，在同一集团内，企业在组织结构框架和公司治理方面存在类似的特征，且已有研究表明违规行为的发生与组织结构和薄弱的公司治理相关，因此集团内一家公司发生违规行为，可能预示着集团内其他公司也存在违规行为。其次，集团成员之间通过各种纽带（如关联交易、共同的人事关系、财务公司的成立）连接在一起，这些纽带使成员公司之间有了更多的渠道相互学习和模仿，从而增加了违规行为

* 原文刊载于《金融研究》2019 年第 6 期。
作者简介：刘丽华，博士研究生，华中科技大学经济学院；徐艳萍，管理学博士，讲师，暨南大学管理学院；饶品贵，管理学博士，教授，暨南大学管理学院；陈玥，管理学博士，讲师，中央财经大学会计学院。

在集团内传染的可能性。最后，违规公告会向市场提供新的信息，而投资者会从最新发生的事件中更新对相关联的其他上市公司的估值，因此，当集团内有成员公司发布违规公告时，投资者会重新评估集团内其他公司的公司治理及经营业绩的可靠性，进而产生传染效应。

本文以2003—2015年沪深两市上市公司为样本，通过实证检验发现，企业发布违规公告会导致投资者对集团内其他公司进行重新评估，进而造成“被传染公司”的股价显著下跌，且这一传染效应只存在于财务违规事件中；进一步对传染效应的路径检验发现，“被传染公司”的盈余质量和集团内财务公司的存在能够解释“被传染公司”股价的下跌；分组检验结果表明，公司的内外部治理状况会对传染效应产生影响，具体而言，在地区市场化程度较低、分析师跟踪人数较少、股权集中度较高的公司和国有企业中传染效应更为显著。

本文研究的贡献主要体现在以下方面：一是为认识新兴市场中的企业集团提供了更为丰富和稳健的实证证据。以往文献关注业绩或者风险在企业集团的传染效应，传染路径基本产生于成员公司间的关联交易、担保和债务关系等（黄俊等，2013；纳鹏杰等，2017）。与已有的探讨集团内风险传染的文章不同，本文的违规事件数据来自证监会和交易所等监管机构的公开披露，与基于企业财务数据计算的经营业绩下滑和风险相比更具外生性。而利用事件研究法，通过短窗口的市场反应来验证传染效应的发生，能够更好地识别因果关系，排除其他因素的影响，如宏观冲击可能造成某些集团成员公司的业绩均下滑或风险均上升。此外，在路径检验方面，本文从盈余质量和财务公司的路径进行研究更能反映集团内公司信息披露和公司治理方面的共性和特征，即使不存在关联交易等，集团内的传染效应仍然存在，是对以往文献的有效补充。

二是扩展了违规行为经济后果的相关文献。现有关于违规行为经济后果的研究大多只考虑了对违规公司的影响，只有少量文献通过共同审计师、同行业和同地区探讨上市公司违规行为公告的外部性，而本文发现违规行为存在集团层面的外部性，是对以往文献的补充。

三是可为新兴市场中股价同步性提供相应的解释。已有研究表明，我国股价同步性偏高（Morck et al., 2000），这可能与我国的制度背景相关。本文研究发现违规行为在集团内存在的传染效应可能为我国较高的股价同步性提供新的解释。

本文研究结论具有一定的政策启示。2011年10月11日，财政部公布了《中华人民共和国财政部会计信息质量检查公告（第二十一号）》，发现大多数遭受行政处罚的上市公司并未就相关重大事件发布临时公告。本文研究表明，上市公司的违规行为不仅会影响违规企业本身，还会对存在网络关系的公司产生影响，意味着违规行为给新兴市场带来的整体负面影响要大于以往研究中对违规公司本身的影响，进一步说明了加大对违规行为监管力度的必要性。

投资者理性预期、流动性约束与股价崩盘传染研究*

徐　飞　花冯涛　李强谊

“传染性”是股价崩盘的三大基本特征之一，股价崩盘不仅对崩盘个体自身造成不良影响，更可能通过跨产品、跨机构、跨市场传染诱发系统性金融风险，加剧股价崩盘的负面影响。习近平总书记在全国金融工作会议上指出，防止发生系统性金融风险是金融工作的永恒主题。在此背景下，研究股价崩盘传染效应具有重要的现实意义。

本文基于投资者主观预期和客观流动性约束，构建股价崩盘传染分析框架，提出股价崩盘传染的两大理论机制，即投资者理性预期与流动性约束。

一方面，理性预期理论认为，人们基于可获得的全部消息作出有利于自身的效用决策。由于资本市场公开机制，投资者获取的信息量和投入的信息成本相差不大，因此容易形成一致性预期，导致理性泡沫和一致性偏离。当市场发生重大事件，如股价崩盘事件，理性投资者更可能形成一致性预期，从其他市场变化信息去预测目标证券价格，导致市场信息在不同市场间传递。随着资本市场加速发展和信息技术的不断升级，投资者在获取信息方式和获取信息成本方面相差不大，加上分析师、专

* 原文刊载于《金融研究》2019年第6期。

作者简介：徐飞，管理学博士，讲师，安徽师范大学经济管理学院；花冯涛，经济学博士，教授，安徽师范大学经济管理学院；李强谊，经济学博士，博士后，武汉大学经济与管理学院。

家等容易借助这些渠道传播同质性信息，进一步促进投资者投资信念、风险偏好、热点关注趋同，在市场发生波动时更容易形成一致性预期，从而引发市场震荡和系统性风险。特别是对于中国这样处于经济转轨的新兴市场，投资者受政策预期主导，决策与行为趋同明显，客观上强化了股价冲击传导的动态作用机制，整个市场表现为板块联动、齐涨同跌。理性投资者由于一致性预期，可能根据关联证券价格波动修正对目标证券价格预期，从而导致传染危机。

另一方面，流动性是金融资产的变现能力，反映了金融市场的活跃程度：股票流动性较高表明市场对投资者的内在约束较低、知情交易多；股票流动性较差表明投资者交易不够活跃，股票更容易发生大幅价格变化。流动性指标某种程度上反映着未来价格走势。根据 Barberis（2005）关联分类理论，投资者会将资金配置在具有特定关系的证券资产，如果投资的其他证券发生流动性不足，投资者投资目标证券行为可能会受到限制，比如遭到基金份额巨额赎回、追加保证金和抵押融资受限等。因此，流动性不足除了造成股价自身崩盘，还可能导致崩盘在关联市场或关联股票之间发生传染。Jayech（2015）研究发现，当跨国投资者投资的其他市场发生崩盘事件时，会因为追加保证金和投资者赎回等限制而面临更强的流动性约束，最终导致股价崩盘在不同市场间传染。因此，关联证券崩盘导致投资者流动性约束增加，进而引发股价崩盘传染。

本文使用 2000—2016 年全球 28 个国家或地区资本市场数据实证检验股价崩盘传染性及传染机制，研究显示：第一，在投资者一致性预期下，关联证券资产价格严重偏离均值，即发生崩盘时，投资者对目标证券定价也会降低，甚至导致股价崩盘传染；第二，关联证券流动性不足与目标证券价格负相关，即关联证券流动性不足会增加目标证券股价暴跌概率；第三，股价崩盘事件会在资本市场关联国家或地区发生传染。为应对股价崩盘传染性，本文进一步做了股价崩盘传染调节效应检验，结果显示，提高资本市场信息透明度、加强金融管制有助于降低受关联国家或地区股价崩盘传染程度。

根据本文研究结论，投资者行为是造成股价崩盘传染的重要微观机制，包括投资者的主观预期和客观流动性等。因此，提高投资者素质成为防御股价崩盘传染的微观基础。投资者由于一致性预期会导致股价崩盘传染，当存在相似性的证券市场发生股价崩盘时，投资者难以识别该崩盘事件是个别风险还是整体性风险，容易引发对关联证券整体崩盘的一致性预期。因此，提高资本市场信息透明度，降低信息不对称是防范股价崩盘传染的重要举措。同时，金融开放、国际化进程可能加剧本国市场受外部股价崩盘冲击的影响，适当的金融管制在危机时期可以起到防御股价崩盘传染的作用。

个人大股东与股价暴跌风险*

谭松涛　黄俊凯　杜安然

个人大股东是指在上市公司中持股比例较高，但又非公司实际控制人或控股股东的自然人股东。从市场角度来看，截至2017年末，上交所专业机构持股市值共计45294亿元，而持股市值在1000万元以上的自然人投资者持股市值达到20263亿元，接近前者持股规模的一半①。从上市公司角度来看，在剔除实际控制人之后的前十大股东中，平均每家上市公司有4名（3.969）个人股东，超过专业机构股东的3人（2.894）。截至2017年末，近八成（79.51%）的上市公司前十大股东名单上至少有1位个人大股东，超过一半（51.13%）的上市公司至少有4位个人大股东。由此可见，个人大股东在中国股票市场的地位不容忽视。

个人大股东与中小股东存在明显差异。由于个人大股东持股比例高、资金规模大，可能更愿意花费时间和精力搜集公司经营管理方面的信息，并对公司管理层行为进行监督，而不是像中小股东那样采取“搭便车”的行为。然而既有文献往往将个人大股东和一般中小股东视为同一类投资群体，也就是自然人股东。

个人大股东与专业投资机构也存在明显差异。相比机构投资者，个人大股东受监管和市场的约束较少，投资策略更加灵活。特别是当坏消

* 原文刊载于《金融研究》2019年第5期。
作者简介：谭松涛，经济学博士，教授，中国人民大学财政金融学院；黄俊凯，博士研究生，中国人民大学财政金融学院；杜安然，硕士研究生，中国证券登记结算有限责任公司。
① 数据来自《上海证券交易所统计年鉴（2018）》。

息集中爆发时，机构受短期相对排名压力影响，容易发生“羊群效应”（Lakonishok et al., 1992; Wermers, 1999；许年行等，2013），集中抛售股票导致股价对信息的过度反应（Brown et al., 2012）。因此，尽管被监管层寄予厚望，但机构投资者并未能如愿发挥市场“稳定器”的作用。而个人大股东更看重绝对收益而不是相对排名，他们的资产组合对特定股票的风险暴露也更大。因此，当资产价格在短期内对负面信息出现过度反应的时候，个人大股东的占优策略可能是继续持股以减轻卖空压力。此外，本文还发现当市场整体下跌时，个人大股东持股比例越高的股票下跌幅度越小，且市场下跌幅度越大，个人大股东持股的稳定作用越强。

正是因为个人大股东是中国股票市场一类重要而又独特的投资者群体，其存在丰富了股权结构的多样性，有利于股权制衡作用的发挥。Pagano 和 Roel（1998）认为，有必要引入其他大股东，加强企业的股权制衡程度，以抑制控股股东的掏空行为。与此同时，不同的人口统计学特征塑造了不同的价值观（Finkelstein and Hambrick, 1990），因此，异质性程度越高的团队越不容易形成相同的群体思维模式和利益共同体（Anderson et al., 2011），制衡效果也会更好。从这个角度看，作为十大流通股中的一类重要群体，个人大股东的存在可能会增强公司股权制衡机制作用的发挥，增加管理层隐藏坏消息和控股股东掏空的难度，从而降低股价崩盘风险。

本文选取 2007—2016 年中国 A 股上市公司作为研究样本。借鉴 Chen 等（2001）和 Kim 等（2011a, 2011b）的研究成果，构造了两个公司年度层面的股价崩盘风险指标：股价收益负偏度系数和股价涨跌波动比率。以剔除控股股东、实际控制人和一致行动人的前十大流通股东中所有自然人股东总持股比例在一年内各季度的平均值作为核心解释变量，考察了个人大股东持股比例对股价暴跌风险的影响及作用机制。

研究发现：第一，个人大股东持股比例与公司未来股价暴跌风险之间存在显著的负相关关系。随着个人大股东持股比例的增加，股价暴跌风险显著下降。这一结论在剔除了个人大股东中的董监高、进行内生性处理、更换不同统计检验方法后依然成立。第二，个人大股东持股监督公司管理层的效果并不明显，个人大股东持股比例的增加对于公司应计盈余管理、真实盈余管理、投资效率、过度投资等可能影响公司股价暴跌风险的经营指标并没有显著影响。而个人大股东持股虽然与管理层持股比例以及管理层权力正相关，但这两个指标对公司股价暴跌风险没有显著影响。第三，个人大股东的持股加强了公司股权制衡的力度，而股权制衡的加强显著降低了公司股价暴跌风险。中介效应检验结果显示，股权制衡机制解释了大股东持股对股价暴跌风险一半以上的影响。

本文的贡献主要体现在以下三方面：第一，从股价暴跌风险的角度考察了个人大股东这一股票市场重要投资群体对资产价格的影响，并揭示出其在市场中发挥的价格“稳定器”作用。分析结果对于全面认识个人大股东在中国股票市场扮演的角色有一定帮助。第二，验证了个人大股东在公司治理方面发挥的作用，即个人大股东通过加强公司股权制衡而非对管理层进行监督的机制实现了稳定市场的作用。第三，从股东结构的角度进一步丰富了对股价暴跌风险的认识。

在中国股票市场，机构投资者的发展起步较晚，规模相对较小。而在市场发展相当长的时间里，个人大股东事实上对资产价格产生了重要影响。本文的研究结论证实了个人大股东在防范股价暴跌风险方面发挥的积极作用，有利于全面认识股票市场中这类重要的投资群体的市场影响，为促进中国股票市场稳定发展提供新的视角。

03 银行经营与企业融资

竞争与效率*

——基于我国区域性商业银行的实证研究

张大永　张志伟

改革开放以来，中国银行体系的市场结构经历了一系列变革，从时间上可以大致分为四个阶段：第一阶段是自 1979 年到 1984 年，表现为四大国有商业银行陆续恢复和重建，推进金融体制改革并促进银行体系适当竞争。第二阶段是自 1985 年到 1992 年，体现在股份制商业银行陆续成立，同时城市信用合作社和农村信用合作社也开始成立和快速发展，外资银行开始进入我国银行业市场。第三阶段是自 1993 年到 1997 年，主要特征是从计划经济体制向市场经济体制转变，各类银行的商业化、市场化改革加快。第四阶段是自 1998 年至今，随着金融体制改革的深入，国有商业银行的市场份额不断下降，大量城市商业银行和农村商业银行开始出现，其市场份额逐渐上升，银行业的竞争程度逐步加大。综上所述，我国银行体系改革和发展的趋势是以市场化为导向，不断提高行业竞争为结果的。那么市场结构的变化与竞争程度的加剧对我国银行业究竟产生了何种影响，是否真正提升了银行业的效率？

与既有研究着重强调银行自身特征对经营效率的影响相比，本文更重视外部区域银行市场结构变化对效率的影响，政策意义更为明确。研

* 原文刊载于《金融研究》2019 年第 4 期。

作者简介：张大永，经济学博士，教授，西南财经大学经济与管理研究院；张志伟，博士研究生，西南财经大学经济与管理研究院。

究对象则聚焦于区域性的城市商业银行和农村商业银行等银行业的新生力量，特别是城市商业银行的效率问题。虽然这类银行在我国整体银行业的市场份额还无法与传统全国性银行相比，但是其发展速度和潜力却不容忽视，由于数量较多，这类银行的发展与稳定至关重要，对其效率的分析可为我国进一步推进银行业改革提供实证依据，对我国地方性金融发展政策提供参考。

本文首先采用随机前沿分析（Stochastic Frontier Analysis，SFA）的技术手段来估计银行的经营效率，然后根据银行信息和区域竞争指标构建计量模型进行相关的假设检验。使用的银行数据来源于年报和 BANKSCOPE 银行财务数据库，由于研究对象为城市商业银行和农村商业银行，在 2003 年及以前该类银行很少且存在很多变量缺失的问题，因此将样本区间定为 2004 年至 2015 年，银行样本数据为非平衡面板。区域银行市场竞争度指标的度量使用中国银保监会有关银行分支许可证信息按照城市进行计算。

研究结果表明，竞争程度的增加会提高区域性商业银行的经营效率，并且对不同类型银行的影响程度存在显著性差异。进一步分析结果表明，竞争对区域性商业银行效率的影响是非线性的，过度的竞争会对银行效率造成负面影响。一系列稳健性检验结果都显示本文结论的一致性。最后，采用中介效应模型进一步验证了跨区域经营在竞争与效率中间的作用。

上述研究结果具有明确的政策含义：首先，良好的金融系统和有序的竞争环境是提高银行经营效率的关键，而我国不同区域之间的银行发展差异性很大，应有针对性地制定不同地区的银行发展规划；其次，区域银行发展对不同类型的银行会产生不同的影响，这为决策部门制定相应的金融措施来优化金融结构提供了实证依据；最后，银行业中过度的垄断和竞争都会对银行经营造成损害，监管者应尽力保持一个最优的竞争水平并通过政策保障银行业的市场结构健康稳定。

本文的创新和贡献体现在以下几个方面：第一，对于地区银行竞争度的描述方面采用了银保监会发布的所有银行分支机构许可证发放的时间和地址，具有全面性和客观性，缓解了内生性问题；第二，文中所关注的区域性商业银行（城市商业银行和农村商业银行）具有特殊性，特别是该类银行从严格区域性经营到跨区经营的转变提供了一个独特的研究视角；第三，在对竞争—效率核心假设进行检验的同时，进一步强调了作用机制和传导路径的分析，采用多个稳健性检验和中介效应模型进行了详细解读。

商业银行吸收存款能力、发行理财及其经济后果研究*

胡诗阳　祝继高　陆正飞

2015 年 8 月，人民银行决定放开 1 年期以上（不含 1 年期）定期存款的利率浮动上限，至此，商业银行的存款利率市场化初步完成。在此前的近十年，商业银行在满足自身发展需求的同时，还要应对金融监管部门对商业银行贷存比和存贷款利率的管制，由此催生了理财产品业务的迅速发展。根据 Wind 数据库和国家统计局金融业年度数据，商业银行通过理财产品募集的资金规模从 2006 年的 920 亿元增长到 2014 年的 45 万亿元，平均年增长率达到 167%，年增长速度远高于金融机构存款的增长速度。理财产品募集资金占金融机构存款的比例从 2006 年的 0.3% 迅速增长到 2014 年的 40%，8 年时间内翻了近 130 倍。

一般认为，理财产品属于商业银行表外资产，相比于普通存款，理财产品利率限制较少，募集资金不受贷存比限制，资金投向也不受限（Hachem and Song, 2016; Acharya et al., 2016）。由于理财产品所受监管较少的特征，既有研究从影子银行的角度出发（Hachem and Song, 2016；祝继高等，2016；Acharya et al., 2016），认为理财产品是商业银行进行监管套利（Regulatory Arbitmge）的一种方法，从宏观的角度分析

* 原文刊载于《金融研究》2019 年第 6 期。

作者简介： 胡诗阳，管理学博士，讲师，重庆大学经济与工商管理学院；祝继高，管理学博士，教授，对外经济贸易大学国际商学院；陆正飞，经济学博士，教授，北京大学光华管理学院。

了金融监管环境对商业银行发行理财产品的影响。如项后军和闫玉(2017)研究发现，理财产品会增强货币政策对商业银行风险承担的影响。郭晔和赵静(2017)发现，银行间的竞争导致包括理财产品在内的影子银行规模增加，进而增加银行业系统风险，但在给定的金融监管条件下，微观上商业银行个体的差异是否会导致其发行理财产品的意愿有所不同，何种微观因素决定了商业银行发行理财产品，这些问题尚待进一步研究。

事实上，贷存比和存贷款利率的金融监管要求落实在商业银行个体上，体现为对商业银行资金使用效率和募集资金能力的限制。如果商业银行吸收存款的能力足够强，存款足以满足其业务发展的资金需求，则贷存比和存贷款利率的限制较小。相反，商业银行吸收存款的能力受到监管限制较强，需要通过其他途径(如理财产品)获得更多资金。因此，在研究监管约束对商业银行发行理财产品的影响时，需要考虑商业银行吸收存款的难易程度。

本文利用手工收集的各商业银行(包括国有四大商业银行、股份制商业银行和城市商业银行)数据，探究商业银行吸收存款的能力和发行理财产品的关系，以及发行理财产品的经济后果。本文研究发现，商业银行吸收存款的能力是影响其发行理财产品的最重要原因之一。商业银行吸收存款的能力越弱，通过理财募集资金越多，理财产品收益率越高。具体来说，使用商业银行类型、网点数量、商业银行所在地区贷存比、商业银行所在地区金融机构密度四个指标衡量商业银行吸收存款的难易程度，在控制了银行规模等其他因素后发现：非国有四大商业银行通过理财产品募集资金越多，理财产品的收益率越高；商业银行的网点数量越少，通过理财产品募集资金越多，理财产品的收益率越高；商业银行所在地区贷存比越高，通过理财产品募集资金越多，理财产品收益率越高；商业银行所在地区的金融机构密度越大，通过理财募集资金越多，理财产品收益率越高。

本文还发现，商业银行发行非保本理财产品越多，其经营风险越大。因为非保本理财产品业务的不确定性加大了经营业绩的波动，从而增大了银行经营风险。进一步分析发现，当金融市场资金紧张时，商业银行通过同业业务吸收资金的成本更高，那些吸收存款能力较弱的商业银行此时更依赖理财产品募集资金。而相较于1个月以上的中长期理财产品而言，吸收存款能力较弱的商业银行更倾向于通过1个月以内的超短期理财产品募集资金，说明银行为了节约成本，存在利用短期理财变相高息揽储的现象。

本文的贡献在于：一是有助于进一步认识商业银行发行理财产品的原因。本文从商业银行个体特征的微观视角，发现商业银行吸收存款的能力是影响其发行理财产品的重要因素之一，发行理财产品是商业银行弥补自身吸收存款能力不足的一种方法，为研究商业银行发行理财产品提供了新的视角，对现有监管套利和影子银行领域的研究形成有益补充。二是从商业银行个体经营的角度，分析了商业银行发行理财产品的经济后果，发现非保本理财产品会增加商业银行经营风险。

本文研究可为中国的利率市场化改革提供有益参考。自2016年起，人民银行采用宏观审慎监管，从狭义信贷管理转变为广义信贷管理，将理财产品进一步纳入监管体系内，防范商业银行风险。本文研究表明，商业银行非保本理财业务具有一定风险，《商业银行理财业务监督管理办法》要求商业银行加快理财子公司建设，有助于加强对商业银行理财业务的管理。未来需进一步提高理财业务的透明度，加强理财募资条件、理财资金投向等方面的监管，防止银行体系过度依赖理财产品吸收资金。应继续推进利率市场化改革，不断健全市场化的利率形成机制，提高商业银行自主合理定价能力和风险管理水平。

年报风险信息披露与银行贷款利率*

王雄元　曾　敬

现有文献对年报风险信息披露发挥何种作用并无一致结论。"无用观"认为样板化的风险信息披露对市场参与者意义不大。"趋同观"认为年报风险信息披露提供了异质性较弱的公共信息，通过提高信息质量，提高了分析师预测准确度，降低了股权资本成本。"趋异观"认为年报风险信息披露提供了异质性较强的特殊信息，通过提高市场参与者的风险感知，降低了分析师预测准确度，提高了股权及债务资本成本。这些结论说明年报风险信息披露的属性不同，对市场参与者具有不同的经济后果。

既有文献基于股权投资者和债券投资者视角研究年报风险信息披露的经济后果，而基于银行视角研究年报风险信息披露发挥何种作用具有独特优势。股权投资者更关注系统性风险，投机者更关注收益，债权投资者更关注财务风险，而银行需要综合评估企业信贷风险。股权和债券的投资者大多数为信息获取及处理能力较弱的社会公众，而银行在信息获取与处理方面更有优势，其对年报风险信息披露的反应更能体现其价值。虽然分析师也具有强大的信息收集与处理能力，但信息中介属性决定其利益与年报风险信息披露并不直接相关。相比之下，银行如果对年

* 原文刊载于《金融研究》2019年第1期。

作者简介：王雄元，会计学博士，教授，博士生导师，中南财经政法大学会计学院；曾敬，博士研究生，中南财经政法大学会计学院。

报风险信息解读不充分，则可能错过优质客户和获利机会，或因错误定价而遭受贷款合约上的损失，因此银行可能更重视年报风险信息披露。

银行如何解读年报风险信息披露将首先体现在贷款利率上。如果年报风险信息披露提供的是异质性较弱的信息，那么银行可以依据企业更透明的信息正确评估企业信贷风险，进而降低贷款利率；相反，如果年报风险信息披露提供的是异质性较强的信息，银行会提高对企业信贷风险的评估水平，进而提高贷款利率。

本文基于 2008—2017 年单笔银行贷款利率数据的研究发现：（1）总体上我国年报风险信息披露降低了银行贷款利率，这一结论在排除披露惯性、同行业披露水平、银企关系及内生性等问题后仍然成立，说明我国年报风险信息披露更符合“趋同观”假说。（2）信息质量和风险是我国年报风险信息披露影响银行贷款利率的不完全中介，即我国年报风险信息披露通过提高信息透明度、降低银行风险感知水平进而降低银行贷款利率，从而验证了“趋同观”的推理逻辑。（3）我国年报风险信息披露与银行贷款利率的负相关关系主要体现在货币政策紧缩组、非国有企业组及公司治理较好组，说明银行在货币政策紧缩期更关注非国有企业、公司治理较好公司的年报风险信息。

本文的贡献体现在以下方面：既有文献并未从年报风险信息角度研究贷款利率的决定因素，也没有从贷款利率角度研究年报风险信息披露的经济后果，贷款利率因银行较强的信息解读能力而更能体现年报风险信息披露的实质。本文使用手工收集的单笔银行贷款利率数据以及通过机器学习与文本分析获取的年报告风险信息数据，首次研究贷款利率与年报风险信息披露的关系，有助于丰富风险信息披露文献和银行贷款文献。

本文研究结果表明，我国年报风险信息披露并未提供异质性较强的特殊性信息，这与监管机构强制要求披露风险信息的初衷并不吻合，监管机构有必要调整制度规定或加强事后惩罚力度以引导公司披露更多的风险信息。此外，贷款利率相对于贷款规模等更能全面反映贷款合约，但公司披露的贷款利率信息较少，监管部门应进一步规范公司贷款利率的信息披露，这也使本文样本选择不可避免地存在偏差，但本文通过 Heckman 两阶段估计法对样本自选择问题进行了处理，结论具有一定的可信性。

银行业市场结构对企业生产率的影响*

——来自工业企业的经验证据

蔡卫星

服务实体经济是金融部门的本职，金融服务实体经济高质量发展是新时代的核心使命。2019 年，党中央进一步提出“深化金融供给侧结构性改革，增强金融服务实体经济能力”。作为中国金融业的主体部分，银行业在金融供给侧结构性改革中具有举足轻重的地位，中国银行业市场结构改革是金融供给侧结构性改革的重要内容。随着中国改革开放的不断推进，中国银行业市场结构也随之发生显著变化。整体而言，中国银行业从一个高度垄断的市场结构逐渐转变，市场竞争程度不断增强。

那么，银行业市场结构对企业融资会产生何种影响？在理论层面上，目前主要存在如下两种对立观点：“市场力量假说”和“信息假说”。“市场力量假说”的理论基础是经典的产业组织理论，从经典的 SCP 框架出发，认为银行业垄断会导致贷款供给不足和较高的贷款利率，而增强竞争则能够降低融资成本，增加信贷可得性。“信息假说”的理论基础是信息不对称理论，认为具有较强市场垄断力的银行更容易与借款者形成长期银企关系，有更多的契约工具对借款者进行甄别并降低其道德风险，从而可使更多的投资项目得到银行贷款，而更多的市场竞争则将弱化银

* 原文刊载于《金融研究》2019 年第 4 期。

作者简介：蔡卫星，经济学博士，副教授，广东财经大学金融学院，珠三角科技金融产业协同创新发展中心。

行与企业建立良好关系、获取企业信息的激励，进而导致企业融资可得性降低。

本文构造了城市层面银行业市场结构指标，将其与2002—2007年中国工业企业数据库进行合并构造基础数据库，考察了银行业市场结构对企业生产率的影响。值得一提的是，中国银行业有一个重要特征，即由于牌照管制和业务范围限制，各个地区信贷市场表现为一个本地市场。那些全国性商业银行依靠各地分支机构与局限在当地的城商行、农商行等商业银行进行竞争，企业所需要的贷款在绝大多数情况下由当地商业银行提供。这意味着在研究中有必要从更细分的地区层面来测度银行业市场结构。然而，由于缺乏地区层面的银行贷款数据，这一工作变得非常困难。幸运的是，中国银保监会在其网站上提供了商业银行分支机构的金融许可证信息查询，其中包括各分支机构的批准成立时间、办公地点等信息。本文通过手工查询并下载全部商业银行分支机构的金融许可证信息，统计每个城市商业银行全部分支机构的数量以及该城市各家商业银行分支机构数量，从而计算出城市层面的银行业市场结构指标。

本文研究发现：首先，一个更具竞争性的银行业市场结构显著地提高了企业生产率，这支持了银行业市场结构的“市场力量假说”；其次，从影响机制来看，一个更具竞争性的银行业市场结构更有利于缓解企业面临的融资约束；最后，银行业市场结构对企业生产率的影响在那些面临更多融资约束的企业中更为显著，小企业、非国有企业、新企业和高技术行业的企业从银行业竞争中获益更大。

本文贡献体现在以下几个方面：首先，首次从城市层面刻画了中国银行业市场结构。以往的研究大多集中在国家和省级层面，考虑到不同城市之间的显著差异，构造城市层面银行业市场结构指标具有良好的应用性。其次，进一步补充了有关资源配置与全要素生产率的研究。有关这一主题的讨论大多集中在测度资源配置不当对全要素生产率的抑制作用，但是对于如何降低资源配置扭曲程度则较少涉及。本文则从融资约束视角出发，探讨一个更具竞争性的银行业结构变化是如何改善企业生产率的。再次，进一步补充了银行业市场结构与经济增长之间关系的研究。既有研究大多集中在宏观层面，基于企业层面的微观证据还比较少见，本文则从这一视角做出了新的尝试。最后，本文的结果印证了经济发展中的最优金融结构理论。根据这一理论，作为一个发展中国家，中国现阶段最优的金融体系构成应该是以区域性中小银行为主导，而非大银行垄断。本文发现的“银行业竞争促进企业生产率”观点意味着中国银行业打破垄断具有积极的意义，这与最优金融结构理论观点是一致的。

本文的研究结论具有一定的政策启发意义：（1）从市场竞争角度出发，重新理解中国银行业改革的成败得失。比较1998年的第一轮银行业改革和2003年的新一轮银行业改革，可以发现两次改革在具体措施方面有很多类似之处，但是从效果来看，两次改革是截然不同的。第一轮改革之后不良贷款率依然居高不下，而新一轮改革之后主要国有商业银行保持了不良贷款余额和比率“双降”趋势。对比两次银行业改革，不难发现第一轮改革主要是以财务重组为核心，新一轮改革则是一次综合性改革，其中市场竞争变化是一个重要因素。在第一轮改革过程中（1998—2000年），国有大型商业银行市场集中度基本保持在70%以上的水平不变，而新一轮改革过程中，国有大型商业银行市场集中度则呈现单调下降趋势。结合本文的研究结果，市场竞争程度变化在决定改革成败中扮演了重要角色，这与本文之前的研究在内在逻辑上是一致的。

（2）适时适度放松市场准入，鼓励中小银行发展。从中国银行业发展的现状来看，来自银行业内部不同商业银行之间越来越激烈的市场竞争，以及互联网金融等金融创新带来的体外竞争逐渐成为中国银行业的“新常态”。顺应这一金融“新常态”，监管机构应该适时适度放松市场准入，大力支持民营银行等新型银行发展，适当增加银行数量（中国银行数量相对于美国最高峰的18000家银行还存在很大的差距）。

（3）逐步放开业务管制，推进银行业竞争手段差异化。当前，中国银行业的业务收入仍然高度依赖贷款业务，盈利来源仍然高度依赖净息差，整体业务模式相对单一落后。在此背景下，监管机构可以根据银行业发展速度和金融体系风险状况，逐步放开对银行业的业务管制，鼓励商业银行一方面积极做大做强现有中间业务、提升服务能力，另一方面积极开发和引进新型金融产品、提升差异化产品的提供能力。当前，在这个过程中必须高度重视各类业务的风险。

产业政策与企业资本结构调整速度*

巫　岑　黎文飞　唐清泉

近年来，资本结构动态调整成为资本结构领域的研究热点。动态资本结构理论认为，公司存在目标资本结构，低于或高于目标值都会损害公司价值。因此，资本结构偏离目标值时公司有动机将资本结构调整至目标值。然而，由于市场的不完备性，诸多因素会阻碍企业快速调整资本结构。现有文献发现，企业外部的融资环境对资本结构调整速度具有重要影响。对处在经济转型过程中的中国来说，产业政策构成了企业的重要营商环境，对微观企业的行为产生了多方面的影响。可以说，我国几十年的经济改革发展史也是一部产业政策变迁史。因此，研究企业的资本结构动态决策不能忽视产业政策这个制度背景的影响，研究产业政策是否影响以及如何影响企业资本结构的调整速度具有重要意义。

作为我国重要的制度背景，产业政策通过直接干预和间接引导对企业外部融资环境产生显著影响，进而可能影响企业的资本结构调整速度。其中，直接干预主要包括技术管制、环境保护管制、目录指导、市场准入、项目审批和核准等，间接引导包括财政补助、税收优惠和金融政策等，目的在于保证产业政策的实施。

* 原文刊载于《金融研究》2019 年第 4 期。
作者简介：巫岑，管理学博士，暨南大学管理学院；黎文飞，管理学博士，讲师，广州大学经济与统计学院；唐清泉，管理学博士，教授，中山大学管理学院。

从理论上来说，产业政策可以通过债务和权益两种渠道影响企业的资本结构调整速度。在债务融资方面，产业政策的实施使银行信贷资源倾向于支持入选产业政策行业的企业。同时，产业政策支持的行业会具有较高的信用担保预期，所以降低企业外部融资成本，这有利于企业获得更多信贷融资。因此，当企业的资本结构低于最优值时，产业政策有利于企业通过债务渠道的形式获得更多的外部资金，从而加快企业向上调整资本结构的速度。但是，没有证据显示产业政策会加快企业归还贷款。因此，当企业的资本结构高于最优值时，产业政策不太可能通过债务渠道加快企业向下调整资本结构速度，即在债务渠道的角度，本文的推论是，产业政策主要影响企业资本结构向上调整的速度，而对向下调整没有显著的作用。

在权益渠道方面，产业政策的颁布使得入选企业获得了更多的股权再次发行、配股等融资机会，而且股权融资行为会受到更多投资者的追捧，因而企业可用较低的成本获得更多的股权融资。因此，当企业的资本结构高于最优值时，产业政策可能有利于企业通过资本市场的权益渠道获得股权融资，从而加快资本结构向下调整的速度。由于股票回购行为在样本期间非常少见，也没有证据表明产业政策会增加企业进行股票回购的行为。因此，当企业的资本结构低于最优值时，产业政策可能不会影响企业通过权益渠道加快向上调整资本结构的速度，即在权益渠道的角度，本文的推论是，产业政策主要影响企业资本结构向下调整的速度，而对向上调整没有显著的作用。

本文以2006—2015年我国沪深A股上市公司为研究样本，采用经典的资本结构调整速度模型，在“十一五”与“十二五”产业规划所处的时间区间内，考察了产业政策对企业资本结构调整速度的影响以及作用路径。结果显示，产业政策与企业资本结构调整速度呈显著正相关，且分别在非国有、小规模和融资约束较严重的企业中更加显著。区分调整方向后发现，产业政策能提高资本结构向上调整的速度，但只有重点产业政策能提高固定资产比例较低的企业向下调整的速度。基于作用路径的分析发现，产业政策提高了企业选择增加债务的方式来调整资本结构的概率；重点产业政策提高了特定类型企业以增加权益方式向下调整资本结构的概率。上述结果表明，产业政策主要通过债务融资方式影响资本结构调整速度，而只有受到重点产业政策支持的特定类型的企业会通过权益融资方式影响资本结构调整速度，这说明企业的股权融资成本相对于债务融资来说仍然较高，企业通过权益融资仍然面临诸多的限制。

本文的结论表明，在债务融资占企业融资主体地位的中国，即使产业政策改善了企业的融资环境，相对于权益融资方式，产业政策影响企业资本结构调整速度的路径仍然主要在于债务融资渠道。通过研究产业政策对资本结构调整速度的影响，本文的贡献体现在：第一，从企业资本结构动态调整的视角丰富了产业政策影响微观企业行为的研究；第二，从企业外部环境的视角丰富了资本结构动态调整的研究；第三，研究了产业政策影响企业资本结构调整方式的具体路径。

本文的结论具有重要的政策含义：一方面，在资本市场融资成本较高和受到更多限制的情况下，为企业提供便利的债务融资有利于企业资本结构的快速调整；另一方面，要进一步完善资本市场，减少不必要的政策障碍，降低企业权益融资的交易成本，为企业快速调整资本结构提供更多更灵活的途径。

基于新闻文本共现性的银企关系分析*

——以房地产上市公司为例

朱恩伟　吴　璟　刘洪玉

银行和企业之间的关系（以下简称“银企关系”）及其对企业信贷融资能力的影响是金融学研究的传统热点问题。在进行放贷决策时，商业银行通常会要求企业提供其财务情况和信用评级等“硬信息”（Hard Information），从而缓解银企间的信息不对称问题并降低潜在的违约风险。然而，当企业（尤其是中小企业）无法提供足够的“硬信息”时，这一方法就很难有效发挥作用。另外，良好的银企关系可以帮助企业向银行传递“软信息”（Soft Information），如企业所有者的个人品质和可靠程度等，这也能提高企业的信贷融资能力。但在相关的金融学研究中，如何定量度量银企关系的强度依然是一个有待解决的问题。现有指标在可靠性和数据可得性方面存在一定的局限，需要寻找更直接有效的银企关系衡量指标，以获取更为全面可信的实证结果。

在大数据分析的思路下，本文引入了文本挖掘领域中的共现分析方法（Co-occmrence Analysis），并根据银行和企业在新闻文本中共同出现的频次构建了一个全新的银企关系强度定量衡量指标。共现分析方法已经在众多领域的知识发现中得到了广泛应用，其核心思想是以不同关键

* 原文刊载于《金融研究》2019 年第 2 期。
作者简介：朱恩伟，博士研究生，清华大学建设管理系；吴璟，工学博士，副教授，清华大学建设管理系；刘洪玉，工学硕士，教授，清华大学建设管理系。

词在同一语料中共同出现的频次来表征这些关键词之间的联系强度。具体到银企关系，良好的银企关系既可表现为银企双方高频率的业务合作，也可体现在共同举办或参与活动等重要的非业务交流中。而无论是业务联系还是非业务联系，都可以帮助企业向银行传递软信息。同时，只要相关事件足够重要，都很有可能以新闻报道的形式出现在网络媒体上。基于这一思路，本文以特定银行与企业在一定时间范围内新闻文本中的共同出现频次，即“银企新闻共现数”，来衡量二者之间的银企关系强度。相比其他银企关系度量方法，该新闻共现指标同时包含了银行和企业间的业务联系和非业务联系，更具有全面性。同时，该指标完全依赖于新闻报道等公开信息的特点也保证了其数据可获得性，并具备可追踪反映银企关系动态变化、可细致反映银企关系分布情况等优点。

基于这一思路，本文以百度新闻为语料来源，使用“银企新闻共现数”对2009—2014年的238家房地产上市公司与19家主要内资银行之间的银企关系强度进行了定量度量。通过比较该指标与上市公司年度报告及重大贷款来源中各银行的出现频次发现，该度量结果具有可靠性。基于上述度量结果，本文从信贷可得性和信贷融资成本两方面对银企关系影响企业信贷融资能力的规律进行了实证研究。为了缓解潜在的内生性问题，本文为核心解释变量“银企新闻共现数”引入了两个工具变量，即“企业具有银行工作经历的高管人数”和“企业与银行总部所在城市的空间距离”，然后使用两阶段回归（2SLS）对模型进行估计。

实证结果显示，良好的银企关系确实有助于提升房地产企业的信贷融资能力，其中对企业信贷可得性的影响尤为明显；但在信贷融资成本方面，整体上银企关系的作用并不显著。同时，上述影响规律存在企业间和银行间差异。具体而言，对于规模小和收益率低等相对缺乏“硬信息”的企业，良好的银企关系提高信贷融资能力的效果尤为明显。企业无论选择与个别关系最紧密的银行建立更强的银企关系，还是选择与更多银行建立更广泛（但强度较弱）的联系，都能够提高其信贷可得性，但前者的作用效果更为显著；企业与国有银行和股份制银行建立同等强度的关系，对其信贷融资能力的影响没有明显差异。本文还搜集并分析了其他行业的数据，验证了“银企新闻共现数”指标及本文实证结果在其他行业中的适用性。

本文首次将大数据和文本挖掘技术应用于银企关系研究，对相关文献主要有两方面的贡献。首先，提出了一个全新并有效的、基于银行和企业在新闻文本中的共现频次的银企关系度量指标，该指标可以更为全面地反映银企间的业务联系和非业务联系，是对传统银企关系度量方法的一个重要补充。其次，为银企关系对企业信贷融资能力的影响提供了新的实证证据，并进一步发现了这种影响规律在不同银行和企业间的异质性。

本文研究结果对企业和政府都有重要启示。即使是在房地产这种受商业银行青睐的行业，中小企业仍然需要积极与银行构建良好的关系来提高自身的信贷融资能力。在策略上，企业应当与个别关系最紧密的银行建立更强的银企关系，而不是与更多银行建立更广泛的联系。政府应鼓励和引导银行与中小企业建立更为密切的关系，从而缓解中小企业融资难的问题。同时，应加强市场监管和配套制度建设，预防潜在的金融风险。在实践中，可考虑利用“银企新闻共现数”等大数据手段结合传统方法，在大范围内开展对银企关系的持续性监测，以辅助政策制定和市场管理。

盈利水平、支农服务与风险控制*

——农商行规模调整的理论分析与实证检验

郭 妍 韩庆潇

农村信用社（以下简称农信社）作为我国农村金融的主体，一直是服务“三农”的主力。近几年来，随着我国金融业改革的持续推进，农村金融市场竞争渐趋激烈，农信社的垄断地位和竞争优势逐渐被打破，导致先前政策倾斜和快速发展下积累或掩盖的诸多弊端开始显现，特别是产权制度混乱、不良资产比重过大、内部人控制等深层次矛盾不断暴露。为了解决上述矛盾和问题，银行化改制成为农信社新一轮改革的主要方向。截至2018年年底，全国已有多个省份的农信社全面改制为农村商业银行（以下简称农商行）。尽管如此，对于正在进行的农信社银行化改制，不同部门仍然存在较大分歧。争议主要集中在三个方面：如果改制后的农商行规模扩张，是否影响服务农业的战略定位？农商行管理水平能否支持规模大幅扩张？如果保持现有规模水平，能否满足服务诉求的提升？由于以上争议缺乏明确答案，农商行规模调整问题成为关注的焦点。

为深入探索农商行规模调整问题，本文对国内外相关文献进行了归纳，发现已有文献仅以某一个目标出发进行探讨过于片面，且结论存有

* 原文刊载于《金融研究》2019年第4期。

作者简介：郭妍，经济学博士，副教授，山东大学管理学院；韩庆潇，经济学博士，助理研究员，中国人民银行济南分行。

较大争议。实际上，农商行自成立之初就背负着支持农业的重任，而近年来随着市场化改革的推进，提高盈利能力和降低经营风险等商业化目标也变得同样重要。如此，若仅从单一目标出发分析规模调整可能会失之偏颇。同时，现有理论模型研究的是市场化水平较高条件下的商业银行，对各种类型的银行并不具有普适性，所以在探讨农商行规模调整时有必要对模型进行拓展。

鉴于此，本文在 Krasa 和 Villamil（1992）、Lin 和 Sun（2007）商业银行最优规模选择模型的基础上，结合农商行的特殊性，将原模型拓展为适用于农商行的新理论模型，探讨了不同目标（盈利水平、支农服务和风险控制）下规模调整的内在机理。经过理论推演得出初步结论：（1）农商行能够通过规模调整实现盈利水平最大化；（2）农商行规模扩张必然导致支农贷款占比减少，从而支农力度减弱；（3）农商行能够通过规模调整实现经营风险最小化。

基于 2009—2016 年 102 家农商行的非平衡面板数据，本文利用动态面板模型进行了实证分析，对上述理论模型的初步结论进行验证，并进一步探讨了农商行的最优规模区间。主要结论如下：一是农商行能够通过规模调整实现盈利水平最大化和经营风险最小化，所以保持适度的规模更有利于盈利水平的提升和经营风险的降低。二是农商行规模扩张必然带来经营重心的脱农化，使得优质非农贷款得到充分开发，而支农贷款占比减少，支农力度减弱；但当农商行规模超过一定阈值后，支农贷款占比将再次提升。三是三重目标约束下的研究结果表明，基于当前经营管理水平下，农商行不适合过度扩张规模，对数化后的总资产规模处于最优区间内，能够较好地兼顾三重目标。

本文的贡献包括三个方面：一是区别于现有文献的单一目标视角，从盈利水平、支农服务和风险控制三个目标出发，分析当前农商行的规模调整；二是对原有商业银行的理论模型进行了拓展，建立了农商行规模调整的新模型；三是以102家农商行为样本，对理论模型结论进行了验证，进一步通过模拟图形探讨了能够较好满足三重目标的合理规模。

以上来自改制后农商行的研究结论，对全国正在推进农信社改制的地区具有一定指导意义。基于此，本文针对各地改制中的规模调整问题提出以下政策建议：一是当前农商行并不适合规模过度扩张，为了处理好三重目标之间的关系，需要理性对待规模调整的问题。二是应该加快省联社的改革步伐，为农商行灵活调整自身的经营规模提供外部条件。三是继续完善农商行公司治理结构，切实发挥股东代表大会、董事会和监事会的作用，提高管理水平，为农商行规模调整提供内在基础。

04　企业改革与创新发展

国企混合所有制能治疗僵尸企业吗*

——一个混合所有制类啄序逻辑

方明月　孙鲲鹏

供给侧结构性改革已成为当前中国经济改革的主要方向，去产能是供给侧结构性改革的重要任务，去产能的关键是处置僵尸企业。一方面，国有企业相比其他企业有更严重的资源错配问题，其僵尸企业比例更高，如何处置和治疗国有僵尸企业成为当前中国经济改革的一个重要任务。另一方面，混合所有制改革是目前国企改革的主要方向。既有研究表明，引入非国有资本的混合所有制改革改善了公司治理机制、缓解了资源错配问题，有助于提升企业的运营效率和企业绩效。

既然混合所有制是国企改革的主要方向，它能否治疗僵尸企业？如果答案是肯定的，哪种混合所有制模式更有利于治疗僵尸企业？回答上述问题不仅有助于深化关于国有企业混合所有制改革和僵尸企业的理论研究，从混合所有制的角度完善关于资源错配的相关理论，更有望为解决长期以来的国企低效率和日益严重的僵尸企业问题提供政策建议。

为探究这一问题，本文首先采用国际前沿方法识别出僵尸企业，即判断一个企业是僵尸企业需要同时满足四个条件：（1）贷款利率低于正

* 原文刊载于《金融研究》2019年第1期。

作者简介： 方明月，经济学博士，副教授，中国农业大学经济管理学院；孙鲲鹏，博士研究生，清华大学经济管理学院。

常的市场最低利率；（2）息税前收入低于当年应付利息；（3）上一年资产负债率超过 50%，且当年继续借贷；（4）连续两年满足前三条标准，则当年被识别为僵尸企业。其次，将国有企业混合所有制改革模式按照国有股权所占比重分为以下三类，即国企控股、国企参股、转制民企（转制为民资、外资等非国有资本持有全部股权，是一种特殊的混合所有制），探究混合所有制改革是否有助于治疗僵尸企业，以及哪种混合所有制改革模式的效果最好。

图 1 揭示了各类企业中的僵尸企业的绩效。以主营业务利润率（ROS）来衡量企业绩效，总体上看转制民企中的僵尸企业的绩效最好，参股国企中的僵尸企业次之，控股国企紧随其后，纯国企中的僵尸企业的绩效最差。图中直观地表明，混合所有制改革程度不同，僵尸企业的治疗效果也不相同。

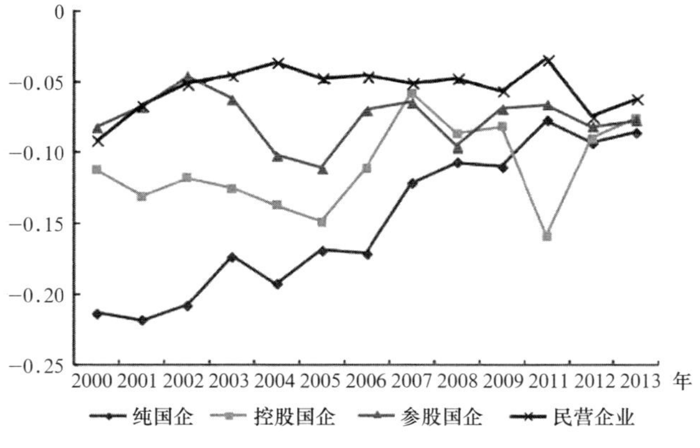

图 1　各类企业中僵尸企业的绩效

本文使用 1998—2013 年的中国工业企业数据库，运用计量经济学方法比较了三种混合所有制改革策略治疗僵尸国企的效果。实证结果表明：第一，相对于纯国企，混合所有制改革对僵尸企业具有显著的治疗效果；第二，在多种混合所有制改革策略中，转制民企优于国企参股，国企参股优于国企控股，这形成了一种有趣的“国企混改类啄序”现象；第三，所处行业垄断程度越高的国企，引入民营资本的混合所有制改革对僵尸企业的治疗作用越小，而对于不同级别的国企，其作用也有显著的差异，即上述“啄序”现象并非对所有国企都适用，单纯民营化导向的混改不是“万金油”；第四，混合所有制改革治疗僵尸企业的主要渠道是改善公司治理并降低国企的期间费用（主要是管理费用）。

囿于数据的限制，本文的研究可能遗漏了一些同时影响僵尸企业治疗和混合所有制改革策略的因素，即关键解释变量可能是内生的。本文针对可能的内生性问题进行了检验。我们在回归中加入了地区制度质量和企业政策性负担等因素，从非国有资本的进入能力和进入意愿两个方面加以控制，发现了与主要结论一致的结果。此外，本文还做了倾向得分匹配检验和随机模拟安慰剂检验，仍然发现了符合预期的结果。

本文的贡献主要体现在三个方面。首先，本文丰富了关于僵尸企业的研究。僵尸企业会导致资源错配，降低经济效率，下一步的关键是如何处置僵尸企业。与现有文献分析僵尸企业的原因或影响不同，本文分析了治疗僵尸企业的几种策略，为僵尸企业处置指明了方向，也为下一步深入研究如何处置僵尸企业提供了理论基础。其次，本文发展了国企混合所有制改革的文献。根据本文的实证研究结果，混合所有制可以改进国企效率，在一定程度上治疗僵尸企业。而且，在多种混合所有制路径中，本文特别揭示了一种国企混改的“类啄序”现象，即转制民企优于国企参股，国企参股优于国企控股。这一发现在政策实践中尤其具有重要价值，可为当前国企混改提供一种可操作的方案。最后，本文从国企混改的角度完善了资源错配理论。现有研究已经指出国企是资源错配的重要原因之一，而僵尸企业更是其中的阻梗之一。本文发现，混合所有制改革可以在一定程度上治疗僵尸企业，从而可以局部改进资源错配现象。循此思路，进一步可以研究混改对改善资源错配的实际贡献和影响渠道，从而拓展了对资源错配的研究思路。

本文具有重要的政策含义。第一，积极推进国有企业的混合所有制改革，可以作为解决大量僵尸企业的重要手段。尤其是，大力引进民营资本，利用民企的机制优势来改善僵尸企业，这种改革效果比国企控股和国企参股方式更为有效。这也从一个侧面印证了党的十八届三中全会提出的“让市场在资源配置中起决定性作用”的论断。第二，基于国企所处的行业、规模等因素，将一定比例的僵尸企业优先纳入混改的行列，并在控股比例方面给予更灵活的政策。目前，国家层面对于国企的混合所有制改革实行稳步推进的原则，每年只有极少比例的国企被纳入改革试点。建议进一步扩大试点范围，优先考虑将僵尸企业作为试点对象，成功则收益很大，失败也损失较小。第三，治疗僵尸企业的主要机制是减少期间费用，因此除了引入民营资本等多元化的股权安排，国企还需要改进管理体制，提高管理水平。

放松利率管制、利润率均等化与实体企业"脱实向虚"*

杨 筝 王红建 戴 静 许传华

近年来，在经济下行与产能过剩的双重冲击下，实体企业特别是制造业利润日益微薄，金融企业则凭借其垄断地位赚取超额利润，制造业与金融业的"利润鸿沟"使越来越多的实体企业通过配置金融资产、进入金融行业或直接持股金融机构等方式进行金融化以获取超额回报率，这一方面致使实体企业逐渐偏离其主营业务，形成制造业"空心化"现象，另一方面刺激了实体企业配置金融资产的资金需求，出现"脱实向虚"的现象。

利率管制会导致实际利率偏离市场均衡利率水平，致使金融行业特别是银行业凭借垄断地位较容易地获得超额利润，也会扭曲实体企业投融资行为。放松利率管制不仅有助于消除信贷歧视，使贷款风险与贷款利率匹配，改善企业面临的债务融资环境，还可促进金融行业竞争，降低实体企业融资成本，实现实体经济与虚拟经济间利润率的均等化，从而也会对微观企业投融资结构选择产生影响。然而，为有效防范和化解金融风险，保持金融体系稳定，促进经济健康发展，中国利率市场化一直采取渐进式改革的方式。近年来，国家层面金融体制改革和利率市场

* 原文刊载于《金融研究》2019年第6期。

作者简介： 杨筝，管理学博士，讲师、高级经济师，武汉纺织大学管理学院；王红建，会计学博士，教授，南昌大学经济管理学院；戴静，经济学博士，副教授，湖北经济学院金融学院；许传华，经济学博士，教授，湖北经济学院金融学院。

化改革进程的不断加快，对利率的管制逐渐放松，市场化利率决定机制逐步形成，这将如何影响宏观经济增长和微观企业行为，一直以来都是金融领域十分关注的重要问题。虽然放松利率管制这种“一刀切”的政策为本文捕捉其对微观经济效应影响带来了困难，但我国独特的双重产权性质企业为本文考察放松利率管制如何影响实体企业金融化提供了天然的实验场所。本文选择2001—2015年中国A股非金融类上市公司为研究样本，以2004年和2013年人民银行分别取消贷款利率上下限为准自然实验，基于产权性质差异来构造双重差分模型，实证考察放松利率管制如何影响实体企业金融化。

本文研究显示：第一，放松贷款利率下限管制能够显著抑制非国有企业金融化程度，而放松贷款利率上限管制则无显著作用，支持了“市场套利观”。第二，机制检验发现，贷款利率下限管制的放松显著抑制企业债务成本对企业利润的侵蚀作用。第三，拓展性检验还发现，对于盈利能力越强、规模越大以及市场竞争压力越小的公司，放松贷款利率下限管制对抑制非国有企业金融化的作用更显著。以上研究结论表明，实体经济与虚拟经济间的利润率差距是我国实体企业金融化的重要诱因，而金融市场化改革将有助于抑制实体企业金融化、改善实体经济与虚拟经济间的良性互动关系，从而助推实体经济的健康发展。

本文贡献主要体现在三个方面：一是从放松利率管制这一独特视角揭示了金融市场化改革对实体企业金融化影响的具体作用机制，证实了金融市场化改革对构建实体经济与虚拟经济间良性互动关系的重要作用。二是从实体企业金融化这一独特视角实证考察了放松利率管制所产生的后果，一方面证实了以利率管制放松为代表的金融市场化改革的积极意义；另一方面也揭示了实体企业金融化的市场套利动机。三是以放开贷款利率上下限这一准自然实验，结合产权性质差异构造双重差分模型，有助于缓解利率市场化与实体企业金融化之间可能存在的内生性问题。

未来还可从以下几个方面继续探究：第一，随着我国利率市场化改革的深入推进，利率市场化特别是基准利率的市场化如何影响实体经济与虚拟经济的关系，如何通过深化金融体系改革特别是基准利率形成机制改革，进而有效发挥金融资本服务实体经济的作用。第二，本文主要从利润率差距视角研究了利率市场化影响企业金融化行为，揭示了企业金融化的套利动机，利率市场化是否通过其他机制对微观企业行为产生影响将是未来值得研究的方向之一。第三，本文虽然使用我国中央银行放开贷款利率上下限作为准自然实验来研究其对利率市场化的影响，但这无法有效、准确、综合刻画利率市场化的内涵，未来还需从多维度视角刻画利率市场化，更加科学地考察利率市场化产生的经济后果。

民营化、融资约束与企业创新*

——来自中国工业企业的证据

余明桂　钟慧洁　范　蕊

民营化是否能够提高国有企业效率存在两种对立的观点。一种观点认为，民营化是解决国有企业低效率问题的重要手段。民营化不仅有助于减少政府对企业的控制和干预，而且有助于缓解代理问题，对企业经理人实行有效的激励和监督，激发企业家精神。另一种观点则认为，民营化降低了企业效率。当外部治理环境不完善时，民营大股东掏空企业获得控制权收益的成本较低，快速大规模的民营化可能导致管理层和控股股东牟取私利、滋生腐败。

针对这一问题，现有的学术研究也尚未取得一致结论。本文研究民营化对企业创新的影响，为澄清有关民营化如何影响企业效率的争议提供新的视角。特别地，我们关注国有企业民营化后融资约束以及地区金融发展对企业创新的影响。从理论上来说，民营化对企业创新可能具有正反两方面的作用。一方面，民营化降低了政府对企业的政治干预，减少了企业的政策性负担，企业的经营目标不再是服从于政府或者官员，而是企业价值最大化（Boycko et al., 1996）。同时，民营化缓解了国有企业的代理问题，使企业更有动力完善公司治理机制，从而提高企业的

* 原文刊载于《金融研究》2019 年第 4 期。
作者简介： 余明桂，管理学博士，教授，武汉大学经济与管理学院；钟慧洁，管理学博士，讲师，中南财经政法大学会计学院；范蕊，管理学博士，讲师，东南大学经济管理学院。

风险承担能力和创新积极性(余明桂等，2013；李文贵和余明桂，2015；Boubakri et al., 2013)。另一方面，创新具有风险大、失败率高、不可预测、耗费时间长等特点，需要大量的资金来维持长期的投入(解维敏和方红星，2011；唐清泉和巫岑，2015；Hal, 2002；Hottenrott and Peters, 2012)。同时，创新过程信息高度不对称，且创新产出一般是无形的，价值评估的难度大，因此，创新产出难以作为抵押品获得银行信贷，创新活动的融资成本较高(鞠晓生等，2013；卢馨等，2013；Hal, 2002；Brown et al., 2009)。所以，如果民营化后企业的资源优势减弱、融资受限，企业的创新活动也会受到限制。

本文以2005—2011年中国工业企业为样本，检验民营化究竟是促进还是抑制企业创新。为了有效地识别因果关系，以国有企业转化为民营企业的样本为实验组，以国有企业样本为对照组，采用双重差分法，检验结果发现，民营化后企业创新水平显著下降。这可能是由于民营化后企业受到更强的融资约束。因此，本文进一步检验了企业融资约束对民营化企业创新的影响，结果发现，融资约束显著抑制了民营化企业的创新。这一结果表明，融资约束是民营化企业创新水平下降的重要影响因素。最后，按照地区金融发展的水平将样本分为高低两组，结果发现，在金融发展水平较低的地区，融资约束显著抑制了民营化企业创新，而在金融发展水平较高的地区，这种抑制作用不明显。这意味着，较高的金融发展水平可以缓解融资约束对企业创新的不利影响。

本文将有三个方面的贡献：

第一，从融资约束的角度拓展了民营化影响创新的相关研究。现有文献中，Tanet等(2015)和钟昀珈等(2016)以上市公司为研究样本，检验民营化对企业创新的影响，但没有得到一致的结论。更重要的是，他们都忽视了融资约束很可能是影响民营化企业创新的重要机制。本文检验发现，融资约束是抑制民营化企业创新的重要因素，从而从融资约束角度拓展了民营化影响创新的相关研究。

第二，从民营化的角度拓展了金融市场如何影响创新的相关研究。创新的不确定性强、失败率高、耗费时间长，需要大量的资金支持（Hottenrott and Peters，2012），因此，金融市场对企业创新具有非常重要的影响（Hsu et al., 2014）。现有文献分别从金融市场和信贷市场发展、银行业竞争等角度研究金融市场对企业创新的影响，鲜有文献从完全民营化这种企业控制权性质变更的角度研究金融市场对企业创新的影响。本文发现民营化导致企业融资约束加剧，抑制了企业创新，从而从民营化的视角为金融市场影响企业创新的研究提供新的证据。

第三，本文的研究有助于在理论上澄清有关民营化的争议。如前文所述，民营化是否能够提高国有企业效率存在两种对立的观点。本文以企业创新为例，为澄清这项争议提供了可能的证据。研究发现，国有企业在民营化以后受到较强的融资约束，导致其创新能力降低，但地区的金融发展可以缓解融资约束的抑制作用。结果表明，以民营化来改革国有企业是有条件的，即在信贷歧视尚未解决、金融环境尚未明显改善的情况下进行完全民营化，不仅不能提高企业效率，反而很有可能导致相反的结果。

本文的研究具有重要的政策含义。一方面，党的十八届三中全会中颁布的《中共中央关于全面深化改革若干重大问题的决定》，将混合所有制经济认定为“国有资本、集体资本、非公有资本等交叉持股、相互融合”的经济制度，因此，国有企业引入非国有资本的民营化是混合所有制改革的一种形式。本文的结果意味着，金融发展有利于提高金融市场对创新投资风险的评估和识别能力，从而降低企业的创新融资成本，使融资约束对民营化企业创新的不利影响得到缓解。因此，完善我国各地区的金融环境、提高金融发展水平是混合所有制改革顺利进行的前提。另一方面，党和国家高度重视民营经济的重要性，并提出要多方面支持民营企业发展，特别是要提高金融对民营企业的支持力度。本文从国有企业民营化影响企业创新的视角证明了缓解民营企业的融资约束和提高金融发展水平对促进民营企业创新能力具有重要意义。

经济集聚与区域创新可实现空间协同*

张　可

在新时代背景下，区域协调发展和区域创新协同成为中国构建现代经济体系的重要支撑。从现实来看，既要协调好区域内部经济发展和区域创新的关系，也要协调好区域间经济发展和区域创新的空间关系。既有研究多忽略了区域创新对经济集聚的反向影响，且忽视了地区间经济集聚与区域创新的空间交互影响。鉴于此，本文从理论和实证两个方面考察了经济集聚与区域创新的交互影响及其空间关联。在分析经济集聚与区域创新间的交互影响机制和空间关联机制的基础上，使用2000—2016年长三角地区152个县级行政区的数据进行实证分析，最后验证了区域创新对经济集聚的反向影响机制。

本文研究表明：第一，经济集聚与区域创新间存在双向促进关系，忽略区域创新对经济集聚的反向影响会高估经济集聚对区域创新的促进作用。第二，经济集聚与区域创新均存在显著的空间溢出效应和地区交互影响，即本地和邻近地区的经济集聚均显著促进了本地的区域创新，本地和邻近地区的区域创新均显著促进了本地的经济集聚。第三，空间溢出效应的边界检验表明，经济集聚与区域创新的空间溢出及地区交互

---

* 原文题目为《经济集聚与区域创新的交互影响及空间溢出》，刊载于《金融研究》2019年第5期。

作者简介：张可，经济学博士，副教授，华东政法大学商学院。

影响均随着距离的增加而减弱。在500千米范围内经济集聚的空间溢出效应、区域创新的空间溢出效应均较明显，地区交互影响仅局限在400千米范围内，即邻近地区经济集聚对本地区域创新的影响及邻近地区区域创新对本地经济集聚的影响仅局限在400千米以内。第四，基于以上实证结果，进一步验证了区域创新对经济集聚的反向影响机制，即区域创新通过增长极效应、产业结构优化效应和创新网络化对经济集聚产生反向影响。

本文主要贡献体现在三个方面：一是系统地分析了经济集聚与区域创新的双向影响和地区交互影响机制，特别是分析并验证了区域创新对经济集聚的反向影响机制。二是同时考虑并验证了经济集聚与区域创新的空间溢出效应。三是识别了经济集聚与区域创新空间溢出效应及其地区交互影响的地理边界。

当前中国各地的区域政策和产业政策更多是关注如何发挥经济集聚的各种外部性效应来提高区域创新产出水平，少有考虑如何利用区域创新来促进经济集聚，且忽略了经济集聚和区域创新的空间管理。本研究对地区经济发展与区域创新双协同和构建区域创新共同体具有重要的政策启示。

首先，经济集聚与区域创新可实现双赢，区域发展政策应与区域创新政策形成有效衔接和互动。长三角地区应充分利用经济活动的空间集聚促进区域创新产出，并利用区域创新吸引新的要素来进一步促进经济活动的空间集聚。大力推进集约式的空间发展模式，推进高新技术产业园区的集群化发展，以提高长三角地区的经济集聚度。充分利用长三角地区经济一体化的通道来促进创新要素的自由流动，提高创新要素的空间配置效率，以创新引领经济发展和吸引各类要素的进一步集聚。区域发展规划和创新规划应实现战略目标的统一，区域空间开发模式应与区域创新的路径相匹配，形成区域发展政策和区域创新政策的融合和联动，以充分利用经济集聚和区域创新间的双向促进作用。

其次，应树立经济发展与区域创新的全局战略思维，构建共生互利的区域和创新格局。传统的地区竞争意识是中国区域经济合作和创新协同的重要阻力，地方政府在制定创新政策时的思维范式容易陷入人才、科技等创新要素争夺的困局。而本研究发现经济集聚与区域创新存在显著的地区交互效应，经济全球化和区域一体化背景下地区间的经济帮扶和区域创新合作可实现互赢。

长三角地区的区域一体化和创新共同体构建应建立在双赢互利的公共利益基础之上。应充分利用长三角地区经济协调会、行业协会等组织来促进经济一体化，在经济发展上形成协同与共赢。鼓励江浙沪地区科研机构、高等院校和企业之间跨地区创新合作，构建区域创新的投入、风险和收益共担机制。上海在创建全球科创中心的过程中可充分发挥自身的中心市场功能、总部经济优势以及资源配置中心的作用，增强与邻近地区的优质创新资源和市场的融合，加强对邻近地区创新的金融和市场支持。长三角其他地区应充分利用与上海的地理邻近优势以及区域一体化的合作通道，主动融入上海全球科创中心建设中。适时成立长三角地区创新共同发展基金，推进长三角地区技术市场一体化发展。

最后，应进一步强化经济发展和区域创新的空间管理力度，提高经济集聚与区域创新协同政策的空间边界意识。本研究表明，只有在一定的空间范围内才能充分发挥地区间经济集聚与区域创新的双向促进作用，因此应优先空间临近原则，即优先与临近地区构建经济发展与区域创新的双协同框架，继而进一步在更大的空间范围内构建地区间的协同关系。可考虑在长三角一体化示范区合作框架内开展跨地区创新协同合作，如在上海青浦、浙江嘉善、江苏吴江三个生态绿色一体化示范区内建设若干个创新协同园区，基于前期实践的探索，逐渐扩大创新协同园区的空间范围。

高铁开通是否促进了区域创新*

卞元超　吴利华　白俊红

"要想富，先修路"，交通基础设施对经济发展具有重要的推动作用。事实上，与世界上那些未能实现经济腾飞的发展中国家相比，拥有大幅领先于经济发展水平的交通基础设施条件，是中国经济持续快速发展的重要原因之一。作为交通运输体系的重要组成部分，铁路运输具有运输能力大、运输成本低、运行速度快等优势，如何进一步提升并优化铁路运输体系，更好地发挥其对国民经济发展的推动作用，成为中国交通运输事业发展中需要考虑的关键问题。

新中国成立以来，中国政府不断致力于提升铁路的运输能力。自1997年开始，中国铁路经历了六次大的提速过程。特别是2007年4月开始的中国铁路第六次大提速，共开行时速200千米以上车组52对，出现了中国品牌的高速列车CRH（和谐号），形成一批快速客运通道，快速铁路的发展取得了实质性突破。2008年8月1日，京津城际铁路的开通标志着中国铁路正式步入高铁时代。2016年，国家发展改革委、交通运输部、中国铁路总公司联合印发的《中长期铁路网规划（2016—2030）》，构筑了未来中国高铁的发展蓝图，确定了"八纵八横"的高速铁路通道。2017年6月26日，由中国铁路总公司牵头组织研制、具有完全自主知识产权、达到世界先进水平的动车组列车"复兴号"（CR）

* 原文刊载于《金融研究》2019年第6期。

作者简介： 卞元超，经济学博士，讲师，南京师范大学商学院；吴利华，管理学博士，教授，东南大学经济管理学院；白俊红，管理学博士，教授，南京师范大学商学院。

在京沪高铁正式双向首发，中国高铁发展又向前迈出了坚实一步。截至目前，中国高铁营业里程已达到3万千米，累计发送旅客人数业已突破百亿，高铁日益成为人们出行的重要选择。

相比传统的交通运输方式，高铁开通不仅进一步提高了区域之间的地理通达性，其所具有的载客量大、速度快、准点率高、安全性好的优势，更能满足那些对于时间具有较强敏感性的高素质人才流动的需求，高铁的开通有利于降低人才等创新要素的流动成本，提升其流动速度和规模。而作为知识的重要载体，创新要素在区域之间的流动不仅能够促进新知识的创造，还有利于加快知识在不同群体之间的传播，引发“知识流”“技术流”“信息流”和“经验流”，不仅能够促进知识和技术要素的传播和溢出，也对区域创新活动及其空间格局产生重要影响。

20世纪末，以克鲁格曼等为代表的经济学家在广泛吸收新贸易理论的基础上，通过引入“冰山交易成本”等概念，确立了新经济地理学的一般均衡分析框架，并在不完全竞争和规模报酬递增条件下解释了经济活动的空间布局问题。根据这一理论，经济活动的空间分布主要取决于可流动要素在集聚力与分散力的合力作用下的空间流动，主要表现为运输成本问题。因此，新经济地理学理论高度重视支撑这种要素流动的交通基础设施的重要性。交通基础设施有效地连接了不同地理空间上的区域，加强了不同区域之间的联系，打破了原有的分割性和封闭性，降低了劳动力等生产要素在区域之间流动的成本，从而也可以激励要素的空间流动行为，这对于经济活动空间布局的塑造具有重要作用。进一步地，生产要素是知识的载体，其在区域间的自由流动是空间知识溢出发生的根本原因。携带知识的生产要素在区域间的自由流动可以带动知识在不同主体间的互动和交流，加速知识在空间层面上的溢出。知识流动的过程也是创新产生的过程，特别是在开放型创新时代，知识流动和知识溢出已经成为创新产生和发展的重要前提条件。因此，交通基础设施的完善所引发的要素流动不仅重塑了经济活动的空间布局，还引起了地区之间的技术扩散和知识溢出，这势必将会对区域创新活动产生重要影响。

本文采用新经济地理学的分析框架，从创新要素流动的视角探讨了高铁开通影响区域创新活动以及区域创新差距的内在机制，使用中国287个地级市的数据，对高铁开通与区域创新及其差距之间的关系进行了检验。研究结果发现，中国高铁的开通显著提升了区域创新水平，其机制主要在于高铁开通所引发的创新要素流动效应，即高铁开通后，各种高素质人才、创新人才在区域之间快速流动，促进了知识溢出和知识流动。高铁开通能够对区域创新差距产生重要影响，相对于未开通高铁的城市来说，开通高铁的城市的创新能力和创新速度持续提升，这将进一步拉大区域之间的创新差距。

本文研究具有一定的政策启示。首先，各地区需不断完善本地经济社会发展的各项条件，因地制宜地推动高铁建设，努力加快高铁建设与本地区经济社会发展环境的深度融合，促进高铁对区域创新活动提升作用的发挥。其次，各地区要构建更加健全的知识溢出机制，进一步消除限制要素流动的体制机制障碍，鼓励优质创新要素在区域之间进行充分流动。最后，对于尚未开通高铁的城市来说，要不断提高自身经济社会发展的综合竞争力，获取高铁投资的青睐，还需进一步加快自身与高铁城市的互联互通，通过打造多种形式的连接渠道，如公路客运专线等，实现与高铁城市的无缝对接，加速融入高铁“创新圈”，促进生产要素、技术等的流动和知识溢出，从而提升创新能力。

以“合”为贵？合作文化与企业创新 *

潘健平　潘　越　马奕涵

金融领域的研究正在进行着一场文化上的革新（Zingales, 2015）。微观企业是研究文化如何影响个体的绝佳实验对象。这不仅是因为微观企业有能力重塑自身的文化取向，使文化的内涵特征随时间变化，而且微观企业数量庞大，能够为研究提供充足的样本。这意味着对于企业文化的研究将成为金融研究领域文化革新的主线。企业文化作为一种重要的战略资产，是企业为员工所塑造的价值观和行为准则，其作用是促使员工形成对企业有利的行为模式。而在长期的实践过程中，企业在各种场合反复强调所推崇的企业文化，使得所有员工对企业文化都“内化于心，外化于行”，最终企业所推崇的价值观将潜移默化地影响员工的思维模式和行为决策，并最终影响公司价值（Graham et al., 2016）。

在众多不同的企业文化特征中，合作文化是与企业创新相关性较高的一种价值取向。这主要是因为在强调合作的企业中，企业更愿意与外部的科研机构进行合作研发，有助于企业整合外部的优势资源，提升研发实力。同时在企业内部，强调合作不仅有助于在员工之间建立信息分享机制，促进信息的共享，而且能够提高企业内部研发人员之间的凝聚

* 原文刊载于《金融研究》2019 年第 1 期。

作者简介：潘健平，经济学博士，讲师，东南大学经济管理学院；潘越，管理学博士，教授，厦门大学经济学院；马奕涵，硕士研究生，厦门大学经济学院。

力和团队合作的紧密度，对企业创新产生积极的影响。但是，这种提倡合作的价值观所造成的负面效应也是显而易见的。首先，合作双方都存在“搭便车”的动机。更严重的是，在合作的过程中，双方的信息共享可能会导致技术泄露。其次，合作文化所反映的集体主义倾向强调团队协作，而这会抑制个人特殊才能的发挥。最后，在强调合作的企业中，员工的流动性较差，这可能导致员工失去职业危机感，在工作中出现懈怠。以上因素都可能对企业创新产生负面影响。根据本文的统计，有近1/3的上市公司在网站的企业文化模块中强调合作是企业文化重要的组成部分。那么，企业文化推崇合作究竟会对企业创新产生促进作用还是抑制作用?

为回答上述问题，本文首先搜集2006—2015年沪深A股非金融行业上市公司官网中企业文化部分的所有内容以及年报的董事会报告两份文本，建立与“合作”词义相关的近义词库，通过文本分析的方法，构建两个度量企业合作文化的指标，其中一个指标是根据公司官网中所介绍的愿景、使命、核心价值观中是否出现“合作”及其近义词来定义的，另一个指标是通过文本分析的方法，统计上市公司年报的董事会报告部分中“合作”及其近义词出现的次数占报告总词数的比例来定义的。在此基础上，以这两个指标作为企业合作文化的代理指标，度量上市公司的合作文化，并考察其对创新活动的影响。研究发现，企业文化越强调合作，企业的创新产出越多，创新效率越高。这一结论在采用增加控制变量、利用水稻播种面积作为工具变量以及以董事长的非正常离职事件为冲击进行PSM-DID等多种方法后仍然稳健。渠道检验的结果显示，合作文化是通过提高企业内部员工的凝聚力和促进企业的“产学研”合作这两种渠道来促进企业创新的。

本文的贡献主要体现在以下两个方面。第一，拓展了微观企业文化领域的研究。文化与金融是目前学术研究的前沿领域，但囿于企业文化还缺乏通用、普适的度量指标，现有对单个企业文化的研究仍然十分匮乏。本文基于文本分析的技术方法，提取上市公司的合作文化，为后续研究提供了一种大样本提取企业文化的技术方法；进一步揭示了企业合作文化对创新活动的影响机理，有助于提升企业对于文化资本的重视程度，还可为国家制定建设社会主义文化强国的方针战略提供实证支持。第二，丰富了企业创新领域的研究。由于企业创新对企业发展和国家经济增长都具有重要意义，因此，学术界一直十分关注企业创新领域的研究，也取得了相当丰富的成果。无论是国家或者地区层面的因素，如知识产权保护力度（史宇鹏和顾全林，2013）和金融发展水平（Hsu et al., 2014），还是企业微观层面的因素，如公司治理（O'Connor and Rafferty, 2012）及诉讼风险（潘越等，2016），都被证明会对企业创新产生影响，但是鲜有文献关注到企业文化如何影响创新这个问题。本文从企业的文化这一视角切入，揭示了企业的合作文化如何影响企业的创新活动，不仅弥补了企业文化与创新的研究缺憾，且为企业建设和发展与创新活动相符的企业文化提供了借鉴参考。

多元化并购溢价与企业转型*

杨 威 赵仲匡 宋 敏

近年来，并购重组作为资本市场存量资源配置的主要方式日益受到重视，成为资本市场服务国家重大战略和实体经济的重要任务。一方面，上市公司的并购规模逐年扩大，2015年就已超过1万亿元；另一方面，活跃的并购市场产生于中国经济由高速增长转向高质量发展的大背景下，传统企业能否成功转型是经济实现长期稳定增长的关键因素。因此，并购重组尤其是多元化并购是否能够帮助企业转型成为各方关注的热点。

多元化并购指的是企业跨行业并购的行为。既有研究普遍发现多元化并购的表现不及同行业并购，但考虑到中国并购市场正处于新的发展阶段中，本文认为多元化并购的内涵可能发生了一些变化。基于A股上市公司2008—2014年并购数据的研究发现，并购事件公告窗内同行业和多元化并购企业的累积超额收益分别为18.73%和27.15%，多元化并购相对于同行业并购存在8.42%的溢价。为进一步识别多元化并购受到市场认可的内在原因，本文探讨了企业并购类型的决定因素以及并购溢价的根源。首先，并购前较低的资产收益率可以预测企业从事“另起炉灶型”的多元化并购，这可能源于企业所处行业面临发展瓶颈，不得不通过多元化并购进入新的业务领域。其次，本文发现新收购业务利润占比和新

* 原文刊载于《金融研究》2019年第5期。

作者简介：杨威，金融学博士，博士后，武汉大学经济与管理学院；赵仲匡，金融学博士，助理教授，武汉大学经济与管理学院，武汉大学经济发展研究中心；宋敏，金融学博士，教授，武汉大学经济与管理学院。

业务与原有业务的利润率差额这两个变量可以显著地解释多元化溢价，这进一步证明“另起炉灶型”企业更高的公告日效应是由于收购了盈利能力更强的资产所致。以上结果说明，多元化并购帮助业绩较差的企业实现了转型，而且得到了资本市场的认可。

如果多元化并购能帮助企业转型，那么这一效果应该在长期依然成立。为验证这一观点，本文分别以并购后1~3年的业绩变化作为被解释变量，发现“另起炉灶型”多元化并购对企业业绩的改善在1~3年内均成立。这说明投资者确实认识到并购对企业基本面的改善，公告日的股价反应不是仅仅源于投资者的盲目乐观。为进一步证实本文提出的多元化并购帮助企业转型的观点，我们排除了其他三种解释多元化并购的理论：委托—代理理论、内部市场理论和生命周期理论。

具体而言，本文以管理层绩效工资和大股东持股比例分别衡量管理层和大股东的代理问题，但并未发现绩效工资和大股东持股比例对并购类型的选择具有预测能力；内部市场理论包括交易成本理论和稀缺资源理论，但这两种理论均无法说明为何变更主营业务的多元化并购对企业业绩改善的效果最强；根据生命周期理论，业绩较差的企业实施多元化并购，本文借鉴Dickinson（2011）的方法将企业分为成长期、成熟期和衰退期，但并未发现处于衰退期企业的绩效明显低于其他生命周期的企业。以上结果表明，委托代理理论和内部市场理论均无法解释本文发现的多元化并购溢价现象，而生命周期会部分影响企业的多元化并购行为，但这一行为并不是源于企业衰退期的业绩压力。

本文探讨了多元化并购溢价存在的现象及其内在根源，揭示了在中国资本市场中多元化并购帮助企业转型的特殊现象。研究结论表明，业绩较差的企业通过多元化并购进行转型，不仅改善了企业业绩，也得到了投资者的认可。这意味着在中国的资本市场中，优质资产会通过并购重组的方式被经营业绩不佳的上市公司所收购。这种现象之所以发生，其原因可能在于中国资本市场的上市和退市制度存在一定问题。一方面，优质资产无法通过IPO或其他方式获得金融支持；另一方面，业绩较差的企业由于不会被退市而具有了较高的壳价值（李自然和成思危，2006）。在现实约束下，双方的最优选择是通过并购重组整合标的企业的优质资产和上市企业的金融资源。由于双方通常处于不同行业，因此在形式上表现为多元化并购。本文的结果说明，优质资产通过重组方式进入资本市场是改善上市公司质量、提高资本市场服务实体经济功能发挥的重要途径。同时，进一步推进IPO的市场化并强化退市监管，可为提升上市公司质量、为股东创造更多价值提供制度上的保障。

金融知识与小微企业创新意识、创新活力*

——基于中国小微企业调查（CMES）的实证研究

黄宇虹　黄　霖

创新是推动中国经济增长与结构转型的“双引擎”之一，小微企业能否适应市场对创新的要求与挑战，是决定其未来发展乃至整个经济走向的关键。然而由于小微企业在技术、资金、创新成果转化、防范与抵御风险等方面的能力远不如大中型企业，难以平衡创新的成本与风险，严重抑制了小微企业开展创新的积极性。根据中国小微企业调查（China Micro and Small Enterprise Survey，CMES）的数据，49.75%的小微企业主认为没必要创新，37.05%不重视员工的创新能力，56.07%未开展过创新活动，反映出小微企业创新意识与创新活力的普遍缺乏。考虑到小微企业的典型特征是经营权与所有权的高度统一，因此在通过加强金融支持、提供政府补贴、减轻税费负担等外部手段鼓励小微企业创新的同时，是否可以提高小微企业主的人力资本要素来改善其创新意识与创新活力。本文基于人力资本理论的视角，尝试讨论金融知识对提升小微企业创新意识与创新活力的重要作用。

---

*原文刊载于《金融研究》2019年第4期。

作者简介： 黄宇虹，金融学博士，副研究员，西南财经大学中国金融研究中心；黄霖，金融学博士，教授，西南财经大学经济与管理研究院。

从人力资本的基本特性来看，金融知识体现的是个体对经济金融环境等相关信息认知与决策的能力（Hung et al., 2009; Lusardi et al., 2014）。在当前经济结构转型这一重要时期，发展创新是适应市场竞争的有效手段，企业主个人对创新机遇与前景的认知尤为重要。金融知识较丰富的企业主能更准确地认识经济发展规律与市场机会，因此可以有效提升小微企业的创新意识。金融知识从侧面反映了企业主整体的人力资本。一方面，由于金融知识比一般知识更具有专业性，需要经过专门的培训并花费时间精力才能获取（Delavande et al., 2008; Jappelli and Padula, 2013），因而金融知识较高的企业主具有积极提高自身人力资本的意识，在人力资本的其他方面往往也表现得更优秀。另一方面，人力资本强的企业主获取金融知识的成本较低，其他方面良好的知识或能力也可以反哺金融知识。一般来讲，具备高质量人力资本的企业主更容易意识到创新对企业未来发展的重要性。基于金融知识的以上特性，我们认为金融知识通过市场认知机制影响创新意识。

与创新意识相比，客观条件是小微企业是否真实开展创新活动的决定性因素，而正规金融的信贷约束对企业创新活力的抑制作用已经被普遍证实（鞠晓生等，2013；唐清泉和巫岑，2015）。小微企业受到正规信贷约束的原因之一是由于自身缺乏优质的抵押资产，以银行贷款为主的正规金融服务明显向大中型企业倾斜。另一原因是对正规金融机构的贷款产品、贷款流程以及金融政策的不了解，从而抑制了对正规信贷的参与度（易晓兰，2012），产生了需求抑制型信贷约束。Lusardi and Tufano（2009）、吴雨等（2016）认为，金融知识可以有效提高个体对正规信贷的贷款产品、贷款流程、金融政策等相关信息的理解，从而提高正规信贷的需求和获得性，进而缓解信贷约束。目前世界各地已出现了以提高正规金融服务质量并缓解信贷约束为目的的金融知识与教育培训。Karlan 和 Valdivia（2010）通过实验对比发现，接受了成本、利润、定价方式等金融培训的企业主使用银行金融服务的效率更高。Cole 等（2011）的实验结果也得出，接受金融知识培训的实验组比未接受培训的对照组，对银行服务有更多的需求。ACCA（特许公认会计师公会）2014 年的报告指出，中小型企业面临着严峻的正规金融信贷约束，而金融知识培训与教育是解决这一问题的有效手段。

基于金融知识对提升个体利用正规金融工具与金融服务的作用，本文认为金融知识可以通过缓解需求抑制型信贷约束促进小微企业的创新活力。金融知识作为人力资本范畴的要素，通过小微企业主的个人行为作用于企业创新。考虑到创新意识属于思想形态，是对环境刺激的反馈，而创新活力受实际信贷约束的制约，金融知识将通过差异性的机制作用于二者。

本文借助中国小微企业调查（CMES）的数据，通过识别小微企业主对利率、通货膨胀、投资风险的理解与计算，以因子分析法设计金融知识指标。实证结果表明，金融知识显著提升了小微企业的创新意识，表现为更重视创新的必要性与员工的创新能力，也有效改善了创新活力。在用小微企业主的培训经历以及对经济金融信息的关注度作为金融知识的代理变量，以及处理内生性后，以上结论仍旧成立。并且由于信贷约束相比技术、人员等资源对于科技型创新的重要性下降，导致金融知识对该类创新活力的影响减弱。

本文通过市场化综合指数、非国有经济发展与金融市场化两个分指数，区分市场环境，以验证金融知识对创新意识与创新活力的不同作用机制。分析表明，在市场化高、非国有经济发展好、金融市场化高的地区，小微企业的创新活力较强而创新意识不强，金融知识的作用主要在于提升创新意识，即提升市场认知的机制发挥作用；而在市场化程度低、非国有经济发展差、金融市场化程度低的地区，小微企业的创新意识强而创新活力不强，金融知识的作用主要在于提升创新活力，即缓解需求抑制型信贷约束的机制发挥作用。

本文的研究结论首先对于在不同市场环境下，如何有针对性地提升小微企业的创新意识与创新活力提供了有价值的思考。未来可以尝试探讨金融知识对创新效率的影响。其次，考虑到金融知识可以有效缓解需求抑制型信贷约束，在努力解决小微企业“融资难、融资贵”“减轻税费负担”以促进小微企业发展时，有必要辅以金融知识方面的培训，提高小微企业主的人力资源质量，使其通过自身素质的提升达到对信息与资源的最优整合与利用。

05　金融市场

中国利率市场的价格发现*

——对国债现货、期货及利率互换市场的研究

张劲帆　汤莹玮　刚健华　樊林立

提高直接融资比重，促进多层次资本市场健康发展，是我国金融体系改革的主要目标之一。国际经验和中国实践均显示，债券市场是资本市场的重要组成部分，包括国债现货市场和相关利率衍生品市场在内的利率市场是债券市场建设的重中之重。

利率市场可以为其他金融市场提供最为关键的无风险利率定价信息，其价格发现能力直接关系到其他金融市场的有效定价。本文实证检验包括国债期货和利率互换在内的利率衍生品市场和国债现货市场的价格发现功能，可为评估我国利率衍生品市场的发展提供客观依据，同时也为国内外学术界关于金融衍生品市场和现货市场的价格信息相对领先的讨论提供了新的证据。

与现有文献在国债期货实盘交易早期所集中讨论的国债期货、国债现货市场信息传导关系不同，本文同时研究国债现货市场、期货市场以及利率互换市场这三者在无风险利率发现过程中的动态信息传导机制。这三个市场中形成的交易价格都反映了市场基于各自信息集对于未来短

* 原文刊载于《金融研究》2019年第1期。

作者简介： 张劲帆，金融经济学博士，副教授，香港中文大学（深圳），深圳高等金融研究院，中国人民大学国际货币研究所（IMI）；汤莹玮，经济学博士，副研究员，上海票据交易所；刚健华，经济学博士，副教授，中国人民大学财政金融学院；樊林立，硕士研究生，郑州商品交易所。

期无风险利率走势的判断，因此紧密相关。如果三个市场都是有效市场，那么任何新的有关无风险利率的信息都将同时注入，并通过套利机制使得三个市场中的价格同步反映新信息。如果某个市场存在较大摩擦，导致新的有关无风险利率的信息不能及时反映在交易价格上，就可以检测到该市场相对于有效市场的信息滞后。综上所述，通过比较不同市场间价格发现的先后顺序，可以比较利率衍生品市场（包括利率互换和国债期货市场）相对于国债现货市场以及利率衍生品市场之间价格发现效率的高低。

本文同时采用信息份额模型和三维向量自回归多元条件异方差模型（VAR-MGARCH）研究国债现货、国债期货和利率互换三个市场的价格发现能力和短期互动机制。由于国债期货市场中的10年期合约品种交易最为活跃；利率互换市场最活跃的合约为5年期；国债现货最活跃的合约品种为10年期国债，因此采用10年期国债现货活跃券的中证估值净值作为国债现货价格序列；采用由10年期国债期货主力合约连续日均价格序列作为期货价格；采用银行间交易市场中最为广泛使用的基于7天回购定盘利率（FR007）的5年期利率互换连续日均固定利率序列作为利率互换价格。原始价格数据均为交易日频率时间序列，样本区间为2015年3月20日至2018年12月28日，每个序列的观测值共计925个。

信息份额模型确认了利率衍生品市场（国债期货市场和利率互换市场）对无风险利率发现起主导作用，即利率衍生品市场的价格发现功能优于现货市场。同时，比较两种利率衍生品可以发现：从全样本看，利率互换市场的价格发现能力优于国债期货市场，但是近期来看，国债期货的价格发现能力显著提高，已经开始超过利率互换。进一步地，通过建立VaR模型和格兰杰因果关系检验，同样确认了国债期货价格、利率互换价格和国债现货价格三者之间存在显著的单向格兰杰因果关系，也就是说，利率互换价格同时单向引导国债期货价格和国债现货价格，而国债期货价格单向引导国债现货价格。最后对条件均值模型进行增广，加入多维条件异方差模型，探讨条件方差的影响机制，实证结果发现三个市场之间具有显著的波动性互动关系。

目前我国国债现货市场的主要持有者是以配置型需求为主的银行和保险公司，客观上限制了现货市场的交易和价格发现。与之相对，国债期货市场和利率互换市场的主要参与者是证券、基金、资管等以交易获利为目标的交易型投资者。这些投资者具有更强的动机和能力挖掘信息，通过积极交易使得利率衍生品市场具有价格发现的优势。从市场结构和监管政策上综合分析，我国国债期货市场投资者结构还不够完善。从国债现券投资者持有结构看，三个主要持有国债现券的主体（商业银行、境外机构、保险机构），尚不能参与国债期货交易，这会明显降低国债期货交易的活跃程度，阻碍价格发现。未来应逐步有条件开放这一投资渠道，最大限度地发挥国债期货产品风险管理和价格发现的功能。

自律机制对 Shibor 报价的影响研究 *

谭德凯　何　枫

上海银行间同业拆借利率（Shibor）是中国金融市场基准利率的重要"候选者"，然而该利率存在着不够稳定和易被操纵两个主要缺陷，使其基准利率地位受到质疑。为应对上述问题，2013 年 9 月 24 日，市场利率定价自律机制推出，经过一段时间的运行，于 2014 年 7 月进一步扩容，在 10 家核心成员外新增 93 家基础成员。基础成员可以参与场外报价，是场内报价行的有力竞争者。自律机制定期对成员银行的报价进行评估，淘汰报价质量不高的银行，可以通过影响报价行行为进而影响 Shiboro 在此背景下，本文重点研究自律机制是否有效缓解了 Shibor 面临的两个主要难题。

导致 Shibor 不够稳定的原因主要有两方面：一是报价行之间的恶性竞争；二是报价不具有实质成交义务。自律机制的推行在一定程度上源于我国 20 世纪 90 年代在应对商品市场恶性竞争过程中获得的宝贵经验，由此推测，如果自律机制能在资金市场有效发挥作用，应能缓解银行之间的恶性竞争。与此同时，自律机制也强调报价银行应当审慎报价，注重报价与实质成交价之间的关系，如果自律机制有效发挥作用，理论上可以起到稳定 Shibor 定价的作用。本文的实证分析印证了上述观点，自律机制发挥作用后，隔夜到 1 个月期的 Shibor 不仅波动程度显著下降，

* 原文刊载于《金融研究》2019 年第 6 期。

作者简介：谭德凯，经济学博士，助理研究员，南开大学金融发展研究院；何枫，经济学博士，副教授，天津财经大学金融学院。

出现极端波动的次数也明显减少。

自律机制中的淘汰机制是约束银行行为的主要手段，虽然其有助于稳定Shibor，但也会导致银行报价更趋于保守，不敢表达自身的定价意愿。本文对此检验后发现，没有证据表明银行的报价行为更加保守，不同银行报价间的差异程度在自律机制发挥作用后有明显扩大的趋势，这意味着自律并没有走向保守的极端，商业银行在自律的影响下更慎重地对待报价，在此背景下形成的Shibor更好地反映了不同银行对市场流动性的看法。

尽管报价银行没有整体变得保守，但面临一些极端情况时，报价银行是否仍然能进行合理报价，本文进一步分析了当利率波动较大时报价银行是否可能采取“羊群策略”，即报价行不根据自身对市场的判断进行报价，而选择跟随他人或与之合谋，或参考其他市场利率进行报价的行为。报价行的羊群行为会使不同银行间报价的差异程度下降，此时部分报价行合谋使最终利率更容易向有利于自己的方向偏离，这不仅不会改善利率易被操纵的缺陷，反而可能恶化这一问题。本文构建了一 种较新的能够检测更轻微羊群行为的模型，研究发现：第一，在自律机制发挥作用前，3个月以上期限的Shibor普遍会在利率波动较大时出现报价过程中的羊群行为，3个月以下的短期限Shibor只有很轻微的羊群行为。产生这一现象的原因在于报价银行的“搭便车”动机，由于3个月以上期限的Shibor基准作用有限，报价行容易轻视这类Shibor报价，不愿为其花费过多精力，因而选择从众报价。第二，在自律机制发挥作用后，隔夜等短期限Shibor在利率波动较大时也普遍表现出报价过程中的羊群行为。产生这一现象的原因在于报价行维护声誉的动机，为避免报价过于突兀而失去场内报价行资格，报价行在利率波动较大时普遍选择了更保守的从众行为。

总体来看，本文肯定了自律机制在克服Shibr不够稳定这一缺陷上的正面价值，但就易被操纵这一问题的改善还需要更多的配套措施。相关政策建议如下：首先，完善自律机制中的淘汰机制设计，增强淘汰机制有关标准的合理性和透明性，对于利率波动较大的时期，可考虑在计算报价行报价质量时给予相对更低的权重，使报价行更敢于表达真实的定价意愿。其次，完善3个月以上期限Shibor的基准利率地位，丰富与之相关的金融产品，当报价行的利润与3个月以上期限Shibor更加密切相关时，其“搭便车”动机自然会得到抑制。最后，完善相关法律制度的建设，尤其是对行业合谋操纵利率的严惩机制。尽管我国的自律机制带有一定强制性，但依然需要完善的法律制度作为自律不足时的约束。

信任被定价了吗*

——来自债券市场的证据

杨国超　盘宇章

近年来，国内发生的多起债券违约事件不仅使债券投资者对个别企业产生不信任，甚至还因信任缺失而波及到同地区其他企业。那么信任这 一非正式制度在债券市场中发挥了怎样的作用，信任与市场外部环境之间的关系又如何，回答上述问题对于促进我国债券市场健康发展，降低企业融资成本，深化金融供给侧结构性改革具有重要意义。

LLSV 开创的法与金融学理论认为，法律等正式制度能够通过降低契约执行成本，促进金融发展和经济增长(La Porta et al., 1998, 1997)。然而，这些研究都隐含地假定法律等正式制度是完善的，且可以零成本地运行。事实上，无论是 Putnam（1993）利用意大利政府改革的自然实验，发现同样的制度在不同的文化环境中也可能会产生完全不同的后果，抑或是 Allen 等（2005）指出中国在法律制度不健全的条件下，也实现了长期快速的经济增长这一事实，都表明法律等正式制度并非经济繁荣的唯一先决条件。这是因为，尽管法律等正式制度可以促成契约执行，但如果没有信任等非正式制度的配合，契约的执行成本可能会过于高昂，甚至导致契约根本无法执行。正如 Fukuyama（1995）指出："法律、契约的有

* 原文刊载于《金融研究》2019 年第 1 期。

作者简介：杨国超，管理学博士，副教授，中南财经政法大学会计学院；盘宇章，经济学博士，湘财证券股份有限公司研究所。

效执行必须与道德、信任一起孕育发酵，因为信任缺失会产生巨大的经济运行成本。”换言之，金融契约本质上是高度依赖信任的。Arrow（1969）也指出：“每一笔经济交易都包含着信任要素。”

那么，信任从何而来？信任是个人的主观判断，但这一主观判断既可能源于客观事实——你相信的对象的确也更可信，也可能只是源于个人的主观倾向——无论你相信的对象是否可信，你都相信他（Guiso et al., 2008）。具体地，一方面，经济学家认为，信任是人们在追求长期利益时进行重复博弈的结果（Kreps，1990；张维迎，2002）。张维迎（2002）指出，若委托人和代理人只进行一次博弈，纳什均衡的结果就是欺骗，比如“囚徒困境”；而若进行多次博弈，不欺骗就成了每个博弈方的最优选择。经济活动中的交易往往大量重复发生，理性的经济主体不会为获得短期利益而选择失信，反而为了在未来的交易中持续获利，交易双方在每笔交易中都会足够诚信——按时提供高质量的产品、及时支付应付账款等，任何一方失信都可能导致交易终止，使未来的盈利机会荡然无存。换言之，大量的重复博弈机会使交易双方都变得更为可信，即重复博弈可以产生客观真实的信任。

另一方面，信任也可能源于个人的主观倾向。张维迎和柯荣住（2002）针对各省份企业家的调查研究发现，各省份内部的信任度均较高，但对外省份的信任则较低。这既反映了各省份内部的交易机会较多，使本省人对与本省人的交易变得更有把握，也反映了本省人对“本地人”有一种天然的亲近，而对“外地人”有一种天然的疏远，使得本省人难以对外省人建立信任关系。极端情况下，当个人存在严重的主观倾向时，他们可能对任何信息都盲目相信或总持有怀疑态度，信任也可能只是人们因情感原因而产生的主观倾向。

虽然无法具体区分信任的来源，但无论信任源于大量重复博弈后产生的客观事实，还是源于个人的主观倾向，信任都能为交易双方提供一种稳定的心理预期，使交易双方在信息有限的情况下也能快速达成交易，从而达到提高交易效率、降低交易成本的目的。具体地，在事前，信任可以减少交易双方为达成交易而产生的信息搜寻成本和契约成本；在事后，更可信的交易对手道德风险问题也更少，即信任还可以减少监督成本（刘凤委等，2009）。而且，即使发生了契约中未明确的突发事件，信任也可以减少交易双方花费在讨价还价上的谈判成本。可见，信任是解决信息不对称问题的重要机制。因此，无论对宏观的经济增长、金融发展和国际贸易，还是对微观的企业行为，信任都能发挥积极影响。

本文以我国债券市场2008—2015年发行的全部公司债、企业债和中期票据为研究对象，基于张维迎在2000年通过“中国企业家调查系统”对各地区企业信任度的问卷调查结果，计算获得各省份的信任水平（张维迎和柯荣住，2002），研究信任这一非正式制度在债券市场的作用。结果发现，信任的确有助于提高债券信用评级，降低债券信用利差，且该结论在采用了不同的信任度量指标、增加了可能的遗漏变量以及采用工具变量法后依然成立。同时还利用最高人民法院“失信被执行人”数据构建各地区失信程度指标，发现失信及失信程度的增加会降低债券信用评级，提高债券信用利差。进一步地，采用路径分析法发现，信任不仅会直接影响债券融资成本，还会通过改善公司财务报告质量间接影响债券融资成本。该结果表明，投资者不仅在主观上更愿相信高信任度地区的企业，客观上这些企业也更为可信。研究还发现，信任对债券评级和定价的积极作用在国有企业、金融业更发达地区的企业以及发债次数更多的企业中更为显著，即投资者与发行人之间的重复博弈机会越多，信任的价值也越大。

本文研究的创新之处在于：首先，已有研究主要关注正式制度对债券信用评级和定价的影响，本文则着眼于考察信任等深层次的文化因素在债券市场中的重要作用，并形成对该领域文献的重要补充。其次，为信任何时发挥作用这一命题找寻了新的理论前提——大量的重复博弈机会。已有研究认为，信任这一非正式制度在投资者保护环境更差、信息披露质量更低时更能发挥重要作用（Aghion et al., 2010; Guiso et al., 2004; Pevzner et al., 2015），即信任发挥了“雪中送炭”的作用。本文研究则发现当重复博弈的机会更多时，信任的作用也更大，即信任发挥了“锦上添花”的作用。可见，信任与外部环境之间的关系并非简单的替代关系。

本文研究结论具有重要的政策含义。我国政府在推动企业降低融资成本时更多地考虑了法律、行政审批等正式制度，而本文研究结论表明，信任这一非正式制度对我国债券市场发展同等重要。特别是在当前债券违约频现，单个企业的信任危机也会蔓延到本地区其他企业，加强信任这一地区公共品的建设就显得尤为重要。

引入国债期货合约能否发挥现货市场稳定效应*

——基于中国金融周期的研究视角

张宗新　张秀秀

引入金融衍生工具，在提供资产组合对冲风险功能的同时，能否起到现货市场稳定效应，一直是宏观政策决策层和学术界关注的课题。2015年，股市“去杠杆”引发我国A股市场大幅波动，背后是否存在“恶意做空”力量成为核心问题，股指期货在其中扮演“恶意做空”工具抑或“风险对冲”手段受到广泛质疑。2016年下半年以来，我国实施金融“去杠杆”政策，市场利率上行明显，风险敞口持续扩大，国债期货是否会和股指期货一样助长现货波动，理论研究认为，期货市场内在的杠杆交易、低成本和低卖空限制等特征会起到现货市场稳定效应，但我国国债期货市场是否呈现该特征尚存在争议。厘清我国国债期货衍生工具的内在功能及其所扮演角色，严防金融衍生工具对现货市场的“负向效应”诱发新一轮债券市场波动，直接关系到我国宏观金融安全与金融市场稳定，这也是本文研究的出发点。

现有关于期货市场能否稳定现货市场波动研究中，国内学者集中于股指期货市场、商品期货市场对现货市场作用，尚未对我国国债期货市

* 原文刊载于《金融研究》2019年第6期。

作者简介： 张宗新，经济学博士，教授，复旦大学金融研究院；张秀秀，博士研究生，复旦大学金融研究院。

场能否发挥现货市场稳定功能进行深入研究，缺乏对微观影响机理的综合探析，尤其是金融周期背景下国债期货与现货市场关联机制的研究更显不足。传统的关于经济周期与金融稳定的分析框架忽视了金融周期风险及其对经济周期的叠加作用。当考虑金融周期波动时，原有度量经济周期的指标对外部冲击的响应时间会延长，波动深度也会增加。金融周期对经济变量影响的显著性决定了将其引入现有研究框架的必要性。基于此，本文结合我国金融周期波动水平，探究国债期货合约对现货市场波动的影响机制。

本文研究创新性主要有三个方面：一是从债券市场信息传递与国债期货参与者行为角度，深入探析国债期货市场稳定现货市场的微观机制和实现路径；二是引入金融周期因素，分析金融周期风险对国债现货市场波动的冲击，揭示金融周期因素如何影响国债期货市场参与者行为；三是探析我国国债期货市场是否有助于抑制金融周期风险对现货市场稳定性的冲击。

本文选择我国5年期国债期货主力合约和5年期国债个券数据作为研究样本，个券样本分为刚发行可交割国债和同收益率可交割最廉价现券，前者基于债券活跃度分类，后者基于对一揽子国债收益率进行名义标准化处理。在此基础上构造国债市场可预期和不可预期交易量、期货投机和套保行为、金融周期波动等指标，其中金融周期指标利用信贷、信贷/GDP、房地产价格、M2同比增长率进行合成。

研究结论显示，在引入5年期国债期货合约后，国债市场波动程度显著降低，国债期货市场已发挥稳定效应。虽然金融周期波动程度越高，越增加现货市场波动，但国债期货市场能够缓解金融周期波动对现货市场波动的冲击。进一步从期现市场信息传递机制和不同参与者行为两个维度分析国债期货市场影响现货市场波动的微观机制。首先，在“价格—价格”信息传递机制中，改善现货市场深度是国债期货市场发挥稳定功能的微观路径，国债期货市场增进国债预期交易量流动性、减弱非预期交易量干扰。其次，在“波动—波动”信息传递机制中，国债期货市场对现货市场存在显著波动溢出效应。我国2015年3月16日修改5年期国债期货交易规则，新规则中涨跌停幅度降低、保证金比率降低、梯度持仓限制放松，新规后国债期货市场向现货市场信息溢出能力提升。同时，正向和负向基差对国债波动的非对称影响显著，正向基差效用更大。最后，在参与者行为影响机制中，国债期货投机者交易活跃度与现货市场波动成正比，套期保值者活跃度与现货市场波动成反比，金融周期低波动抑制投机交易增加现货市场波动，套保交易降低现货市场波动的程度。

基于上述实证研究结论，为了在金融周期波动下充分发挥我国国债期货市场稳定现货市场功能，实现国债市场稳定运行，构建金融市场稳定机制，实现宏观金融稳定的政策目标，本文提出如下政策建议：第一，优化国债期货市场交割细则，建立透明的市场信息传递机制。通过国债期货市场最小动价单位、涨跌停幅度、梯度持仓等交割细则设计，增加国债期货市场信息吸收、转化和传递能力，提高期货市场深度，减弱国债期货市场波动溢出对现货市场的冲击。第二，完善机构投资者结构，丰富国债期货市场参与主体。通过有序推进商业银行、保险资金及境外机构入市，增进国债期货市场交易活跃度，提高国债期货市场流动性和价格发现功能，充分发挥稳定现货市场功能。第三，加强对国债期货投机交易活跃度的实时监督，防范国债期货过度投机行为。实证结论表明，国债期货投机交易越活跃，现货市场波动越剧烈。应通过对国债期货投机交易持仓量和交割月份成交量等指标的监督，避免过度的国债期货投机非理性行为对现货市场波动带来剧烈冲击。第四，引导投资者通过国债期货进行利率风险管理，提升国债期货市场套期保值比例。通过鼓励投资者进行国债期货套期保值交易，达到提供利率管理工具、优化投资组合、稳定国债市场波动的目的。

环境信息透明度与企业信用评级*

——基于债券评级市场的经验证据

常莹莹　曾　泉

近年来，随着公众和政府对环保的关注度不断提升，企业的环境治理越发重要，环境信息的价值越来越凸显。环境信息是否传递出与信用风险相关的信息，评级机构是否关注这类非财务信息，评级机构又如何解读这类非财务信息进而如何影响融资成本，上述问题对厘清环境信息对公司价值的影响机制具有重要意义。既有文献主要关注环境信息对公司价值、资本成本以及公司风险的影响，鲜有关注公司的环境信息是否影响市场中介的决策过程。本文关注环境信息披露是否通过评级机构传递了有价值的信息给投资者。

一般而言，透明的环境信息代表着良好的环境绩效，而良好的环境绩效有助于减少诉讼风险和避免管制风险。显然，诉讼风险和管制很可能导致大量的不确定性，如罚款、补偿、强制关停、整改以及行政处罚，造成期望现金流均值的下降和波动率的上升，从而提升了企业无法偿还借款的风险。此外，根据一致性理论，具有社会责任的高管通常表现出诚实可靠、值得信任的品质，因而更少可能实施机会主义行为。机会主义行为将增加公司的代理成本。基于此，本文预测环境信息透明度与提

* 原文刊载于《金融研究》2019年第5期。
作者简介： 常莹莹，管理学博士，助理教授，集美大学工商管理学院，闽台审计研究中心；曾泉，管理学博士，副教授，厦门大学管理学院。

升公司信用评级的概率之间存在正相关关系。

为检验上述预测，本文构建了环境信息透明度指数，从公司年报、CSR独立报告以及其他公司信息源（如公司主页）中手工搜集了相关数据。基于2008—2015年中国上市公司样本，研究发现：第一，环境信息透明度与公司获得高信用评级之间显著正相关，环境信息可以传递出与公司特质风险、盈余持续性以及盈余质量相关的信息，进而影响评级决策。第二，环境信息透明度与公司信用评级之间的正相关关系在内部控制质量高（具有高质量外部审计）的公司中更显著。上述结果经多种稳健性测试后依然成立，包括采用工具变量两阶段回归方法、公司层面固定效应模型和倾向得分配对方法控制环境信息透明度与公司信用评级之间的内生性。第三，环境信息透明度可通过提升公司的信用评级降低公司债券融资的成本，环境信息透明度对公司信用评级和债券融资成本的影响在污染行业中更显著。

本文贡献主要体现在几个方面。一是丰富了企业信用评级影响因素的研究，对理解环境信息在债券市场中的作用，以及厘清非财务信息影响投资者决策的机制提供了参考。二是拓展了关于企业环境信息披露经济后果的研究。三是通过揭示内部控制质量和高质量审计对环境信息透明的强化效应拓展了关于公司治理与信用评级之间关系的研究。四是有助于拓展关于债券定价的前期文献，揭示了环境信息通过信用评级影响债券定价的内在机制。五是揭示了在污染行业和非污染行业中，环境信息对信用评级和债券定价存在不对称性影响。

本文研究的政策启示如下：第一，监管者应采取行动推进环境信息披露管理的制度化和规范化。第二，政府应充分利用环境信息在资本市场中的作用来引导环境保护工作。第三，实务工作者应关注在改进环境治理工作中公司治理对环境信息披露的强化效应。第四，管理者和投资者应加强与市场中介的沟通和交流。

当然，本文也存在一些局限性。首先，环境信息透明度指数是建立在自愿性信息披露的基础上，可能导致样本的选择性偏差。其次，样本区间限于2008—2015年，后续可拓展样本区间进一步检验本文研究结论的有效性。最后，本文研究结论仅对上市公司成立，可进一步检验上述研究结论对非上市公司是否依然成立。

限制交易政策如何影响期现关系*

许　荣　刘成立

自国内第一份金融期货合约——沪深300股指期货于2010年4月16日在中国金融期货交易所正式挂牌交易以来，中国股指期货和现货之间的价格引导关系即成为学术研究和监管关注的热点课题。2015年中国股票市场大幅波动，其中股指期货扮演何种角色引起了学术界和业界人士的强烈争议。虽然对于股指期货交易对股市危机推波助澜还是具有平抑市场波动的效应结论不一，但金融监管层基于宏观审慎的角度，对股指期货交易采取了一系列史上最严厉的限制措施，将非套期保值持仓保证金由合约价值的10%提高至40%，当日开仓平仓交易手续费提高至按平仓成交金额的2.3‰，上调了20倍，非套期保值客户的单个产品单日开仓交易量限制在10手以内。这些限制交易措施直接导致股指期货交易成本急剧上升，对股指期货非套期保值持仓交易保证金和交易手续费限制远比对套期保值严厉，因而造成日内投机和套利交易的大幅度下降。在股指期货受限期间，股指期货市场流动性丧失95%以上，同时股指期货限制交易措施直接影响到投资者的股票资产配置和证券市场的风险管理。限制交易措施实施以来，是否放开股指期货的限制交易措施是监管部门、交易所、金融机构和广大投资者关心并亟须解决的问题，但是股市发生

* 原文刊载于《金融研究》2019年第2期。

作者简介： 许荣，经济学博士，教授，中国人民大学财政金融学院，中国财政金融政策研究中心；刘成立，经济学博士，中国人民大学财政金融学院，中国财政金融政策研究中心。

危机时是否应该限制股指期货交易，限制交易措施对期货市场和现货股票市场关系产生怎样的影响，股指期货限制交易措施是否具有实施成效，对一系列问题的回答尚缺乏理论和实证研究上的支持。系统评估这些严格限制交易政策是否具有充分的监管动因，是否发挥预期的监管效果以及政策所带来的影响，都迫切需要开展包括期现之间价格关系、风险传染等股票市场微观结构方面的实证研究。

中国2015年股市大幅波动期间对股指期货的限制交易政策为验证“交易成本假说”并开展政策效果评估提供了独特宝贵的研究环境。虽然股指期货的交易成本因为限制交易政策发生剧烈变动，但股指期货和现货的交易系统以及投资者结构均保持稳定不变，从而排除了交易系统和投资者结构的影响，为尝试量化期货市场的交易成本变动对股指期货价格发现功能的影响提供了极佳的实证场景。本文从期货市场和现货股票市场引领关系、价格发现功能等方面，量化了股指期货限制交易措施对期货市场和现货股票市场关系的影响，利用2015年中国股市大幅波动期间对股指期货的实施严格限制交易的措施这一独特事件前后的高频数据研究限制交易措施对股指期货市场与现货股票市场价格引导关系的影响，将研究样本分为限制前和限制后两个阶段，分别考察全样本、限制前样本和限制后样本中股指期货市场和现货股票市场之间的关系。在研究方法上，本文使用Hasbrouck（1995）提出的信息份额模型（I-S模型）来检验股指期货的价格发现功能，同时为了进一步检验股指期货在不同市场行情下对股票市场的影响差异及股指期货是否具有“助涨助跌”作用，引入分位数回归的方法。

本文研究的主要发现有：第一，总体而言，在限制交易措施实施前，期货市场能够发挥价格发现功能，期货价格对现货价格发挥了更强的引领作用。限制交易措施由于严重影响股指期货市场的交易成本优势，因此显著降低了股指期货市场的信息份额，同时显著提高了股票市场的信息份额，即限制交易政策通过提高股指期货的交易成本而降低了股指期货市场价格发现功能。第二，由于限制交易措施造成套期保值交易与非套期保值交易的成本存在显著差异，可以合理判断股指期货的日内投机和套利交易的大幅较少，进一步造成限制交易措施实施后股指期货在价格上涨时对现货市场的影响增加。

本文研究意义在于：第一，通过直接研究股指期货限制交易措施对期货市场和现货股票市场的影响并对这一影响进行量化，为股指期货价格发现功能的 “交易成本”假说提供实证证据。第二，从价格引导关系的视角，提供了对股市大幅波动时期针对股指期货交易采取限制措施的监管效果进行评价的实证证据。从实施效果看，监管当局在股市波动时期对于股指期货交易采取限制交易措施产生了一定程度的预期效果。限制交易政策确实减弱了股指期货对股票市场的影响，且在一定程度上改变了股指期货 “助跌”大于“助涨”作用的非对称性效应，提高了其“助涨”效应，即扩大了股指期货在价格上升时对股票市场的影响。

分层制度提升新三板流动性了吗*

——来自多维断点回归的经验证据

郝伟波　王小华　温　军

自2013年扩容以来，在新三板挂牌的创新、创业、成长性企业已经超过10000家，新三板已经成为我国多层次资本市场的重要一环。但由于起步较晚，市场微观结构尚不成熟，新三板也不可避免地表现出发展初期的一些阶段性问题，其中二级市场流动性不足成为亟待解决的难题，引起了广泛关注。为满足不同规模、不同成长阶段的中小微企业差异化的融资、交易、服务和监管需求，解决新三板流动性困境，管理层采取了一系列市场机制优化试验，其中分层制度即是新三板的基石制度之一。根据企业的盈利能力、成长性和做市特征制定的三套差异化分层标准将新三板分为基础层和创新层，符合任何一套标准的企业可以选择进入创新层，其余企业则留在基础层。本文通过检验新三板不同的分层标准对股票流动性的影响，并考察做市商制度对分层制度的调节作用，试图回答以下三个问题：新三板的三套分层标准是否提升了创新层企业股票的流动性，分层制度应该怎样与其他制度（如做市商制度）进行协调配合，分层标准又该如何进行调整。

新三板的分层标准使得满足条件的企业进入创新层，在最低条件处

* 原文刊载于《金融研究》2019年第5期。

作者简介： 郝伟波，博士研究生，西安交通大学经济与金融学院；王小华，管理学博士，副教授，西南大学经济管理学院；温军，经济学博士，教授，西安交通大学经济与金融学院。

产生一个断点，新三板分层的驱动变量多于一个，即需要同时满足多个条件才能进入处理组，断点位于一个超平面中，本文将断点回归设计扩展到多维驱动变量的情形，研究了在分层制度的三套不同标准下，新三板挂牌企业由基础层进入创新层对股票流动性的影响。为保证企业在断点处不存在样本自选择问题，即企业不能操纵财务报表进入创新层，本文首先对驱动变量的连续性进行了检验。发现成长标准对应的财务指标在断点处不连续，意味着成长标准可能存在操纵报表进入创新层的情形，后续研究仅针对盈利标准和做市标准展开。

研究发现：（1）通过符合盈利标准进入创新层的股票，Amihud价格冲击指标和换手率分别提升了74.1%和45.1%，通过符合做市标准进入创新层的股票流动性未能得到显著提升。（2）做市商制度对分层制度的流动性提升效应不明显。相比协议转让，做市转让的股票流动性更低；对于做市转让的股票，其流动性与做市商数量正相关。通过符合不同标准进入创新层的流动性提升效应出现分化，可能的原因在于对创新层企业提出了更高的规范要求，但创新层相应的制度红利和机制试验迟迟未能推出。就通过符合做市标准进入创新层的企业而言，由于准入门槛相对较低，尽管具有良好的做市特征，但难以得到投资者的价值认同，因此出现通过标准三进入创新层未能提升股票流动性的现象。

本文的结论经过以下稳健性检验后仍然成立：（1）更换不同的窗宽；（2）采用多项式回归，防止将曲线在断点附近的弯曲识别为“跳跃”；（3）采用非参数估计避免参数设定错误；（4）在平面上随机抽取10000个虚拟断点进行安慰剂检验，仅在断点附近显示出政策效应。

基于上述结论可得到以下政策启示：第一，解决新三板流动性问题依赖于一揽子制度及其配套机制的完善，分层制度的进一步调整对提升新三板流动性、促进新三板制度红利和机制试验的推广具有基础性和先导性作用。第二，对于分层标准二，尽管营业收入增长率的条件严格，但仅考核单一的财务指标也为企业操纵报表打开了口子，企业通过操纵财务报表进入新三板不利于公平竞争和信息对称，监管层应在既定创新层规模下确定盈利、成长和做市三类创新层企业的比例，重新设计多维度的成长性指标，并强化信息披露的真实性，实施有效的问责机制。第三，应重新拟定标准三，并取消挂牌进入创新层需采取做市转让的要求。一方面，通过侧重做市要求的标准三进入创新层的企业，股票流动性并没有提高，流动性的改善主要源于做市商的数量，在目前做市商制度尚未完善的情况下，企业并没有因为通过符合做市标准进入创新层得到市场的关注与认可，创新层的品牌效应未能发挥，存在浪费创新层优质资源的现象。另一方面，企业采取何种转让方式是企业根据自身发展需求，权衡做市转让和协议转让利弊之后的理性选择，若本该采取协议转让的企业为了挂牌进入创新层而被动进行做市转让，做市商的数量少，则反而会降低进入创新层的制度红利。第四，应完善做市商制度，强化做市商之间的竞争，提高做市服务供给的水平，发挥做市商的做市功能，协调做市商制度与分层制度的协调配合机制，并在分层制度的基础上积极进行精选层、市场准入门槛调整、不同的融资工具和转板等市场微观结构和制度红利的试验，不断完善新三板在我国多层次资本市场建设中的职能定位，发挥新三板支持创新创业企业、支持实体经济的作用。

2018年4月，新三板实施了新的分层方案，并将协议转让变更为竞价交易。按照纳斯达克的经验，分层制度的完善不可能毕其功于一役，本文以目前新三板的流动性困境为研究视角，通过因果推断对分层制度进行政策评价，对分层制度的进一步调整方向具有有益的补充和启示作用。本文的不足在于，限于数据可得性未能进行进一步的机制分析和动态效果检验，完善新三板不同的制度设计将是本文的后续研究方向。

投资者关注度与股票市场*

——以PM2.5概念股为例

杨 涛 郭萌萌

自2011年以来，全国各地多次出现严重的雾霾现象，引发广泛关注。与此同时，中国股票市场也对雾霾问题有所反应，部分与雾霾防治相关的上市公司股票被定义为PM2.5概念股（也称为大气污染治理股）。在全国各地雾霾问题加重时，民众对大气治理的呼声和需求也随之增加，使得PM2.5概念股受到投资者更多的关注和追捧。投资者预期在雾霾严重的情况下，政府会加大治理雾霾的力度，民众对防治雾霾的产品也需求旺盛，因此多数投资者预期PM2.5概念股有广阔的市场前景。

投资者的关注度和预期对投资决策和股价有重要影响。中国资本市场是一个充满预期因素作用和影响的市场，雾霾问题导致投资者关注PM2.5概念股并形成预期后，投资者会选择购买PM2.5概念股的股票，导致其股价上涨。此外，不同于欧美成熟的股票市场，个体投资者是中国股票市场主要的资金供给者和交易者（谭松涛和陈玉宇，2012）。国内外学者的研究发现个体投资者有行为偏差，如个体投资者更愿意投资小股票以及风险和关注度较高的股票，倾向于频繁交易，个体投资者之间存在显著的“羊群效应”等。本文以41只PM2.5概念股为研究对象，

---

* 原文刊载于《金融研究》2019年第5期。

作者简介：杨涛，博士研究生，西南财经大学经济与管理研究院；郭萌萌，经济学博士，副教授，西南财经大学经济与管理研究院。

其中大部分股票属于中小板和创业板市值较小。本文预期，在雾霾频发导致 PM2.5 概念股关注度增加，投资者由此对 PM2.5 概念股形成正面预期，以及个体投资者之间的“羊群效应”等多种因素的综合作用下，PM2.5 概念股交易的活跃程度会增加。

实证结果显示，在控制了如市场的总体特征、交易行为的季节性因素以及年报季报的披露时间等相关因素后，投资者对雾霾和 PM2.5 概念股的关注度的增加会显著拉升 PM2.5 概念股的股价，同时提高 PM2.5 概念股交易的活跃程度以及 PM2.5 概念股涨停的可能性。具体而言，投资者对雾霾关注度每增加 1%，会导致 PM2.5 概念股的收益率增加 0.049%。同理，对用以衡量股票活跃度的股票换手率也具有类似的正向影响。此外，研究还发现，正面的新闻报道会拉升 PM2.5 概念股的股价，而负面的新闻报道会降低其股价。在稳健性检验中，本文利用北京市的空气质量指数作为工具变量，验证了投资者关注度对 PM2.5 概念股股价的影响是稳健的。此外，通过论证投资者对雾霾和 PM2.5 概念股的关注度不会影响金融行业的上市公司的股价，侧面验证了投资者关注度显著影响 PM2.5 概念股的股价这一结论的有效性。最后，本文发现投资者对 PM2.5 概念股的关注度具有异质性，即对流通市值和市值较小的公司影响较大。

本文的贡献和创新主要包括三点：一是结合现实环境问题，研究了投资者通过对环境的关注度继而对与环境相关股票的影响。二是用工具变量法解决了投资者关注度和 PM2.5 概念股股价之间的双向因果问题，准确识别了两者之间的因果关系。三是深入细致地探究了投资者关注度对股价影响的异质性。

本文的研究结论具有一定的理论和应用价值。第一，投资者的关注度和预期会影响股票的价格和交易的活跃程度，证明了投资者关注度在资产定价过程中的重要性。第二，交易日当天关于 PM2.5 概念股的不同类别的媒体报道会影响交易日当天的 PM2.5 概念股的股价，说明各类媒体报道能够及时传播信息,降低投资者获取信息的成本,减少信息不对称,也从侧面验证了中国股票市场的有效性。第三,本文结论有助于中国股票市场的投资者和上市公司优化投资策略,也可为政府监管部门探索中国股票市场的运行规律,进而优化社会的资源配置提供有益参考。

风险资产配置与货币政策规则*

——黏性价格均衡下的宏观资产配置模型初探

余 粤

尽管市场实践中通常根据通胀预测政策利率变动并相应调整投资组合，很少有研究形式化地讨论在给定货币政策框架下进行资产配置的问题。从理论的角度，尽管宏观政策制定所基于的动态新凯恩斯模型和微观资产配置随机动态模型的基础均源于古典增长模型，其关注点不同导致了两类模型形式和求解方法存在差异。本文探索在连续时间黏性价格一般均衡下进行资产配置的模型，并研究在内生宏观经济动态和货币政策规则下进行资产配置的含义。

一方面，众所周知，目前许多中央银行所采用的通胀目标制是由动态新凯恩斯框架所支持的，而在这个经济中通胀目标制货币政策符合中央银行最大化代表性行为人跨期效用的目标。此外，一个基于规则（如泰勒规则）的货币政策可以避免相机抉择政策的不一致性。然而，投资者可以利用中央银行基于规则这一点进而改进投资组合的表现。

具体地，通过构建一个在基准动态新凯恩斯经济中进行资产配置的连续时间模型并讨论其数值求解方法，本文指出在最优配置策略下，投资者的 Arrow-Pratt 相对风险偏好随无风险名义利率增大而单调减小，而随通胀率的变化呈“U”型。这说明在通胀目标货币政策规则下，投资者

* 原文刊载于《金融研究》2019年第3期。
作者简介：余粤，经济学博士，中国工商银行博士后科研工作站、金融市场部。

在通胀偏离稳态幅度较大时由于对政策名义利率调整的预期增大，配置风险资产的相对意愿将会提高。进一步，在由一个无风险资产（iBoxx 美元国债指数）和两个风险资产（iBoxx 美元高收益债指数和道琼斯工业指数）构成的一个投资组合中检验上述配置策略。结果显示，上述策略在次贷危机前优于不考虑货币政策的传统模型，而在次贷危机后则较差。一个可能的解释是，次贷危机前美国的货币政策可以较好地由泰勒规则拟合，与本文的前提假设相符；而在量化宽松政策推出后，不仅无风险利率无法由泰勒规则近似，而且中央银行也将金融市场和金融机构纳入考量范围。这一点可以由现实中市场参与者的风险偏好证实：危机后市场风险厌恶指数与通胀偏离稳态的幅度由危机前的反向波动转为同向波动。

另一方面，由于投资者可以使用风险资产进行跨期资源配置，且其效用包含了持有风险资产损益带来的额外影响，需要重新考量货币政策以一般价格水平为目标的最优性。本文使用上述模型讨论了投资者收益最大化行为对经济反作用这一宏观审慎问题。初步结果显示，经济中存在风险资产可以产生类似金融加速器的效应，这为早先货币政策信用传导渠道研究中引入的楔形效应和差异化风险偏好给出了另一个可能的解释。

当然，得出上述结论的部分假设是否合理还有待商榷。例如，本文风险资产价格过程为外生给定，采用泰勒规则的假设也与危机后各国中央银行货币政策的实际操作不同。此外，由于本文采用的数值求解方法复杂度随着状态空间维数指数增加，将风险资产动态和中央银行最优行为内生化将使贝尔曼方程维度大幅增加以至于难以求解，因此更有效的求解算法是扩展模型的关键。从货币政策制定的角度看，尽管基于规则的政策有助于管理预期、避免相机抉择的不一致性，但同时也可能带来套利机会。因此，设计激励相容的宏观审慎监管框架，避免投资者过度承担风险也是未来需要研究的方向。

实时的社会信息与互联网产品众筹的动态性*

——基于大数据的采集与挖掘研究

顾乃康　赵坤霞

互联网产品众筹在中国蓬勃发展，2017年中国实现的产品众筹融资金额高达188亿元。互联网产品众筹通过开放的互联网平台将企业家的创新想法公之于众，并通过承诺给予非金钱的奖赏（例如，以产品或服务为主的奖励）获得来自公众的关注与最初的融资支持。与提供金钱回报的互联网股权众筹以及借贷众筹（P2P）不同的是，产品众筹支持者的出资额一般较少，且产品众筹支持者不仅是出资者而且还是众筹产品或服务的最早消费者。互联网产品众筹的特点之一是，在互联网众筹平台上，潜在的支持者在作出其出资决策前不仅可以观察到包括众筹项目状况、发起人、筹资目标金额、截止日期等在内的与众筹项目有关的静态信息，而且还能观察到实时的累计支持金额、支持人数以及支持者何时出资等动态信息。这些动态信息就是实时的社会信息，也即实时地来自他人的出资决策信息，其与静态信息一样，对潜在支持者的动态决策过程以及决策结果起着十分重要的作用。

目前，针对互联网产品众筹的学术研究主要是基于静态横截面数据

* 原文刊载于《金融研究》2019年第1期。
作者简介： 顾乃康，管理学博士，教授，中山大学管理学院；赵坤霞，博士研究生，中山大学管理学院。

作出的研究，包括探索影响产品众筹项目成功的因素以及研究地理距离、社会资本和社会网络在产品众筹中的作用等。当然，也有学者开始关注产品众筹的动态性问题。例如，Burtch 等（2012）、Kuppuswamy 和 Bayus（2013，2015）研究了随产品众筹时间的推移支持人数的变化趋势及其原因，但总体上动态研究尚处于起步阶段。鉴于此，本文试图以中国互联网产品众筹为研究对象，借鉴 Kuppuswamy 和 Bayus（2013，2015）的研究成果，依据社会责任扩散理论和目标梯度效应理论，探索他人的决策结果（即实时的社会信息）对产品众筹中后续出资决策的动态作用机理，并通过系统地采集产品众筹项目的实时大数据，检验了实时社会信息对产品众筹中后续出资决策的动态影响。

本文采用的是互联网大数据的实时采集工具——八爪鱼数据采集软件，基于中国典型的互联网产品众筹平台——京东众筹、淘宝众筹和众筹网，自 2015 年 10 月至 2016 年 2 月（共 13.0）连续地在每日固定的时段抓取正在众筹状态中的产品众筹项目的实时大数据，并通过对数据的挖掘和整理形成数据库。数据包括每日每个众筹项目的新增支持金额与人数、累计的支持金额与人数、关注人数、是否被网站首页推荐、是否已经超募、该平台上所有在线项目的总数、该平台上当日获得支持最多的项目的总支持人数等。本文的总样本为 3949 个互联网产品众筹项目。经检验发现，反映实时社会信息的当前累计的支持金额或人数确实会对产品众筹中后续的潜在支持者的出资决策产生明显的动态性影响。

首先，社会责任扩散效应在互联网产品众筹中发挥着重要的动态性影响。在众筹的起始阶段，当潜在的支持者观察到其他人已经提供了足够的“帮助”并相信剩余的筹资需要会有更多的人予以提供时，潜在支持者的社会责任心或同情心就会减弱或扩散，由此表现为，尽管新增支持金额或支持人数与累计支持金额或支持人数的回归系数为正，但却随着时间的推移而趋于下降。在众筹的结束阶段，在“全有或者全无”的众筹规则下，潜在支持者的社会责任扩散效应减弱，责任心或同情心被重新唤醒，由此两者的回归系数复归为正且随着日益接近截止日而呈上升趋势。然而，我们的检验结果也表明，在我国的互联网产品众筹中，众筹起始阶段的社会责任扩散效应比较强，但众筹结束阶段的社会责任扩散的减弱效应比较弱，且社会责任扩散的减弱效应更多地体现在那些临近截止日却尚未达到众筹目标金额的项目上。

其次，目标梯度效应在互联网产品众筹中所起的动态作用也是不可忽视的。在互联网产品众筹中，他人已作出的出资决策会正向地影响人们对共享目标的价值判断，并体现在众筹进度日益接近于众筹目标金额时，新增的支持金额或人数会有一个加速的增加过程。

本文研究结果支持了 Kuppuswamy 和 Bayus（2013, 2015）针对美国互联网众筹平台 Kickstarter 的研究结论。然而，他们只是检验了反映新增支持人数的虚拟变量或绝对量对众筹日历时间的动态效应，而我们不仅检验了新增的支持人数，而且还检验了新增的支持金额对直接反映实时社会信息的测定指标(累计的支持人数或累计的支持金额)的动态效应。此外，按照 Kuppuswamy 和 Bayus（2013, 2015）的回归统计处理方式，他们发现总样本在众筹结束阶段存在明显的上升趋势，但在我们的回归统计处理方式下，总样本在众筹结束阶段的上升趋势并不明显，且这种上升趋势主要发生在那些临近截止日却尚未达到众筹目标金额的众筹项目上，因为这些项目更容易在众筹结束阶段重新唤起社会责任心的复归。由此，我们认为本文的检验结果更具说服力。

本文研究结果可为产品众筹的发起人提供参考。发起人应密切关注众筹起始阶段的社会责任扩散效应；在众筹的中间阶段，发起人应尽可能快速地实现筹资过半；在众筹的结束阶段，发起人应关注如何重新唤醒潜在支持者的责任心或同情心，从而在临近截止日时实现筹资冲刺。

中国艺术品投资收益*

——离岸与在岸市场的特征和互动

黄 隽 李越欣

最近20年，中国艺术品市场快速崛起。自2009年开始，中国文物艺术品市场与美国和英国比肩，成为全球三大艺术品市场之一。根据中国拍卖行业协会统计，2017年，中国大陆与海外地区的中国文物艺术品总成交额占全球艺术品拍卖总额的36%。中国艺术品市场快速发展背后的动力来源于中国五千年历史丰富的文化资源带来的市场供给，以及中国经济增长和财富积累带来的日益壮大的富裕藏家和投资者群体对艺术品的旺盛需求。

从20世纪初开始，大量的中国文物艺术品流向海外。文物艺术品一般流向富裕或者市场活跃地区。价格、进出口税率和各国文物出境法律法规等因素均影响文物艺术品的跨境流动。中国内地文物艺术品在岸市场主要集中在北京，离岸市场主要集中在中国香港、纽约和伦敦。伴随着中国国力的增强，国际市场对中国文物艺术品的关注度不断提高，海外拍卖行针对中国文物艺术拍品的专场增加，海外离岸市场成为中国文物艺术品拍卖的重要组成部分。由于文化差异和历史背景等原因，在中国大陆地区，中国书画是拍卖市场最重要的品类，而在海外地区，瓷器

* 原文刊载于《金融研究》2019年第6期。

作者简介：黄隽，经济学博士，教授，中国人民大学应用经济学院；李越欣，博士研究生，中国人民大学应用经济学院。

杂项交易占比较高。

文物艺术品是情感资产，具有审美价值和投资价值。同时，文物艺术品资产非标准化，信息透明度不高，投资具有高风险、高收益等特征。伴随着财富积累和文化精神需求的上升，越来越多的高净值人群和企业开始将文物艺术品作为资产配置的一部分。中国书画代表着中华民族独特的精神标识和气质，是推广和传播中国优秀传统文化的重要载体。本研究对于中国文物艺术品市场国际化发展和弘扬中华民族的软实力具有较为重要的理论和现实意义。

相较于中国文物艺术品市场的蓬勃发展，国内对该市场的研究明显不足。本文的主要贡献在于：一是基于中国文物艺术品的全球主要市场拍卖数据，采用特征价格法对比构建境内外中国文物艺术品市场价格指数，展示中国文物艺术品拍卖市场的全貌。二是首次研究比较离岸和在岸中国文物艺术品在北京、香港、纽约和伦敦市场价格运行和投资收益率的特点和规律。三是以中国艺术家创作的书法和绘画作为研究对象，分析华人买家投资动机和行为偏好，将艺术品重复交易与交易地点、品类、收益率相结合，探讨高收益的交易策略，拓展了重复交易法的运用思路。四是为艺术品离岸和在岸市场发展动力研究提供了新的视角和解释。

本文采用雅昌艺术市场监测中心（AMMA）数据，基于2000—2017年全球艺术品核心市场核心拍卖行中国书画的微观数据，构建全球中国文物艺术品价格指数，探究离岸和在岸中国文物艺术品市场特征和差异。研究表明：第一，文物艺术品的财务收益和精神收益是文物艺术品投资收藏消费的主要原因，不同市场间文物艺术品资产收益和资产配置功能的差异是文物艺术品市场资金流动的动力。艺术精品价格不断攀升使艺术品财务收益越来越明显。艺术品之所以区别于股票、债券等传统资产，在于它的社会历史和文化精神等人文属性；艺术精品之所以区别于房地产，在于它是动产，与黄金具有相似的避险功能。全球文物艺术品市场的形成、流动和发展有其深刻的历史原因和市场机理。艺术精品多维的特征在很大程度上满足了高净值人群多元化需求，也推动了境内外中国文物艺术品市场的形成、发展与变化。第二，香港市场中国文物艺术品投资收益率全球最高。纽约和伦敦市场投资收益率低于北京和香港。在重复交易中，北京和香港交易策略收益率较高。最近十年，欧美市场的价格指数与北京和香港市场关联度增高，北京和香港作为中国文物艺术品最大的在岸和离岸市场相互联动，各具特色。一方面，香港作为中国的一部分，政治、经济等方面的密切关联使香港中国文物艺术品市场与北京市场的价格走势趋同。香港市场中国文物艺术品投资收益最为丰厚。另一方面，香港文物艺术品市场的需求和供给资源多元，香港的自由港、专业的艺术品保管库、金融服务和高度国际化特征又使香港市场具有得天独厚的发展空间，无论对于海内外文物艺术品的供给方（画廊、博览会和拍卖行），还是文物艺术品的需求方（藏家），都具有很大的吸引力，香港文物艺术品市场极具发展潜质。

基于以上研究结论，本文有两点政策启示：

第一，为中国文物艺术品市场国际化创造良好的市场机制。文物艺术品是全世界的共同财富，象征着人类的文明和进步程度，国际性特征明显。中华民族的文化博大精深，文物艺术品是非常易于进行国际传播的载体。但是中国文物艺术品市场较为封闭，在中国大陆文物艺术品市场上交易的几乎都是本国作品，海外艺术品交易和海外拍卖行和藏家参与度都很低。与此同时，中国的文物艺术品除瓷器外，其余品种在国际市场上的认可度也不高。总体来说，中国文物艺术品市场国际化的深度和广度具有很大发展空间。民间持有文物艺术品有利于文物艺术品的保管和市场效率提升，需要构建中国文物艺术品“走出去”和国外文物艺术品“引进来”的市场机制，适当降低进口文物艺术品增值税，鼓励优秀文物艺术品流入，同时扩大中国文物艺术品在欧美的市场份额、接受度和影响力。

第二，着力规范艺术品市场。首先，中国文物艺术品市场虚假交易、暗箱操作、制假售假、拍卖成交不付款等现象屡见不鲜，导致很多高净值人士不敢进入，严重影响了在岸中国文物艺术品市场的健康发展。缺乏诚信体系是制约中国艺术品市场发展的一大障碍。政府以及相关部门应大力推动诚信机制建设，加大惩戒力度，为艺术品市场健康发展提供良好的制度环境。其次，艺术品市场法律法规不完善，盲点较多。应坚决打击文物艺术品违法违规交易，净化中国文物艺术品市场环境。

06　国际经济与贸易

产业政策促进全球价值链升级的有效性研究*

——基于出口加工区的准自然实验

张鹏杨　徐佳君　刘会政

当前我国相关产业总体仍处于全球价值链的中低端。2017年11月，党的十九大报告指出要促进我国产业向全球价值链中高端迈进，如何实现我国企业全球价值链升级已成为亟待解决的重要问题，产业政策则是有效的依赖途径。事实上，随着工业化和经济结构转型相继成为联合国可持续发展目标和联合国千年发展目标的核心，产业政策逐渐回归到了全球发展议程。尽管在市场失灵的情况下，人们对于“为什么需要产业政策”的基本共识是一致的，但在“如何实施产业政策”的问题上却存在分歧。讨论产业政策如何影响全球价值链升级以及考察如何实施产业政策，即产业政策的有效性前提是本文的主旨所在。

自21世纪起，我国开始实施出口加工区（Export Processing Zones，EPZs）政策。为将EPZs打造为承接国际IT产业和高新技术产业转移的重要载体，我国在每个EPZs成立之时都实施了“主导产业”扶持政策。本文使用EPZs及其他开发区数据库、中国工业企业数据库、中国海关数

* 原文刊载于《金融研究》2019年第5期。

作者简介：张鹏杨，经济学博士，讲师，北京工业大学经济与管理学院、北京现代制造业发展研究基地；徐佳君，经济学博士，助理教授，北京大学新结构经济学研究院，国家发展研究院；刘会政，经济学博士，副教授，北京工业大学经济与管理学院，北京现代制造业发展研究基地。

据库和世界投入产出数据库等，以EPZs成立之初实施的“主导产业”扶持政策为准自然实验，研究了产业政策对我国出口企业价值链升级的影响。研究发现：（1）EPZs主导产业政策对出口企业全球价值链存在负向影响，这一结论在使用多种稳健性检验后仍成立；（2）异质企业视角下考察产业政策对全球价值链（GVC）升级的影响，发现国有资本份额较大的企业和重工业企业中产业政策对GVC升级的负向影响尤为明显；（3）基于新结构经济学理论，进一步检验了产业政策的有效性取决于比较优势，发现在比较优势较强的行业，产业政策对GVC升级的负向影响不明显甚至存在正向影响，在错配程度较低的行业这种负向影响也不明显。

基于本文结论，提出政策建议：

第一，推动EPZs政策向自贸区政策转型升级。以扩大出口为目的而实施的EPZs政策确实在提高企业出口方面起到了重大作用，然而当前我国经济发展进入新常态，贸易附加值低、缺乏对全球价值链的控制与话语权等问题亟待解决，EPZs政策显然已经无法促进出口企业全球价值链升级，甚至可能产生负面影响。自贸区政策集中了报税、物流、加工、科技和金融等功能，改善了已有EPZs的单一化经营模式，为实现企业价值链升级提供了重要支持。应根据既定目标合理调整和升级已有的产业政策，引导相关产业政策的制定更加贴近当前的经济背景和现实情况，满足经济高质量发展的新要求。

第二，精准定位，遵循比较优势设定产业政策。从成本角度看，只有产业符合本国要素禀赋所决定的潜在比较优势，该产业的生产成本才较低；从收益角度看，具备潜在比较优势的行业如果交易成本较低，该行业内的企业将在国内和国际市场具有竞争力优势，从而获得更高的市场份额和利润。因此，产业政策只有扶持那些具备（潜在）比较优势的行业，才能达到预期的政策效果。各地应有选择地、有针对性地推进产业政策，做到精准定位，合理实施。

第三，适度而为，避免产业政策造成严重的资源错配。不恰当的产业政策是造成资源错配的重要原因，尤其是以直接干预微观经济为前提的选择性产业政策扭曲了市场机制，带来严重寻租问题的同时，也导致产业政策实施效果不佳。因此，在政策制定和实施中应以适度的、引导性的产业政策为主。

中国企业"走出去"获得发达国家"核心技术"了吗*

——基于技能偏向性技术进步视角的分析

沈春苗　郑江淮

技能偏向性技术进步（SBTC）是创新型经济发展的基本动力，在促进发达国家技术创新和经济转型过程中发挥着重要作用。当前，中国正处在转变发展方式和转换增长动力的攻关期，迫切需要通过SBTC来推动经济由高速增长向高质量发展迈进。为此，利用后发优势通过海外并购获取核心技术成为很多本土企业的选择。

但现实中一个显著而重要的现象是，中国企业从走出国门伊始，每有重要交易就会受到来自东道国尤其是发达国家的激烈争议。企业之间的并购行为经常会因东道国政府的质疑和猜忌而被不公平对待。华为公司在美国收购的计划接连被拒、国家电网败走澳大利亚等无疑都是典型的例证。随着中国企业"走出去"步伐加快，发达国家通过实施技术壁垒来遏制中国企业发展的倾向日益明显。近期美国总统特朗普基于"301调查"签署的限制中国对美投资和并购的备忘录事件更是将中国对外直接投资（OFDI）再一次推上国际舆论的风口浪尖。因此，有必要从SBTC

* 原文刊载于《金融研究》2019年第1期。
作者简介：沈春苗，经济学博士，讲师，南京师范大学商学院；郑江淮，经济学博士，教授，博士生导师，南京大学经济学院。

视角来研究中国企业“走出去”成效问题。

那么中国OFDI规模扩张真如发达国家所言获得了大量高科技领域的技术外溢吗？在未对中国OFDI进行系统性检验基础上，美国对本土企业海外投资的指责和限制是否合理？如果答案是否定的，还需进一步需要思考的是，为何大规模OFDI没有带来母国显著的SBTC呢？导致OFDI逆向技术溢出效应受到限制的外部条件有哪些？究竟是发达国家封锁核心技术导致，还是国内技术吸收和转化能力不足等现实约束所致？

为回答上述问题，本文首先从理论上分析了影响OFDI逆向技术溢出效应的潜在因素及作用机制。机理分析表明，制约OFDI逆向技术溢出效应的因素既与国内存在的产能过剩和技术吸收能力不足有关，也与全球价值链（GVC）低端锁定和发达国家的技术封锁意愿有关，由此提出了待检验的理论假说。其次，基于OECD数据库提供的2003—2015年29个成员国的研发支出和《中国对外直接投资统计公报》公布的中国对OECD成员国的OFDI流量，利用Coe和Helpman（1993）提出的跨国技术溢出测度框架，测算了中国30个省市OFDI的逆向技术溢出强度。最后，利用固定效应模型和面板门槛模型分别对OFDI逆向技术溢出效应以及理论假说进行实证检验。研究发现，OFDI逆向技术溢出对国内SBTC发展的促进效果不明显，而自主创新却显著促进了SBTC的发展；OFDI逆向技术溢出效应不明显的原因既与产能过剩严重和技术吸收能力不足的国内因素有关，也与发达国家对中国企业的技术封锁和本土企业被GVC低端锁定的外部因素有关。

本文的创新之处表现为：第一，本文研究发现，我国从发达国家获得的OFDI逆向技术溢出主要是低技能偏向的，并未从发达国家高科技领域实质性地获得有助于长期结构调整和竞争力提升的SBTC。这在一定程度上回应了美国针对中国海外投资窃取高科技领域技术和知识产权的指控。第二，基于开放经济下的逆向技术溢出渠道，将OFDI与SBTC置于一个统一的分析框架，揭示了OFDI影响SBTC的作用机理。丰富和完善了现有关于OFDI的全球化理论和SBTC的技术创新理论。第三，实证检验发现，OFDI对SBTC的逆向技术溢出效应不仅与技术封锁意愿和国际分工方式有关，还与国内的产能过剩与技术吸收能力有关，这为促进SBTC提供了独特且重要的经验证据。

本文研究具有重要的政策含义。为切实有效地推动中国制造业的技能偏向性技术进步，可以从三个方面着手：一是增加自主研发投入，提高本土企业的自主创新能力。这既是应对跨国公司技术封锁和突破GVC低端锁定的关键，也是增强本土企业技术消化吸收能力的必要条件。二是深化供给侧结构性改革，大力化解过剩产能。过剩产能的淘汰和化解不仅能够通过供给结构优化和资源再配置渠道促进产业结构高级化，还将通过资源错配矫正引导市场资源向创新领域集聚，以最大限度地汇聚各类要素的创新力量。三是加大人力资本培育力度。随着技能偏向性技术进步的发展，对高技能劳动力的需求将会增加，为降低人力资本不足对企业技术偏向转变的负面效应，应加快构建多层次创新和产业技术人才的培育体系来适应产业结构演变和经济发展对于高技能劳动力的需求。

环境规制与中国外商直接投资变化*

——基于 DEA 多重分解的实证研究

王　兵　肖文伟

改革开放以来，中国不断提升开放水平，完善投资环境，经济持续高速增长，逐步成为全球跨国投资主要目的地之一。但随着中国经济发展进入新常态，产能过剩和环境污染问题日益突出，“绿水青山就是金山银山”，建设生态文明是中华民族永续发展的千年大计，党的十九大报告明确提出要实行最严格的生态环境保护制度。此外，全球外商直接投资（FDI）规模普遍下降，中国大陆的外商投资虽保持稳步增长，但增速也有所下滑。面对不容乐观的国际投资环境与愈加严峻的国内环境问题，结合现阶段中国经济的现状研究环境规制对 FDI 的影响具有十分重要的意义。

本文采用数据包络分析的方法来探索环境规制下影响我国 FDI 变化的因素，通过 FDI 的子向量距离函数定义“环境规制生产技术”和“非环境规制生产技术”，以此构造环境规制的成本效应，测度了中国的 30 个省级行政区域 1999—2015 年的环境规制成本，并在此基础上对实际 FDI 的变化进行分解，并对环境规制下影响实际 FDI 变化的因素进行反事实检验。本文采用中国大陆的 30 个省级行政区域 1998—2015 年的投

* 原文刊载于《金融研究》2019 年第 2 期。

作者简介： 王兵，经济学博士，教授，暨南大学经济学院；肖文伟，硕士研究生，暨南大学经济学院。

入与产出数据，包含四种投入、三种“好”产出和两种“坏”产出。主要结论有：2001年后，中国各省（区）的环境规制成本呈现整体上升趋势，其中，东部地区的环境规制效果最为明显；环境规制下，中国各省（区）的实际FDI增速先加快后减缓，2014年之前，第二产业对FDI的吸引力最强，2015年开始，第三产业对FDI的吸引显著增强，供给侧结构性改革初显成效，促进了我国的产业结构优化升级，第三产业将对我国的经济发展带来巨大潜力。反事实检验显示导致各个时期FDI变化的影响因素不尽相同，但随着改革开放力度不断加大，全要素生产率和产业结构对FDI分布的影响显著增强。

本文研究的政策启示如下：第一，继续实施严格的环境规制政策，但应“因地施策”。过去大部分FDI流入了我国第二产业，而第二产业多是资源密集型和高污染的行业，但是环境规制所引起的FDI投入并不多，说明我国FDI的环境规制成本并不高。因此，我国应继续实施严格的环境规制政策。总体而言，我国东部地区的环境规制效果最明显，生态环境得到初步改善，但其他地区的环境规制效果并不显著，因此，我国制定环境规制政策时应“因地施策”，对环境规制效果不明显的地区应实施更加严格的环境规制政策。

第二，加快经济结构调整，进一步扩大我国对外开放领域。一方面，当前我国第三产业比重与发达国家相比仍然有一定差距；另一方面，随着我国人口老龄化程度加深，资源环境承载能力接近极限，我国的要素成本优势降低，FDI对我国第二产业的布局呈现快速减少的趋势，而对第三产业的布局虽然不断增加，但是增长速度并不高。因此，我国应加快经济结构调整，进一步扩大对外开放领域，为我国FDI流入创造更加便利和公平的营商环境。在进一步扩大改革开放的过程中积极引导FDI流入的结构，实现我国利用FDI从注重多数量到注重高质量的转变。

第三，完善体制机制，实现环境规制与引资的双赢。随着供给侧结构性改革的有效实施，我国经济开始迈向高质量发展，而衡量经济发展质量的一个有效指标就是全要素生产率。根据波特假说，环境规制可以刺激技术革新，一方面可以提高企业的技术效率，另一方面可以促使企业的技术进步，从而有效提高企业的全要素生产率。我国应继续完善市场化的体制机制。在严格的环境规制下，完善的体制机制可以引导外资企业引进先进的技术水平，来降低环境规制成本，还可以引导外资企业流入环境规制成本较低的先进制造业和现代服务业，有效促进我国经济结构调整，推进我国经济高质量发展，实现环境规制与引资的双赢。

外资进入自由化促进中国本土企业创新*

毛其淋

最近三十年尤其是加入世界贸易组织（WTO）以来，中国凭借快速的经济增长和日益开放的引资环境，吸引了大量外资企业进入开展国际直接投资活动。根据联合国贸发会发布的《2010—2012 世界投资前景调查报告》，在世界前十五个最具吸引力的投资目的地名单中，中国位居榜首；截至 2015 年，中国累计实际利用外资 1.6 万亿美元，约占同期全球总量的 8%，是继美国之后吸引外资第二多的国家。如此大规模的外资进入究竟会对中国本土企业的行为表现产生怎样的影响？自主创新是国家经济增长和经济结构调整优化的动力与源泉，正因为如此，党的十八大明确提出要坚持走中国特色自主创新道路、实施创新驱动发展战略，而在这当中，本土企业的自主创新能力与水平对一国经济的长期可持续发展至关重要。本文研究外资进入对中国本土企业创新的影响效应及其作用机制，这对于系统地评估中国近年来利用外资的绩效以及中国今后引资政策的调整具有重要的意义。

从理论上来看，外资进入会通过多种途径影响本土企业的创新能力与融资约束，进而对本土企业创新活动产生作用。在外资进入与本土企

* 原文题目为《外资进入自由化如何影响了中国本土企业创新？》，刊载于《金融研究》2019 年第 1 期。

作者简介： 毛其淋，经济学博士，副教授，南开大学经济学院，跨国公司研究中心，中国特色社会主义经济建设协同创新中心。

业创新能力的关系方面，那些拥有先进生产技术与管理经验的外资企业进入东道国市场之后，会对相同行业内的本土企业产生示范效应，另外，随着本土企业吸引人才政策的实施，那些在外资企业工作过或受过良好技能训练的研发人员会部分地流向本土企业，这些均有助于提升本土企业的创新能力。除此之外，本土企业还可能通过与外资企业建立前、后向关联来实现自身创新能力的提升。在外资进入与本土企业融资约束的关系方面，外资企业的大规模进入加剧了上游行业的市场竞争，这会降低上游中间投入品的市场价格，当下游本土企业购入这些低价的中间投入品时，其生产成本会趋于下降，在其他条件不变的情况下，本土企业的利润水平会随之增加，缓解了其面临的融资约束程度，进而激励本土企业进行更多的创新活动。

本文使用1998—2007年中国工业企业数据库，以中国政府2002年对《外商投资产业指导目录》的修订所引发的大幅度外资自由化为准自然实验，采用倍差法系统地评估了外资进入对本土企业创新的影响及其作用机制。研究表明，外资进入不仅显著提高了创新程度，而且还有利于延长本土企业的创新持续时间。此外还发现，知识产权保护强化了外资进入对本土企业创新的促进作用，这一结论在使用专利申请数衡量创新以及采用外商直接投资溢出指标刻画外资进入程度之后依然稳健。最后，进一步考察了外资进入影响本土企业创新的作用机制，发现研发能力增强与融资约束程度降低是外资进入促进本土企业创新的两个重要渠道。

本文的研究具有重要的政策含义。根据本文研究，外资进入显著促进了本土企业创新，因此中国应该进一步出台、完善相关政策以加大引进外资的力度。中国现阶段管理吸引外资的部门，包括两个准入前管理部门（如商务部、国家发展改革委）以及几十个准入后管理部门，存在审批环节多、政策稳定性不足等问题。下一步应创新利用外资管理体制，探索实行准入前国民待遇加负面清单管理模式，不断提高外资进入的便利化水平。本文另一个重要发现是，地区的知识产权保护不仅可以直接促进本土企业创新，而且还能强化外资进入对本土企业创新的促进作用，因此中国需要进一步加强与完善地区知识产权保护制度的建设。具体来看，在执法上，要强化对知识产权的执法力度，逐步优化地区间以及部门间的执法联动协作机制，同时要加大对知识产权侵权的惩罚力度；在立法上，要完善与健全知识产权保护相关的法规法律，逐步提升其可操作性，力求合理适度地对知识产权进行保护，以此强化外资政策对本土企业创新的促进效应。

本文研究的贡献在于以下几个方面：（1）目前关于外资进入与中国企业创新关系的研究，大多数是基于宏观层面的加总数据并采用传统计量方法进行实证研究，而本文基于微观数据，采用倍差法进行实证研究，有效地缓解了内生性问题，相比于以往文献可以更准确地评估外资进入对本土企业创新的影响。（2）本文不仅考察了外资进入对企业创新程度的影响，还从企业创新持续时间的角度研究了外资进入与本土企业创新的关系，在一定程度上拓展与丰富了这类文献的研究视角。（3）本文基于工业企业数据库的丰富样本，通过构建中介效应模型深入检验了外资进入究竟如何影响本土企业创新。

融资约束与中国企业的进口行为*

魏　浩　白明浩　郭　也

自2001年加入世界贸易组织以来，中国进口贸易快速发展，进口总额逐年增加，2017年中国已成为全球第二大进口国。中国政府自2012年以来实施了一系列鼓励进口的政策，进口贸易对一国的经济发展具有十分重要的意义，进口新产品将会给国家和企业带来更高的生产率和增长率。中间品进口与生产率的增长密切相关；进口贸易通过技术溢出效应、中间品互补效应、市场规模效应等多种渠道对企业创新产生影响；进口贸易会通过产品市场和要素市场的竞争促进效应对国内的资源配置产生影响。

对于企业来说，如果要扩大进口，企业需要更多的资金去支付进口贸易增加带来的固定成本和可变成本。进口贸易范围扩张将带来交易费用的增加，如与新建立贸易联系的国家建立分销网络、让新产品服从国际贸易规则等，将带来固定成本的增加，而进口产品规模的扩大将带来保险费用、运输费用、关税等可变成本的增加。也就是说，融资约束是影响企业进口贸易的重要因素之一。企业的融资约束程度越高，企业越难通过内部现金流、银行借款等方式获取资金，对进口贸易可能产生明显的抑制作用。一方面，较差的财务状况可能使国外供应商不愿意冒险

* 原文刊载于《金融研究》2019年第2期。
作者简介：魏浩，经济学博士，教授，北京师范大学经济与工商管理学院；白明浩，硕士研究生，北京大学国家发展研究院；郭也，博士研究生，北京师范大学经济与工商管理学院。

与国内企业开展贸易，从而影响企业进口；另一方面，融资约束也可能使企业难以克服因增加进口带来的固定成本和可变成本的上涨。因此，研究融资约束对中国企业进口行为的影响具有极其重要的现实意义。

部分已有文献已经从企业微观层面研究了融资约束对出口增长的影响，但是，企业进口与出口不同，决定进口的因素比决定能否出口要复杂得多，有必要深入研究融资约束对企业进口的影响。借鉴已有文献的做法，本文把企业进口划分为“四元边际”，即把企业进口贸易额被划分为进口来源国数量、进口产品种类、进口密度和进口平均价值四个部分。其中，进口平均价值用来表示集约边际，进口来源国数量、进口产品种类则用来表示拓展边际。在此基础上，本文利用中国工业企业数据与中国海关产品数据的匹配数据，实证分析了中国融资约束对企业进口行为的影响，分析了融资约束对不同样本企业进口行为影响的差异性，并对比了非金融危机、金融危机背景下融资约束对企业进口影响的差异。

研究结果表明：（1）从整体来看，融资约束会显著抑制企业的进口贸易行为。融资约束对企业进口的进入边际与扩展边际存在显著的抑制作用，对集约边际的影响不显著，这表明高融资约束企业主要难以克服进口拓展边际增加带来的固定成本上升。（2）相对于外资企业，内资企业的进口更容易受融资约束的影响；相对于一般贸易进口，企业的加工贸易进口更容易受融资约束的影响；相对于只进口的企业，同时具有进口和出口行为的企业更容易受到融资约束的影响。（3）不同的外部金融环境使得融资约束对企业进口行为的影响存在显著差异，金融危机导致企业的进口行为对融资约束表现出更强的敏感性，高融资约束企业与低融资约束企业在进口四元边际上的差距被拉大。

本文的研究结果表明，解决企业的融资约束问题是有效实施扩大进口战略的关键因素之一。通过提高国家的金融发展水平降低融资约束对企业进口的抑制效应，是政府部门应当关注的核心问题。在今后实施扩大进口战略时，须解决企业特别是内资企业面临的融资约束问题，推进国内的金融改革进程，优化企业的外部金融环境。应积极鼓励和引导金融机构加快设立进口企业服务部门，为不同类型的进口企业，特别是战略性新兴产业的领军企业提供量身定制的融资服务。在经济发展下行时期，要特别重视帮助企业缓解融资约束，保障企业进口，进而保障企业的稳定发展和可持续发展。

07　财税政策与地方政府行为

国家产业政策、地方政府行为与实际税率*

——理论分析和经验证据

郭　杰　王宇澄　曾博涵

中国改革开放以来的四十多年，是经济体制由政府主导向市场与政府相协调的过渡阶段，也是社会主义市场经济逐渐完善的过程。产业政策一直是国家调控经济活动的重要工具。我国政府经常采用产业政策来推动重点战略性产业的发展、实现重大经济结构的调整和转型、加强和改善宏观调控以及协调区域发展等目标。我国产业政策的一个鲜明特点是，产业政策与财政政策、货币政策相互协调，且财政政策和货币政策往往是配套于产业政策的。我国财政手段和金融手段不仅进行总量调控，而且与产业政策紧密结合，深入到产业层面，进而影响经济运行。这意味着各级政府的财政政策内生于国家产业政策，而货币供给内生于财政政策，从而形成产业政策、财政政策和货币政策的联动机制。这一特点是理解我国产业政策乃至整个宏观调控体系效果的一个关键点，也是对我国强有力的产业政策的一种解释。党的十九大报告指出要健全财政、货币、产业、区域等经济政策协调机制，因此定量研究产业政策对财税工具的影响具有重要的政策意义。

* 原文刊载于《金融研究》2019年第4期。

作者简介：郭杰，经济学博士，教授，中国人民大学经济学院；王宇澄，博士研究生，美国匹兹堡大学经济系；曾博涵，博士研究生，中国人民大学经济学院。

分析产业政策和财政政策协调的重要制度背景，就是我国特有的财政制度安排和“政治集权、经济分权”的央地关系。为调动地方政府积极性，中央政府赋予了地方政府一定的经济自主权，使地方政府在经济发展和产业结构升级等方面拥有比较大的独立性，因而地方政府实际上是国家产业政策的直接执行者和推动者。地方政府可以通过政策配套、税收优惠和财政补贴、行政审批干预以及信贷扶持等方式推动国家产业政策的实施。上述机制的存在，构成了研究产业政策与财政政策和货币政策联动的现实基础。现有文献基本认同地方政府财政工具是中国式产业政策发挥作用效果的关键，并且产业政策效果高度依赖于税收优惠和财政补贴、信贷扶持和行政审批干预等机制。但少有研究关注地方政府推动国家产业政策背后的激励并对地方政府行为进行解释，即产业政策如何从中央到地方顺利推行从而获得成功。

大量研究表明，在中国财税体制下，尽管地方政府不具备法定的独立税权，但分税制改革形成的财政分权体制仍给地方政府提供了实际税率的灵活性，地方政府可以通过税收征管控制实际税率低于名义税率。因此，本文将产业政策和与政府税收行为纳入统一的分析框架，从地方政府角度出发，将地方政府视作面临最大化产出和最大化公共物品提供的权衡的理性人，将其税收决策纳入产业政策的分析中。本文提出的理论机制是，国家产业政策提高了重点产业的回报率，地方政府出于自身效应最大化的考虑，通过税收竞争补贴的方式吸引重点产业资本，从而推动了产业政策的进一步实施。当国家产业政策提高“重点支持” 行业的资本回报率，地方政府面临一个权衡：一方面，可以通过降低重点行业的实际税率，吸引更多资本进入，从而增加行业总产出；另一方面，也可提高实际税率，增加财政收入。理论模型分析的关键结论是，在地方政府实际税率处于拉弗曲线左侧（目前我国的情形）时，会降低重点行业的实际税率，吸引资本流入。

进一步通过实证模型检验国家产业政策对于地方实际税率的因果影响。在产业政策的度量上，通过梳理“十五”和“十一五”规划纲要当中对于各个行业发展的要求，定义产业政策重点鼓励行业和一般鼓励行业。中央五年规划中的产业政策将会降低地方政府对于鼓励行业的实际税率水平。对于一般鼓励行业，地方政府实际税率将平均下降0.2%；对于重点鼓励行业，地方政府实际税率将平均下降0.6%。同时对于鼓励行业，企业报告利润与会计利润之差更大，因此实际税率的下降是通过降低对重点行业的征税努力的方式实现的。这说明地方政府为了地方经济发展，可能在税收征管方面默许重点行业更宽泛的合理避税空间。分企业类型发现，这种实际税率的降低主要存在于私营企业而非地方国有企业和中央企业，这一现象可能与地方国企和央企资本的流动性更低有关。

本文的结论证实了国家产业政策对地方政府税收行为的影响，为理解我国政策间协调问题，以及产业政策实施过程中规范地方政府行为等问题提供了理论依据。得到的政策启示有两个方面。一方面，地方政府行为可能是解释产业政策差异化效果的重要原因。因此在制定国家产业政策时需要考虑地方政府对于政策执行的激励和能力及其对于政策效果的可能影响。另一方面，产业政策的效果受到地方政府财力水平的影响。在经济发展水平较高、财力较强的地方政府得到更好地推行和落实，从而惠及的是本来已经比较发达的地区。因此，孤立使用产业政策可能会使区域间产业结构优化和经济发展的差距扩大。这意味着中央层面的产业政策、财政政策和货币政策间的协调非常重要。因此中央在出台产业政策的同时可以配套区域性的税收优惠和信贷支持政策，从而更好地发挥产业政策的作用。

地区竞争、支出责任下移与地方政府债务扩张*

冀云阳　付文林　束　磊

近年来，我国地方政府债务规模庞大且增长迅速，成为影响财政金融稳定和经济可持续发展的重要因素。根据财政部公布的数据显示：截至 2017 年底，地方政府负有偿还责任的债务已达 16.47 万亿元。与此同时，地方政府债务问题也是当前我国“去杠杆”“防风险”的重点和难点，受到社会广泛关注。为防范系统性经济风险，中央政府出台了多项债务管理措施。然而不可否认的是，地方政府的变相举债方式层出不穷，隐性债务仍在迅速扩张。如果不厘清并消除造成地方政府支出非理性扩大的体制性因素，地方政府债务非常规增长的问题便难以真正解决，同时这也是制定合理、有效的债务管理措施的关键。

目前，关于地方政府债务形成机理的研究普遍强调分税制改革以来，政府间财政关系呈现出“财权上移、事权下移”的变化趋势，进而导致“财权与事权不匹配”。尤其是在“民生财政”“公共财政”推进过程中，教育、医疗、社会保障等财政支出责任不断下移。从各级政府支出责任承担比例来看，自 2000 年到 2013 年，中央支出占比从 34.7% 下降到 14.6%，而地方支出占比则从 65.3% 上升到 85.4%。总体来看，承担公共服务事

* 原文刊载于《金融研究》2019 年第 1 期。
作者简介： 冀云阳，博士研究生，上海财经大学公共经济与管理学院；付文林，经济学博士，教授，上海财经大学公共经济与管理学院；束磊，博士研究生，上海财经大学公共经济与管理学院。

权和支出责任的政府层级过度下移。那么，纵向政府间支出责任下移是否是导致地方政府被动负债的重要因素，各地区是否存在差异，相关文献主要是定性分析或案例研究，并没有给出实证检验。

另外，我国地方政府债务存在以下结构性特征：无论是东部经济发达地区，还是中西部经济欠发达地区，地方政府债务都在扩张，而且债务资金的投向主要是市政建设等公共投资支出领域，并非教育、社会保障这类地方政府支出责任增加较快的民生性支出项目。这一特征表明，单纯从财政体制改革视角对地方债务扩张的原因进行解释，是不够全面的。实际上，地方官员以相对政绩考核为核心的“标尺竞争”非常普遍，各地区常常通过财政收支手段开展招商引资竞争，这无疑会加剧地方财政收支矛盾。而地方政府债务不仅能够弥补预算内收入不足，还能够通过工业土地市场和基础设施建设两个渠道强化引资竞争优势。那么，这是否会导致各地区政府在“标尺竞争”机制的作用下，表现出债务融资行为上的策略互动？这需要在空间计量模型中加以考察。

综合以上分析，本文从我国财政体制和政治体制特征出发，在地方官员“标尺竞争”的理论框架内，综合考察政府间支出责任划分、竞争性地区的举债行为对地方政府债务规模的影响，以期为地方政府债务扩张现象提供更加全面和具有说服力的解释。

本文通过构建地方政府举债行为理论模型，探讨面对上级政府支出责任下移、竞争地区举债融资时，本地区政府的最优策略反应，并以此为基础提出理论假设，构建计量方程。进一步利用279个城市的公用设施建设银行贷款数据和融资平台城投债数据加总形成较为可靠的地方政府债务数据，并基于中国现实提出了一个财政支出责任下移的核算指标，利用空间计量模型等开展实证分析。研究结论表明，地方政府债务的增加是被动的支出责任下移和主动的“标尺竞争”共同作用的结果，但在地方财 力相对宽松的东部地区，地方政府债务累积主要是晋升竞赛的结果；各地方政府在举债融资行为上表现为策略模仿。这是由于目前地区间竞争策略高度同化，地方政府通过债务杠杆扩张财政支出。

本文的政策含义主要有两点：一是应尽快明确划分政府间事权与支出责任，以规范政府间纵向公共服务职能划分。在地方主体税种建设制度性障碍比较大的背景下，应根据公共服务的外溢性等因素，将社会保障等部分基本公共服务的事权及其支出责任上收，让中央政府及省级政府承担更多的基本公共服务供给责任。二是完善地方政府的政绩评价体系，强化对地方官员违规举债行为的问责机制。控制地方政府的债务风险不能仅着眼于收支分配改革，缓解基层政府的财政困难，更重要的是，改进和优化地方官员的政绩考核方式和晋升机制，将法治、民生和环境等因素作为硬约束纳入考核指标体系，建立地方政府预算制定和监督的长效激励机制。

转移支付与地方政府支出规模膨胀*

——基于中国预算制度的一个实证解释

吴　敏　刘　畅　范子英

自1994年分税制改革以来，中国政府间财政关系呈现出“收入集权、支出分权”的特征。为应对政府间财力和事权不匹配的状况，中央政府向地方政府提供了大量的转移支付。已有研究表明，转移支付缩小了地区间财力差距和收入不平等（尹恒和朱虹，2009；毛捷等，2011；苏春红和解垩，2015；安虎森和吴浩波，2016），促进了基本公共服务均等化（郭庆旺和贾俊雪，2008；范子英和张军，2013），促进了地区经济增长（郭庆旺等，2009；马光荣等，2016），并且改善了生态环境（伏润民和缪小林，2015）。转移支付在发挥积极作用的同时，也可能带来负面影响，如“粘蝇纸效应”（Flypaper Effect）。“粘蝇纸效应”是指相对于地方政府自身筹集的财政收入，转移支付对政府支出规模的影响更大（Gramlich, 1969; Inman, 2008; Dahlberg et al., 2008; Lundqvist, 2015; Gennari and Messina, 2014; Leduc and Wilson, 2017）。“粘蝇纸效应”的存在意味着，即使转移支付只是在地区间重新分配财力，也会通过改变地方政府的收入结构影响其财政支出规模。

已有的经验研究文献发现，“粘蝇纸效应”在很多国家都存在。基

* 原文刊载于《金融研究》2019年第3期。
作者简介：吴敏，经济学博士，讲师，对外经济贸易大学国际经济贸易学院；刘畅，经济学博士，博士后，普林斯顿大学当代中国研究中心，香港中文大学（深圳）经管学院；范子英，经济学博士，教授，上海财经大学公共经济与管理学院。

于美国数据估计出的“粘蝇纸效应”系数[①]大小为0.25~1.06（Hines and Thaler, 1995; Brennan and Pincus, 1996; Knight, 2002; Gordon, 2004; Lutz, 2010; Leduc and Wilson, 2017）。基于欧洲数据估计出的“粘蝇纸效应”系数更多集中在1左右（Dahlberg et al., 2008; Lundqvist, 2015; Gennari and Messina, 2014）。值得注意的是，基于中国数据的实证研究却发现了远高于西方国家的“粘蝇纸效应”系数。例如，刘畅和马光荣（2015）使用县级数据发现，一般性转移支付和专项转移支付占GDP的比例每提高1%，政府财政支出占GDP的比重分别提高1.5%和3%。毛捷等（2015）使用县级数据发现，一般性转移支付的“粘蝇纸效应”指数高达2.2~2.5。为何基于中国数据得到的“粘蝇纸效应”指数远大于西方？有必要结合我国预算管理体制和政府间转移支付制度自身的特殊性进行解释。

本文可能的贡献主要体现在以下两个方面：一是基于我国特殊的预算管理体制与转移支付的相互作用解释了既有实证文献中发现的“粘蝇纸效应”为何如此之大。二是通过使用省级月度财政数据计算了各月对全年“粘蝇纸效应”的贡献程度，从而观察到被年度数据掩盖的特征事实。

本文政策启示如下：第一，中央应进一步增加提前下达的转移支付指标范围，同时加强监督检查，确保省级、市级财政部门按时将转移支付指标提前下达给县级政府，引导各级政府合理安排全年支出，提高财政资金的使用效率，防范转移支付资金产生的道德风险问题。

第二，应进一步加快转移支付的拨付进度。对于可由“因素法”计算的一般性转移支付，特别是用于保障县级基本财力的转移支付，中央财政可尝试直接向县级行政区划下拨，从而绕开省、市两级财政繁冗的资金下达程序。对于必须拨付到省级财政进行再分配的转移支付，应进一步建立或细化转移支付拨付进度考核机制，真正减少转移支付在中间

① 是指转移支付每增加1元，使预算支出平均增加的金额。

政府层级的停留时间。

第三，放松对地方财政年度预算平衡的硬约束，引入“中期预算”的理念，积极建立和完善跨年度预算平衡机制。事实上，2014年新版《预算法》将1994年版中“各级预算应当做到收支平衡”的表述修改为“各级政府应当建立跨年度预算平衡机制”，本文的研究结论表明，这一修订对于缓解“年底突击花钱”现象具有重要的意义。

第四，地方各级政府应加强预算执行管理。2018年5月，为督促地方加快预算执行支出进度，财政部制定了《地方财政预算执行支出进度考核办法》。地方政府应以此为契机，制定和落实适合地方的预算执行进度考核办法，加强预算执行管理，强化预算约束力。

以地融资、地方债务与杠杆*

——地方融资平台的土地抵押分析

张　莉　魏鹤翀　欧德赟

中国的地方经济发展和大规模城市建设严重依赖土地市场，土地充当了杠杆的角色，撬动城市建设融资，也引发地方过度举债的风险。地方政府一个重要的举债渠道是地方融资平台。融资平台的存在形态主要包括城市建设投资、城建开发、城建资产公司等。地方政府借助融资平台的融资主要有三种形式：一是银行项目贷款；二是发行“城投债”；三是融资租赁、项目融资、信托私募等资本市场融资。对于融资平台的研究，目前更多是关注地方债的发行，而对于银行项目贷款关注较少。

事实上，银行贷款是政府负有偿还责任债务的主要来源。而在银行贷款中，土地抵押扮演着重要的角色，地方融资平台通过土地抵押获得的银行贷款数额庞大，增加速度也远超过其他实体。根据2013年政府债务审计报告，截至2013年6月底，地方政府负有偿还责任、担保责任以及一定救助责任的债务分别为108859.17亿元、26655.77亿元和43393.72亿元。从举借主体看，融资平台公司、政府部门和机构、经费补助事业单位是主要举借主体，分别举借40755.54亿元、30913.38亿元和17761.87亿元，其中融资平台借款所占比例最高，为45.57%。

---

* 原文刊载于《金融研究》2019年第3期。

作者简介： 张莉，经济学博士，副教授，中山大学国际金融学院；魏鹤翀，经济学硕士，东兴证券股份有限公司；欧德赟，硕士研究生，中山大学国际金融学院，北京大学国家发展研究院。

对于土地抵押交易，经过国际金融危机和四万亿刺激计划，土地抵押市场在2009年迎来了一波爆发式增长。根据中国土地市场网的交易信息，当年新增的土地抵押贷款规模达到39000亿元，新增交易67484笔。此后，新增土地抵押贷款规模和新增土地抵押交易数量呈现逐年下降的趋势，这可能是因为受到政策监管加强的影响。整体来说，2006—2015年，土地抵押贷款存量在持续增加。尽管鲜有研究关注，但是土地抵押市场的交易规模保持逐年净增长的态势，贷款金额已经超越土地出让收入的规模。

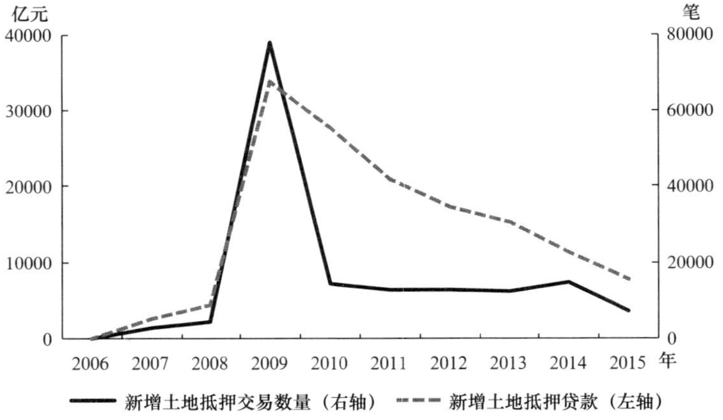

图1　2006-2015年土地抵押交易规模

对于地方融资平台，2009年人民银行和银监会（现中国银保监会）明确提出支持有条件的地方政府组建投融资平台，发行企业债、中期票据等融资工具。自此，地方政府融资平台数量急剧增加，从2008年下半年的3000家迅速扩张至2009年底的8221家，仅2009年就新增了2000多家。根据表1显示，进入土地抵押市场的融资平台以及相应的贷款金额，自2006年开始逐年增加，2009年到达顶峰。2009年全国共计622个融资平台公司进行了1801宗抵押交易，抵押贷款金额新增2570亿元，占当年贷款规模的6%，2010年，该比例达到了20%以上。表2显示了地级市层面的平台公司土地抵押贷款规模，11 个城市的平台公司获得的土地抵押贷款超过 100 亿元，其中最多的是北京的平台公司，获得抵押贷款累计 2880 亿元。

表 1　融资平台的土地抵押贷款

年份	土地抵押贷款总额（亿元）	平台公司抵押贷款金额（亿元）	非平台公司抵押贷款金额（亿元）	融资平台公司数量（家）	平台公司交易记录数（个）
2006	24.7	3.04	21.66	3	3
2007	1390	21.82	1370	42	81
2008	2280	99.31	2180	86	203
2009	39000	2570	36400	622	1801
2010	7100	1440	5660	403	1287
2011	6480	1110	5370	260	694
2012	6340	865.89	5470	204	578
2013	6230	799.14	5430	214	656
2014	7330	655.64	6670	139	491
2015	3650	214.18	3440	77	162

表 2　各地级市平台公司土地抵押贷款规模

分城市平台公司贷款总额（亿元）	城市数（个）	占比（%）
（0 ~ 1]	49	26
（1 ~ 10]	57	31
（10 ~ 50]	57	31
（50 ~ 100]	12	6
＞100	11	6

但总体而言，关于融资平台与土地抵押贷款，由于数据限制，现有文献描述现实的多，而很少基于微观数据进行严谨实证分析。本文使用爬虫技术，获得了微观层面的土地抵押数据，对地方融资平台的土地

抵押贷款进行实证分析。基于中国土地市场网（http://www. land-china, com），整理了自2006年1月1日至2016年2月28日的每一宗土地抵押的详细信息。区域经济的数据来源于历年的《区域经济统计年鉴》《中国城市统计年鉴》与Wind数据库。地方融资平台名单来自银监会（现银保监会），地级市官员数据搜集自人民网、新华网、百度百科公布的官员简历。

实证结果表明，地方融资平台能获得比其他企业更多的土地抵押贷款，地方融资平台的抵押金额和抵押率都显著高于非平台公司。尽管随着国家政策加强和监管收紧，融资平台的抵押贷款得到限制，但整体的过度贷款情况依然值得重视。采用PSM方法进行稳健性检验，降低样本选择偏误，发现结果是稳健的。

融资平台获得的土地抵押较高，有两种可能的原因：一是融资平台公司凭借其更优质的资产和有政府支持的管理，具备更强的偿债能力，银行贷款风险更小；二是地方政府因为强烈的举债动机和能力，主动干预信贷资源配置，或者引发银行的信贷歧视，这是一种无效率的表现。为甄别两种可能的原因，本文探究了背后的政治经济学因素。

对于融资动机，首先考察区域异质性，发现中西部地区的抵押金额和抵押率显著高于东部。这说明中西部地区有更强的动机借助融资平台进行土地融资，背负更高的地方债务风险。其次考虑未到期的城投债存量的影响，发现未到期的城投债存量越大，土地抵押贷款反而越多，这说明抵押贷款的上升可能是融资压力下的产物，也意味着债务风险越大。最后考虑政府目标与官员激励的影响。在经济刺激计划出台后，地方政府官员为了在这一轮扩张中不落下风，有持续的融资动机，保增长压力同样会驱动融资平台的土地抵押贷款上升。结果表明，抵押贷款的增加和抵押率的增高，的确与保增长压力下的地方融资需求扩张有关。

对于地方政府干预的能力，本文首先探究了处于不同层级城市的融资平台在土地抵押贷款上的差异。研究发现，省会城市的融资平台公司抵押金额和抵押率要显著高于更低层级城市的融资平台公司，这反映了更高层级的地方政府有更强大的干预能力。其次，从土地用途与价值方面再次验证干预的存在性。融资平台更容易使用住宅用地和商业用地这两类市场价值大的建设用地进行融资，在一定程度上反映了政府给予的土地资源更加优质，存在干预行为的可能性越大。

实证结果表明，融资平台的确能获得更多的土地抵押贷款和更高的抵押率，而背后的原因是地方政府有强烈的举债动机和干预能力。这意味着，即使是土地抵押这种相对来说风险较小的融资渠道，依然蕴含着地方政府过度举债的风险，也会挤压实体经济企业的融资空间。

从政策角度看，未来可以从以下几个方面进行规范：首先，合理划分中央与地方的事权与财力。其次，改变对地方政府官员的激励，将地方政府性债务情况列为经济责任审计主要内容。再次，建立全面的地方政府资产负债表，规范地方政府融资行为。最后，积极创建和维护促进政府投融资机构发展的机制。

政府财政激励、税收征管动机与企业盈余管理*

——以财政“省直管县”改革为自然实验的研究

李广众　贾凡胜

使市场在资源配置中起决定性作用是当前深化经济体制改革的核心目标，而正如 Hayek（1937）强调的“市场最为关键的优势在于信息的自由流动”，良好的市场信息环境是市场在资源配置中有效发挥作用的重要前提，因此如何改善市场信息环境对于深化经济体制改革具有重要现实意义。从微观角度来讲，市场的信息环境是所有经济主体信息披露的整体反映，经济主体所披露的信息越多、越真实，市场信息环境就越好。作为信息披露操纵的重要方面，盈余管理是企业在遵循会计准则前提下，通过调整对外披露的会计收益信息而达到自身利益最大化的行为，不仅影响着企业信息透明度，还影响着市场信息环境和资源配置效率。

经典文献中，大多关注投资者、管理层对企业盈余管理的影响，而往往忽略了政府这一重要经济主体。Desai 等（2007）强调，由于对企业利润享有征税权，政府事实上是几乎所有企业的最大少数股东，而为确保获得企业真实盈余信息、保证税收收益，政府有动机对企业执行严格的税收征管。但在我国现行的财政体制下，税收征管往往由基层地方税

* 原文刊载于《金融研究》2019 年第 2 期。
作者简介：李广众，经济学博士，教授，中山大学管理学院，高级金融研究院；贾凡胜，经济学博士，副研究员，中山大学管理学院 / 高级金融研究院。

务局征管，由于所得税分享制度，基层政府并不完全享有税收征管收益，因此往往没有足够动机执行严格税收征管，这在一定程度上导致了企业盈余质量普遍不高，尤其是非上市企业。部分学者实证证实税收征管力度与企业盈余质量正相关，说明加强政府加强税收征管能够改善企业盈余质量。基于此，本文研究财政“省直管县”改革能否赋予县级政府税收征管动机，进而能否改善辖区内盈余质量。

财政“省直管县”改革使省与县在收支划分、转移支付、资金往来、财政预算及年终结算等相关业务上跳过市而直接联系（王小龙和方金金，2015），改变了县级政府的税收征管动机，为检验税收征管如何影响企业盈余管理提供了契机。一方面，吕冰洋（2009）强调税收努力是地方政府税收分成比例的增函数，地方政府税收分成比例越高，税收努力越大。而财政“省直管县”改革提升了县级政府税收分享比例（王小龙和方金金，2015），因此理论上能够激励县级政府更加积极地进行税收征管。另一方面，赋予县级政府更高的税收分享比例能够增强县级政府自主财力（王小龙和方金金，2015）；同时，省与县在转移支付和资金往来方面建立直接联系可以避免市级截留形成的“漏斗效应”和市对县在财政上的“抽血”集资行为（张占斌，2007），进而增加县级政府财政资金，增强县级政府参与税收竞争的能力（王小龙和方金金，2015），而降低税收执法则是税收竞争的常用手段之一（范子英和田彬彬，2013），因此财政“省直管县”改革也可能降低县级政府税收征管动机。

本文以1998—2006年中国工业企业为样本，构建多点冲击双重差分模型。研究发现，财政“省直管县”改革能够有效抑制企业盈余管理行为，相比于未进行改革的县，进行改革县辖区内盈余质量变化比平均水平高10.7%，这一结论通过了动态效应检验、倾向得分匹配与双重差分法、更换被解释变量、子样本分析等多种内生性和稳健性检验。本文还发现，财政“省直管县”改革的影响仅在县级政府具有征管权限的企业内显著，同时，当县级政府财政赤字或税基较大时，财政“省直管县”改革的作用更强，进一步表明财政“省直管县”改革能够提升县级政府税收征管动机，进而改善企业盈余质量。最后，本文还发现财政“省直管县”改革能够抑制辖区内企业逃税、提升县级政府财政收入。一方面，本文的研究表明财政“省直管县”改革能够赋予县级政府财政激励，激励县级政府加强税收征管，进而抑制辖区内企业的盈余管理和企业逃税行为，提升县级政府财政收入。另一方面，本文的研究还表明基层政府的税收征管存在弹性空间，宽松的税收征管加剧了企业的盈余管理行为，进而导致市场信息环境恶化。

本文的主要贡献在于：第一，为政府税收征管影响企业盈余管理提供了基于自然实验的证据，丰富了政府税收征管与公司治理方面的文献。第二，为财政“省直管县”如何缓解县级政府财政困难提供了微观证据，证实财政“省直管县”能够激励县级政府加强税收征管，进而抑制企业盈余管理，提高政府税收收入。第三，拓展了财政分权和政府治理结构方面的研究，为如何实现县级政府职能优化提供了借鉴；本文发现财政“省直管县”能够激励县级政府进一步履行其代理责任，提升税收征管强度，优化县级政府职能。

本文的政策启示在于，通过政府结构优化提升县级政府财政自主权和税收分成比例能够缓解政府间代理问题，激励处在经济建设第一线的县级政府加强税收征管，这不仅能够提升县级政府财政收入、缓解县级政府财政困难，还能优化地区会计信息环境，而良好的会计信息环境在优化资源配置、提高投资效率、促进经济发展等方面发挥着重要作用。因此，有必要进一步缩减政府财政层级，赋予基层政府更多税收收入分享比例，激励基层政府税收征管积极性。同时，还需要进一步削减基层税收征管的自由裁量权，降低税收执法的弹性空间，提升税收征管的规范性和公平性。

08　普惠金融与社会发展

普惠金融、收入分配和贫困减缓*

——推进效率和公平的政策框架选择

李建军　韩　珣

改革开放以来，我国经济实现了快速增长，金融部门在经济发展中的重要作用日益凸显。然而，金融行业高准入门槛和二元化所有制结构，使得以银行为主导的金融体系，在信贷资源的配置上也存在着歧视性行为，低收入群体和中小企业难以获得合意的金融服务。金融“嫌贫爱富”引致的金融错配、信贷资源配置低效以及收入分配不均等问题也在不断发酵。党的十九大报告以“决胜全面建成小康社会，夺取新时代中国特色社会主义伟大胜利”为主题，开启了建设社会主义现代化强国的新征程。2020年全面建成小康社会，其根本任务就是消除贫困。现阶段，从全国角度来看，2015年东部、中部、西部地区的贫困发生率分别为1.8%、6.2%和10%，农村贫困人口和贫困发生率从2010年的16566万人和17.2%下降到2015年的5575万人和5.7%。县域层面上，2015年扶贫重点县农村贫困人口和贫困发生率为2893万人和13.7%，同比减少756万人和4.8%。按照现行国家农村贫困的标准，2015年集中连片特困地区农村贫困人口为2875万人，贫困发生率为13.19%。可见，无论从全国还是县域层面来看，贫困状况均有所缓解，但扶贫任务依旧艰巨，与全面建成小康社会的目

* 原文刊载于《金融研究》2019年第3期。

作者简介：李建军，经济学博士，教授，中央财经大学金融学院；韩珣，博士研究生，中央财经大学金融学院。

标仍有一定距离。好的社会需要有好的金融，好的金融体系能够有效发挥金融功能，使所有人能够以合理的价格获得公平的金融服务，这样的金融才是普惠金融。因此，探究普惠金融对收入分配和贫困减缓的作用机制具有重要意义。

本文从县域和省际层面，系统、深入地分析了以银行、保险为主导的正规金融机构的普惠金融政策效应，进一步探究信息化普惠金融在改善收入分配以及降低贫困发生率的重要作用，进而提出对社会“帕累托最优”的普惠制度设计。研究结论显示，普惠金融发展初期能够缩小城乡收入差距，但是对收入分配的改善效应仅在集中连片区和西部地区显著。农贷精英俘获机制和金融知识匮乏，是导致银行包容无法实现减贫的症结所在。兼顾特定配比和商业可持续性的制度框架选择能够实现效率和公平的双重目标。信息化普惠金融体系，能够克服正规金融机构高门槛、服务成本高以及逆向选择等问题，成为对社会“帕累托最优”的政策框架选择，促进收入分配公平和减缓贫困。

政策建议如下：第一，构建稳定的政策目标系统。普惠金融需要政府和市场之手的双重引导，完善制度条件，既要避免市场主导可能导致的使命目标漂移，也要防止政府过度干预引致的资源配置效率低下。第二，推进普惠金融的差异化政策配比，加强正规机构对“三农”、中小企业等弱势群体金融服务的配比以及贷款坏账比率的考核，纠正现有金融体系只注重金融密度而忽视金融密度结构地区差异引起的资源配置扭曲机制。第三，加强金融软环境建设，普及金融教育，加强居民的金融知识和信用意识，使弱势群体能够有效发挥金融跨期消费和风险规避的功能，延伸金融服务边界，从而促进金融需求的有效释放。第四，大力推进信息化普惠金融体系建设，信息化普惠金融充分利用互联网、大数据、人工智能技术，能够有效缓解借贷双方的信息不对称，降低搜寻匹配成本及扩大网络效应，低门槛、边际成本递减以及信息化使长尾客户被包容到金融体系之中成为可能。因此,政府应当加强对互联网平台的监管力度,推动社会信用体系建设,强化企业风险内控及金融消费者教育,发展信息化普惠金融,充分发挥其在促进收入合理分配进而推进贫困减缓方面的积极作用。

医疗保险、健康异质性与精准脱贫*

——基于贫困脆弱性的分析

刘子宁　郑　伟　贾　若　景　鹏

疾病是中国当前最主要的贫困诱因，随着脱贫攻坚的不断深入，因病致贫和返贫群体占总贫困人口的比例不降反升，从 2013 年的 42.2% 上升到 2015 年的 44.1%，涉及近 2000 万人。从全球来看，每年约有 1 亿人因医疗支出陷入贫困，约有 1. 5 亿人因支付医疗费用而遭受灾难性的经济冲击。可见，解决因病致贫和返贫问题，不仅是中国精准脱贫的重点和难点，也是一个全球性的挑战。

医疗保险是管理健康风险、缓解疾病冲击的重要手段之一。虽然医疗保险减贫的可能性得到了广泛认可，但既有实证证据对医疗保险的减贫效果仍存在严重分歧。一些证据表明，医疗保险的减贫效果显著，且其减贫作用随着时间延续而累积增强。而另一些证据表明，医疗保险的减贫效果微小或不显著，主要原因包括保障水平低、瞄准机制差、效果显现周期长等。本文尝试从医疗保险对不同健康状况人群减贫效果存在差异的角度出发，为既有实证结果提供一种新的解释思路。

首先构建理论模型分析医疗保险对不同健康群体的减贫效果，发现医疗保险具有“保费的资产侵蚀效应”和“保险的损失补偿效应”，其

* 原文刊载于《金融研究》2019 年第 5 期。

作者简介：刘子宁，博士研究生，北京大学经济学院；郑伟，经济学博士，教授，北京大学经济学院；贾若，金融学博士，助理教授，研究员，北京大学经济学院；景鹏，经济学博士，讲师，西南财经大学保险学院。

减贫效果由两种效应综合确定。对于健康状况好的群体，疾病频率和患病后的医疗费用都较低，其损失补偿效应较小。对于健康状况差的群体，疾病频率和患病后的医疗费用都较高，其损失补偿效应较大。通俗地讲，对于健康状况好的人，医疗保险也许只是“锦上添花”；对于健康状况差的人，医疗保险才是“雪中送炭”。

进一步通过实证回答以下问题：一是医疗保险从无到有的变化，即参加医疗保险的减贫效果是否存在健康异质性？二是医疗保险保障水平从低到高的变化，即提高医疗保险保障水平的减贫效果是否存在健康异质性？本文使用中国健康与养老追踪调查（CHARLS）项目在2011年、2013年和2015年的全国入户调查数据，基于资产度量个体的贫困脆弱性（即陷贫概率），然后使用倾向值匹配得分法和倍差法估计参与医疗保险对不同健康状况群体的减贫效果，最后采用多元回归估计提高住院费用报销比例对贫困的影响。

主要结论如下：第一，参加医疗保险的减贫效果存在健康异质性。对于健康状况一般的群体，结果显示，医疗保险可以显著降低陷贫概率3.9个百分点，但对于健康状况好的群体，结果显示医疗保险无显著的减贫效果。对健康状况差的群体而言，提高保障水平可以降低贫困脆弱性，对于健康状况一般以及良好的群体，提高保障水平不会显著降低这两个群体的贫困脆弱性。第二，增加劳动供给是医疗保险减贫的有效中介渠道，且剔除劳动供给中介效应后，医疗保险仍然存在显著的减贫效果，表明劳动供给只是医疗保险减贫的渠道之一，还有其他的中介渠道。本文并未发现医疗费用的中介效应，这可能是因为使用的样本主要是发生门诊医疗费用的个体，而医疗保险对门诊的补偿作用不明显。

本文结论意味着参与医疗保险和提高医疗保险保障水平可在一定条件下产生显著的减贫效果，这些条件包括足够长的时间，以及针对有需要的（即健康状况不佳的）人群。因此，在扶贫资源有限的约束下，本文谨慎地建议应当将资源有一定倾斜地投向健康状况不佳的贫困群体。就具体政策而言，医疗保险政策在贫困群体全面覆盖的基础上可以考虑参保者的健康异质性，实行“统一但有差别”的原则，从而更为精准地投放健康扶贫资源。

本文贡献主要体现在以下三个方面。首先，医疗保险对不同健康状况群体的减贫效果是否相同？这一问题在理论和实证研究中仍是空白，本文结论证明了医疗保险的减贫效果存在健康异质性。其次，既有文献着重考察医疗保险从无到有的变化，即参保行为对贫困的影响，本文将医疗保险减贫效果的分析，从“是否参与医疗保险”的影响，扩展到“提高医疗保险保障水平”的影响。最后，在前人分析医疗保险对劳动供给和医疗费用支出的影响基础上，进一步分析了二者和贫困的关系，呈现了医疗保险减贫的完整渠道，为厘清医疗保险减贫的传导机制提供了新证据。

虽然本文得到了一些关于医疗保险减贫的新启示，但医疗保险与贫困的关系仍有许多待解谜题。例如，免赔保险、比例保险等不同产品类型的减贫效果可能不同，然而由于数据所限，相关问题还有待未来实证研究进一步检验。此外，累进报销制度虽然能够实现精准脱贫的效果，但也存在较高的道德风险，如何在提高扶贫精准性、提高保障水平的同时，更有效地控制道德风险，也有待深入研究。

减税能否助力精准扶贫*

张　楠　刘　蓉　卢盛峰

在“先富带动后富”“再分配更加注重公平”原则的引导下，中国正在践行共享发展新理念。为保证经济列车飞速前进中没有一个群众掉队，政府承诺到 2020 年所有贫困地区和贫困人口一道迈入全面小康社会，稳定实现扶贫对象“两不愁、三保障”。财政分配作为精准扶贫的主要工具和手段，处于贫困治理的主体地位。税收工具作为财政扶贫机制中的重要一环，在推进精准扶贫、精准脱贫上发挥了不可忽视的作用。

中国现阶段实行的是以间接税为主体的税制结构，间接税收入比重占税收总额的 70% 以上，间接税对贫困人口的影响更大。实际上，中国在“结构性减税”中一直在实施针对间接税的减税政策。2004—2009 年，政府陆续开展了一系列增值税转型改革，将生产型增值税改为消费型增值税。2012 年实施“营改增”，到 2017 年底累计减税将近 2 万亿元。2018 年国家税务总局发布的《支持脱贫攻坚税收优惠政策指引》从基础设施、产业扶贫、创业就业、普惠金融、区域协调以及慈善捐赠六个方面梳理了 101 项直接推动脱贫攻坚的优惠政策，其中涉及间接税的政策就有 49 项。2019 年中国以深化增值税改革为契机，通过税率并档、税制简化实施更大规模的减税。

---

* 原文标题为《间接税亲贫性与代内归宿——穷人从减税中获益了吗？》，刊载于《金融研究》2019 年第 6 期。

作者简介：张楠，经济学博士，讲师，西南财经大学财政税务学院；刘蓉，经济学博士，教授，西南财经大学财政税务学院；卢盛峰，经济学博士，副教授，武汉大学经济与管理学院。

在财政扶贫资金存在漏损的世界性难题下，研究针对间接税的减税优惠政策是否能惠及贫困人口有助于有效配置扶贫资源、完善财政精准扶贫综合机制。本文在财政精准扶贫统一框架下探讨间接税的减贫效应，能够弥补现有文献中关于税收扶贫研究的缺失，通过评估针对间接税的减税政策能否自发惠及穷人，为中国当下施行的大规模减税政策助力精准脱贫攻坚战提供理论支撑。基于CFPS 2012入户调查数据和中国2012年投入产出表，在税负前转假设前提下，运用微观模拟方法测算出家庭的间接税负，在此基础上，借鉴衡量经济“涓滴效应”的亲贫增长指数，构建了识别和测度税制亲贫性的数量方法，采用三条贫困线水平、两种等值规模调整方法和三种贫困人口权重赋予方式对间接税亲贫性进行全方位分析，进一步测算家庭不同年龄层的间接税负代内归宿。

本文结论显示：第一，间接税是一种“负收入”，征收间接税会增加贫困广度、贫困深度与贫困强度，增加值排序为：贫困强度＞贫困深度 ＞贫困广度。第二，无论是全国、城镇还是农村样本，间接税亲贫指数均大于1，说明间接税不具有亲贫性，减税能让穷人比富人获益更多，其中城镇贫困户比农村贫困户获益更多，但对于难以解决温饱问题的重度贫困人口作用不大。这是因为间接税负担与家庭消费规模相关，难以解决温饱问题的重度贫困人口消费极低，其承担的间接税负相应较小。第三，增值税的亲富性最强，消费税呈现出一定的亲贫性，因为消费税征税范围包括一些高档奢侈品，使消费税具有一定的收入再分配功能。但消费税的大部分亲贫指数仍大于1，原因在于农村低收入群体将部分支出用于消费税税目中的烟酒，在出行上也间接承担了燃料中的消费税。第四，儿童、成人以及老人均是间接税的负税人，贫困家庭抚养小孩而承担的间接税负比重高于非贫困家庭，赡养老人而负担的间接税负比重低于非贫困家庭。因此，助力于精准扶贫的减税政策改善方向，应该是减轻家庭为小孩医疗、教育、生活品及老人医疗承担的间接税负。

基于研究结论，提出以下政策建议：一是继续推动大规模的间接税减税政策支持精准扶贫，采取差别化的增值税和消费税调整策略改变间接税的亲富性。增值税的税目应该区分生活必需品与非生活必需品，对普通食品、衣服鞋饰和日常用品实行低税率，逐步降低农产品、自来水以及天然气的税率。进一步对普通药品减免增值税，同时将治疗儿童白血病、先天性心脏病、恶性肿瘤和老人高血压、冠心病等重大疾病的特殊药品也纳入减免范围。消费税实行“扩容”“减负”与“整合”调整。“扩容”是将高档家具、私人飞机和昂贵的动物制品等高档消费品纳入征税范围，“减负”是将已成为普通消费品的税目移出，“整合”包括适时增加卷烟、白酒级次之间的税率差，通过改变各收入阶层的消费结构促进消费税提高亲贫性。二是发挥直接税在扶贫中的辅助作用，与间接税的减税政策相配合，逐步形成多税种、立体式的税收扶贫减贫调节体系。明晰和完善企业扶贫的所得税优惠措施，以针对性的所得税优惠政策引导企业进行定点扶贫、产业扶贫、吸纳就业扶贫和发展教育扶贫。进一步配套实施个人所得税改革，加快推进房地产税，增加高收入人群税负，为间接税的减税预留空间，减轻财政压力。 三是从长期来看，税收体系的改革方向应是将现行间接税为主体的税制逐步调整为以直接税为主的税制结构，通过降低间接税比重增加税制的累进性，充分发挥税收制度的公平分配作用。当然，财政扶贫机制并不是只依靠税收工具，还需借助公共转移支付体系保障贫困人口基本生活需求，以更完善的社会保障制度解决贫困户养老问题。

金融市场参与、风险异质性与家庭幸福*

尹志超　岳鹏鹏　陈悉榕

近年来，幸福问题受到社会越来越多的关注。个人幸福反映出个体对生活整体的满足感，可用来衡量国民福利水准高低。党的十八大提出了要创造中国人民幸福美好的未来。习近平总书记也明确指出，实现中华民族伟大复兴的中国梦，就是要实现国家富强、民族振兴、人民幸福。人民幸福对和谐社会的构建与中国梦的实现具有十分重要的意义。

然而，与其他国家相比，我国居民幸福感处于相对较低的水平。联合国可持续发展解决方案网络（UN Sustainable Development Solutions Net-work, SDSN）与哥伦比亚大学地球研究所（The Earth Institute, Columbia University）分别于2012年、2013年、2015年和2016年发布的《世界幸福报告》（*World Happiness Report*）显示，中国在世界150多个幸福国家评比中分别位列第112位、第93位、第84位和第83位。

纵向比较来看，2003—2010年，中国居民的幸福感一直处于上升趋势，幸福感提升的动力可归因于经济增长。根据世界价值观调查（World Values Survey），1990—2012年，中国居民感到幸福的人群占总人数的比例从1990年的68.45%上升到1995年的84.10%，2001年下降为

* 原文刊载于《金融研究》2019年第4期。
作者简介： 尹志超，经济学博士，教授，首都经济贸易大学金融学院；岳鹏鹏，博士研究生，首都经济贸易大学金融学院；陈悉榕，经济学博士，对外经济贸易大学国际经济贸易学院。

78.11%，2007年下降为76.64%，随后在2012年上升为85.52%。根据中国家庭金融调查（CHFS）数据，2011年感觉幸福的家庭比例为63.2%，2013年下降为56.7%，2015年家庭幸福比例上升为60.79%。

幸福与效用密切相关，大量文献研究影响幸福的因素。通常在研究中，幸福和快乐是同一概念。在一些文献中，有学者指出经济增长难以显著提高幸福感，经济危机、通货膨胀和失业率则降低了幸福感。从收入角度看，有研究发现收入增加没有显著提高幸福水平，成为“收入—幸福”之谜。既有研究从收入与幸福的“倒U”型关系，绝对收入和相对收入对幸福的不同影响，收入不平等对幸福的影响等方面对此进行了解释。也有文献研究个体的其他特征，如婚姻、健康、失业、社会网络关系、价值观等对幸福的影响。

尽管如此，少有文献关注家庭投资对幸福的影响。有研究发现家庭金融资产、家庭房产、负债及投资者表现将影响幸福，指出家庭资产对幸福有显著正向影响。但都没有考虑金融市场参与对家庭幸福感的影响，也没有深入分析金融投资的风险异质性对家庭幸福的影响。那么，金融市场参与能否提高家庭幸福感？金融投资的风险是否对家庭幸福感有异质性影响？

为回答上述问题，本文首先建立理论模型，通过理论分析显示，金融市场参与通过风险和收益对家庭幸福产生影响。当投资者对风险资产的预期收益率高于无风险资产的收益率时，持有风险资产会带来幸福感的提升；投资者参与金融市场时，相较于高风险资产，投资者持有低风险资产会有更强的幸福感。

本文运用2015年中国家庭金融调查数据实证研究了金融市场参与对家庭幸福感的影响。该数据与美国消费金融调查数据类似。CHFS涵盖了家庭资产和金融财富、负债和信贷约束、收入支出和社会保险保障，以及代际间的转移支付、人口特征和就业等微观信息。本文通过CHFS问卷中关于主观幸福感的问题来定义家庭幸福，定义拥有活期存款、定期存款、股票、基金、金融理财产品、债券、衍生品、非人民币资产、贵金属、其他金融资产或借出款的家庭为金融市场参与家庭。

为缓解内生性，本文选取工具变量并运用极大似然估计发现，家庭参与金融市场会显著提高家庭幸福的可能性，家庭参与金融市场可使家庭幸福的可能性提高 18.77%。从投资风险的角度进一步研究发现，金融投资的风险异质性对家庭幸福有显著影响：家庭参与低风险金融投资，家庭幸福的可能性提高 20.56%；家庭参与高风险金融投资，家庭幸福的可能性显著降低 17.75%。家庭参与低风险金融投资会带来相对稳定的收益，实现家庭财富的累积和通货膨胀负面效应的抵御，在某种程度上获得心理满足和降低社交排斥而提高生活满意程度，从而提高家庭幸福的可能性。反之，家庭参与高风险金融投资会降低家庭幸福的可能性。本文认为，尽管家庭参与高风险金融市场可能带来社会网络的扩张，但高风险投资对家庭的负面作用强于社会排斥降低带来的积极效用。

民间借出资金也是部分家庭的一种重要投资行为。CHFS 数据显示，15.62% 家庭参与民间借出。为进一步研究金融市场参与、金融投资风险异质性对家庭幸福的影响，本文考察了民间借出款对家庭幸福的影响，并且基于民间借贷的风险异质性分组，分析不同风险水平的借出款对家庭幸福的影响情况。在民间借贷参与中，调查发现家庭参与民间借出会显著提高家庭幸福的可能性。家庭参与民间借出，家庭幸福的可能性提高 44.47%。民间借贷投资风险对家庭幸福的异质性影响也是存在的，高风险借出对家庭幸福有显著的负向影响，家庭借钱给亲戚时，家庭幸福的可能性显著提高 7.58%。

本文为理解家庭金融投资行为与幸福的关系提供了新的证据，可为构建和谐社会提供有益的参考依据。

信用卡、风险应对与城镇家庭股市参与*

徐丽鹤　吕佳玮　何　青

预防性储蓄或流动性约束理论认为，受到流动性约束的家庭会通过储蓄来应对未来不确定性风险。信用卡的出现降低了流动性限制，能够平滑家庭消费，使得更多家庭可以选择当下消费而不是储蓄到未来进行消费，从而提高生活水平或者质量。然而，家庭消费、储蓄、投资三者的决策是系统的，不能简单地切割来看。因此，信用卡的发展可能会通过消费－储蓄路径影响家庭的投资选择，但却少有研究探讨这种效应。2013 年中国家庭金融调查（CHFS）的数据显示，中国城市家庭持有信用卡的比例从 2000 年的 0.5% 上升至 2012 年的 24%。与此同时，2000 年家庭股票市场参与率仍少于 1%，但其表现出和信用卡市场相同的上升趋势，2012 年上升至 11.5%。可见，信用卡与家庭股票投资在统计上具有相同趋势，但两者之间是否存在相关或者因果关系则有待实证检验。

理论上，信用卡对家庭投资有两种影响渠道：一是信用卡可以减少流动性约束，从而提高当前消费，减少储蓄或者投资。值得注意的是，这里的储蓄是理论意义上的储蓄，即当前收入减去当前消费的概念，也就是收入中不包含被现在消费掉的部分。投资是储蓄的一部分，包括非

* 原文刊载于《金融研究》2019 年第 3 期。

作者简介：徐丽鹤，金融学博士，副教授，广东外语外贸大学广东国际战略研究院；吕佳玮，硕士研究生，暨南大学经济与社会研究院；何青，经济学博士，讲师，西南财经大学中国家庭金融调查与研究中心。

风险性资产（如定期储蓄、现金储蓄等）和风险性资产（如股票、债券、房产借贷等）投资两部分。二是信用卡可以作为应对风险的保险工具，提高风险性投资，实现快速资本积累，应对更长期的风险。具体来说，以中国家庭为例，中国一般家庭的收入将被用于基本生活消费、住房消费（房贷、房租等）、耐用品消费及储蓄（投资）等。在没有信用卡的情况下，为抵抗“明天”可能出现的临时性的收入降低的风险，如生病误工、结构性失业、跳槽空档期等带来的未来收入减少，就只能通过储蓄进行保障，也就是留一部分收入用于未来风险发生时消费。信用卡则为家庭提供了一个进入融资市场的路径，当未来这种短期的、临时的风险发生时，家庭可以通过借贷来满足生活需要，而并非在当下就降低消费进行储蓄。然而，如果家庭面临长期不确定性风险，并不一定会选择提高消费，也有可能提高投资，如提高风险性资产投资实现保值或者增值。按此逻辑，消费信贷约束很可能是解释中国家庭股市参与率较低的一个新视角。

为检验该问题，本文利用CHFS中2011年和2013年的混合截面数据，以及部分可追访家庭的面板数据进行实证分析，以期提供更多因果关系识别的证据。由于2015年的调查删除了“持有信用卡”等信息，因此本文没有更新到2015年数据集。

本文研究结果显示：第一，持有信用卡显著提高了城镇居民的股票市场参与率，总投资价值也将随着信贷额度的增加而增加。某种程度上，该结果否定了流动性约束机制；第二，信用卡被认为是应对短期收入风险的保险工具。保持消费水平不变，家庭可以降低现金和定期储蓄存款的比例，持有更多存量资产。此外，本文还发现家庭信用卡持有量越大，参与股市的次数越多。股票市场的投资价值主要取决于信用额度。为避免因反向因果关系和遗漏变量而产生的测量误差，本文使用四种方法解决估计偏误：（1）工具变量（*IV*），选择家庭所在社区是否有促销活动的变量作为该家庭是否持有信用卡的工具变量，用2SLS Probit模型进行估计；（2）采用2011年和2013年的家庭面板数据的固定效应模型，进一步排除遗漏变量的影响；（3）利用信用卡数量、信用额度等相对外生的代理变量来估计信用卡对股市投资的影响；（4）考虑持有信用卡和持有股票的顺序，以解决反向因果关系问题。各种方法的结果都支持了本文结论。

本文的研究有两点启示：第一，尽管国际经验表明信用卡可以促进消费，这与预防性储蓄理论的预测相一致，但中国信用卡市场的发展并没有降低家庭储蓄率或扩大消费。相反，中国家庭更愿意将信用卡作为应对短期收入风险的融资工具。提高储蓄并不意味着是一件坏事，如果可以调整资产结构，优化资产配置，将会大大降低家庭在面临长期风险的脆弱性。根据CHFS数据，中国城镇家庭信用卡市场份额仅为22%，农村地区仅为3.6%。美国2013年的家庭信用卡持有率为38.1%，日本为62.9%。中国股市参与率为11.5%，农村仅为0.6%。美国股市参与率为48.8%，日本为31.6%。相对而言，中国的信用卡和股市参与均有上升空间。如果能进一步提高城镇居民的信用卡使用率或农户信用卡覆盖率，将大大促进中国家庭进入融资市场的可能，从而推进参与资本市场的概率，最终有利于家庭资产的有效配置。

第二，虽然中国信用卡市场发展很快，但仍没有真正降低家庭的储蓄进而促进消费。产生该现象的原因在于，绝大部分中国家庭依赖融资而不是保险市场来应对风险，说明目前我国金融系统仍有待完善，保险市场未能有效发挥家庭保障作用。应加快保险市场建设，使融资工具不再作为应对风险的主要手段，而是用于帮助实现“金融促发展”这一根本目标。

09　公司治理与公司金融

内部薪酬差距与公司价值*

——基于生命周期理论的新探索

梁上坤　张　宇　王彦超

公司是经济实体的重要组成部分，其经营效率关系着国民经济整体的发展效率。在金字塔式的组织结构下，公司中的各层人员各司其职。管理层人员较少但身居塔尖，负责资源整合和战略规划，对公司当前和未来的发展具有举足轻重的作用；普通员工位于金字塔底，人数众多且承担着大量的执行工作，对公司的发展具有重要的基础作用（Fisher 和 Yuan, 1998；陈冬华等，2010）。那么在资源给定的情况下，如何厘清两者的薪酬分配关系就成为公司治理面临的重要问题。历史上较长时期内，我国企业的薪酬制度以“平均主义”为主要特征，薪酬设计不能充分调动员工的积极性，企业经营效率低下。随着经济体制改革的不断深化和现代企业制度的逐步建立，一方面，越来越多的企业以“效率优先”为指导思想，薪酬制度趋于市场化，内部薪酬差距不断扩大；另一方面，起点较低的治理水平也带来了很多薪酬乱象，使实务界对薪酬差距扩大的实际价值产生质疑。

关于内部薪酬差距与公司绩效之间的关系，理论上存在相反的两种观点：锦标赛理论认为扩大内部薪酬差距有利于提升组织绩效（Lazear

* 原文刊载于《金融研究》2019年第4期。
作者简介： 梁上坤，会计学博士，副教授，中央财经大学会计学院，中国管理会计研究与发展中心；张宇，博士研究生，中央财经大学会计学院；王彦超，会计学博士，教授，中央财经大学会计学院。

和 Rosen, 1981; Rosen, 1986）；而行为理论则认为薪酬差距在一定程度上不利于合作，会降低组织绩效（Cowherd 和 Levine, 1992; Carpenter 和 Sanders, 2004）。有关这两种观点的争论和证据存在于各类文献中，那么，上述争论是否部分源于不同情境下内部薪酬差距的异质性作用?

本文以公司生命周期为视角对此展开探索。生命周期是公司的重要特征，既有研究表明，生命周期对公司的投资、融资、分配等行为有巨大影响。在不同生命周期阶段的公司中，管理层和普通员工担负的职责、面临的压力显然不同。由此，同样的内部薪酬差距在生命周期的不同阶段可能产生不同的激励效果。具体来说，本文提出并尝试探索以下三方面问题：第一，总体上公司内部薪酬差距对公司价值存在怎样的影响?第二，若考虑公司生命周期的不同阶段，内部薪酬差距对公司价值的作用是否会有不同?第三，如果生命周期存在影响，那么其作用机理是什么?

以我国 2005—2014 年沪深 A 股上市公司为样本，本文研究发现：总体来看，公司内部薪酬差距有利于公司价值，与锦标赛理论一致；结合公司生命周期考察，内部薪酬差距对公司价值的提升作用在成长期最强，在衰退期最弱，即随着公司生命周期的推移，内部薪酬差距对公司价值的提升作用逐渐减弱；进一步的作用机制分析显示，管理层对于经营绩效影响的重要性、员工对于公平感的需求是生命周期产生影响的重要机制。在综合得分判别法、留存收益率判别法、企业—行业增长率判别法、现金流符号判别法等多项生命周期度量方法下，这些发现均保持稳定。

本文可能的研究意义主要体现在三个方面：第一，理论意义方面。将内部薪酬差距与公司价值的研究由静态视角拓展至动态视角。有关内部薪酬差距与公司绩效、公司价值的研究由来已久，然而以往文献观察的视角主要停留在静态层面，忽略了公司不同发展阶段内部薪酬差距对公司经营的动态影响。本文结合生命周期理论展开探讨，发现在生命周期不同阶段内部薪酬差距对公司价值存在异质性影响。通过生命周期理论，有效地联结了锦标赛理论和行为理论，将其置于一致的讨论框架下。本文的发现有助于更加全面地审视内部薪酬差距的作用，也为以往的研究分歧提供了部分解释。有关生命周期作用机制的探索进一步丰富了内部薪酬差距作用机理的研究，也强化了本文的逻辑。

第二，现实意义方面。国内学者围绕管理层激励的研究较为深入，而对普通员工激励的关注相对较少。公司绩效是管理层与普通员工生产率总的函数，员工群体的作用也需考虑。本文的研究发现意味着在现实薪酬制定中，尤其对于成熟期及以后的公司，需要重视普通员工的利益，合理设置薪酬差距有利于提高公司价值。与此同时，对于近年来大量新上市的中小板和创业板公司，则应给予管理层足够的奖励以补偿其努力。这为管理层和员工的收入分配改革提供了一定的理论参考。

第三，研究方法方面。不同于以往研究单一的生命周期度量方法，本文在研究过程中运用了综合得分判别法、留存收益率判别法、企业—行业增长率判别法、现金流符号判别法等多种生命周期度量方法，发现了一致的结果。这使本文结论具有较高的稳健性，也为未来国内生命周期领域的研究提供了一定借鉴。

企业内部薪酬差距与人力资本结构调整*

杨　薇　孔东民

近年来，企业内部的薪酬差距引起了政府、社会媒体和公众的广泛关注。为此，国家制定了多项政策限制国有企业管理者的薪酬水平。例如，自 2015 年起，我国针对中央管理企业负责人薪酬进行改革，共涉及来自 72 家国有企业的将近 200 名高管，将高管和员工薪酬差距的上限调整为 8 倍。然而从学术角度看，薪酬差距会带来何种经济后果仍有待研究。

本文尝试研究薪酬差距对企业人力资本的影响。人力资本对国家的经济发展起到关键作用，Heckman（1974）和 Jung 等（2014）指出，劳动力成本约占全球经济附加值的 2/3，其经济显著性值得深入研究。以往有关人力资本的研究大都从理论或者宏观层面（经济增长、工资契约或生命周期）将其与经济、消费的关系进行考察，微观角度的研究则大都集中在个人教育、健康投入的回报等，鲜有研究从微观企业层面展开。薪酬差距通过对员工发挥不同的激励效果，从而影响企业业绩以及企业生产率。基于锦标赛理论和比较理论这两种竞争性理论，本文认为，薪酬差距对人力资本结构的影响会分别通过影响管理者和员工这两种渠道实现。实践中，企业会设计不同的薪酬政策来吸引不同能力的经理人，

* 原文刊载于《金融研究》2019 年第 6 期。
作者简介：杨薇，经济学博士，博士后，华东理工大学商学院；孔东民，管理学博士，教授，中南财经政法大学金融学院，华中科技大学经济学院。

通过对不同薪酬契约的选择，经理人能够最大限度地展现自身技能水平。对于普通员工而言，不同水平的薪酬契约也会带来不同的就业决策。因此，相对激励薪酬对不同人力资本水平的影响值得深入研究。

本文基于中国2000—2015年上市公司样本，通过手动搜集员工教育水平数据，将人力资本水平分为三类：高学历员工、大学学历员工以及高中及以下学历员工，构造管理者平均薪酬和员工平均工资的比值，获得了企业内部薪酬差距的数据，考察薪酬差距对企业人力资本水平的影响。研究发现：第一，薪酬差距的增加显著降低了中等学历员工的比例，同时提升了低学历员工的比例。第二，通过构造工具变量和基于国际经济危机的场景设定，发现薪酬差距和人力资本结构之间存在显著的因果关系。第三，在薪酬差距水平较高的情况下，薪酬差距的增加显著吸引了更有可能进入企业的高学历员工。在薪酬差距水平较低的情况下，扩大薪酬差距显著提升（降低）了高中及以下学历员工比例，一个可能原因在于不同学历员工的议价能力存在差异。第四，薪酬差距与人力资本结构变化之间的相关性主要体现在规模较大、管理者平均年龄较低的企业。第四，人力资本结构在薪酬差距影响创新的过程中发挥了显著的中介效应，薪酬差距提升了研究生和本科学历员工比例，促进了企业创新，说明企业需要在高、中学历员工提升创新与低学历员工降低创新之间作出权衡。

本文贡献主要有三点：一是基于上市公司员工学历层次数据的可得性，构造了较以往研究而言更加细致的人力资本刻画方式，为深入研究薪酬差距对人力资本结构变动的影响提供支持。以往关于人力资本的研究中，大多以总体教育水平等局部特征作为人力资本的度量指标，存在无法准确地测度出每个员工实际处于人力资本结构中的具体层级，或无法依据每个企业各自的特征来确定各层级人力资本的占有量是多少等问题。本文通过手动搜集和整理2000—2010年沪深两市上市公司各类学历的员工人数，结合Wind数据库披露的2011年及以后的员工学历人数，获得每个上市公司特有的以员工学历为依据划分的人力资本结构。

二是直接考察了薪酬差距对企业的人力资本结构变动的影响。过去关于薪酬差距的研究大多集中在经济后果中，如企业绩效（刘春和孙亮，2010；黎文靖和胡玉明，2012; Banker et al., 2016）和企业生产率（Faleye et al., 2013；Firth et al., 2015；Dai et al., 2017；Xu et al., 2017）。针对薪酬激励如何影响管理者行为的研究则侧重薪酬契约的激励效应以及不同薪酬成分的均衡（梁上坤和陈冬华，2014；程新生等，2015）。本文对薪酬差距与人力资本结构的变动进行考察，依据特殊场景以及不同维度的企业分类探究两者的关系，从而清晰地辨识出前者对后者的影响机制。企业通过调节“薪酬差距”的方式对“人力资本结构”进行间接调整，可为企业的经营决策提供必要的现实基础。在企业经营过程中，不同的经营决策成本差异较大。企业可分别对薪酬差距和人力资本结构进行调整，但人力资本的调整往往涉及如搜寻和匹配等一系列过程，调整成本较大。通过对两者因果关系方向的确定，可进一步探究薪酬差距每一单位变化对人力资本结构所产生的影响，有助于实现降低企业决策成本的目标。

三是本文结论具有明确的政策含义。通过制定合理的薪酬制度，能够让企业依据自身的发展需求构建相匹配的人力资本结构。对监管者而言，合理的制度以及有效的监管有助于国家形成良好的人力资本存量，从而更有效地发挥人力资本在促进经济可持续发展中的作用。

董事会留有前任总经理会如何影响公司资源调整*

——基于成本黏性视角的实证分析

周林洁　刘慧龙　章红霞

董事会留有前任总经理，是一个实务上常见且重要的现象，然而对于董事会是否应该留有前任总经理，在理论上却存在争议。一方面，前任总经理积累了较多关于公司和行业的知识和经验，以及与公司利益相关主体的社会关系，可以给公司带来重要的资源(Andres et al., 2014; Fahlenbrach et al., 2011)；另一方面，董事会留有前任总经理会导致权力交接不够彻底，损害现任总经理的权威，前任总经理可能会阻止公司撤消其任期内实施的项目，使公司难以通过资源调整来改善经营，此外，前任总经理担任董事也会损害董事会的独立性(Andres et al., 2014; Fahlenbrach et al., 2011)。针对实务界的调查结果显示，董事会是否应留有前任总经理也存在争议(Fahlenbrach et al., 2011)，因此也受到了一些国家监管部门的重视(Andres et al., 2014)。

可见，董事会留有前任总经理会给企业带来何种经济后果，是一个具有重要研究价值且有待实证检验的问题。既有文献主要围绕高管激励

* 原文刊载于《金融研究》2019年第2期。

作者简介：周林洁，经济学博士，讲师，中国社会科学院大学经济学院；刘慧龙，会计学博士，副教授，对外经济贸易大学国际商学院；章红霞，博士研究生，对外经济贸易大学国际商学院。

和公司业绩考察了董事会留有前任总经理的经济后果 (Andres et al., 2014; Fahlenbrach et al., 2011; Quigley and Hambrick, 2012）。成本变化源于资源投入调整，成本黏性意味着资源投入“易增难减”，是体现公司资源调整特点的重要视角，本文试图利用中国上市公司的数据，从成本黏性视角研究董事会留有前任总经理对公司资源调整行为的影响。

本文选取 2003—2015 年中国 A 股非金融类上市公司的 22045 个公司年度观测作为样本，经过较为严谨的实证检验后，发现如下问题。

第一，董事会留有前任总经理会通过阻止公司向下调整资源，提高成本黏性；第二，管理层持股比例增加，通过增加管理层的话语权及管理层与公司利益的一致性，促使现任管理层有更强的能力和动力去抵制前任总经理阻止公司向下调整资源，因而董事会留有前任总经理对成本黏性的正向影响在管理层持股比例较低时较强；第三，最终控制人为国有产权属性时，公司本就很难调减资源投入，因而前任总经理在妨碍公司调减资源投入的作用空间会较小，使得董事会留有前任总经理对成本黏性的正向影响在非国有产权控制的公司中更加明显；第四，行业竞争程度提高施加的竞争压力能够制约前任总经理阻止公司向下调整资源，且给管理层抵制前任总经理阻止公司向下调整资源提供了理由，导致董事会留有前任总经理对成本黏性的正向影响在行业竞争程度较低时较弱；第五，无论前任总经理留任为董事长还是其他董事，均会提高成本黏性，且没有证据表明前任总经理留任职务的类型对成本黏性的影响存在显著差异；第六，从前任总经理积累的知识、经验和社会关系对资源调整成本的影响，以及前任总经理对现任管理层代理问题的影响两个视角，无法全面、合理地解释本文所有统计发现，因而缺乏充分的证据可以表明它们是董事会留有前任总经理对成本黏性产生正向影响的成因。

本文的学术贡献主要体现在：第一，从成本黏性这一体现公司资源调整的非对称性特征的角度，丰富了董事会留有前任总经理的经济后果方面的研究。成本黏性对公司业绩及其变化具有直接影响，本文有助于深化对董事会留有前任总经理影响公司业绩和资源配置效率的作用机制的认识。第二，从董事会留有前任总经理这一视角，丰富了成本黏性影响因素的研究，加强了关于成本黏性如何受到董事会人事安排的影响方面的认识，且首次从董事会留有前任总经理这一董事会特征视角，为成本黏性理论的“调整成本观”提供了经验证据。

本文在理论研究和实践方面具有重要的启示意义。第一，在研究董事会留有前任总经理对公司业绩的影响时，应考虑其对公司随业务量变化，非对称性地调整资源的影响。第二，研究董事会留有前任总经理的经济后果时，应当考虑股权结构和行业竞争在其中的可能影响。第三，由于董事会留有前任总经理对公司调整资源会产生非对称性影响，这种非对称性影响很有可能只是有利于前任总经理的利益而未必对公司有利，因此监管者可以对前任总经理留任董事会进行适当的规范。第四，由于董事会留有前任总经理会增加公司资源调整“易增难减”的问题，当公司通过董事会变革推进公司资源调整时，可能需要避免让前任总经理担任董事。

高铁能提升分析师盈余预测的准确度吗*

——来自上市公司的证据

杨　青　吉　赟　王亚男

中国高铁的成就举世瞩目，高铁的开通有效地打破了城市之间的空间壁垒，为资源和生产要素的流动提供了便利，尤其是促进了人口和信息的流动。证券分析师作为金融市场中的信息中介，积极通过公司公告、实地调研、参加策略会等多种渠道搜集上市公司的重要信息，并据此做出盈余预测，指导资本市场的投资决策。高铁的开通有效缩短了时空距离，降低了信息沟通成本，便于证券分析师对上市公司进行实地调研、与管理层进行私下沟通，突破原有的信息限制，从而对上市公司进行更加准确的盈余预测。

信息一直被认为是金融市场中的重要角色（Grossman and Stiglitz, 1980），信息不对称会造成资源错配，进而导致市场失灵。而证券分析师可以通过传递信息，降低信息不对称。作为金融市场重要的信息中介，证券分析师的主要职责是搜寻上市公司的信息，并对此进行提炼加工，做出盈余预测，指导资本市场的投资决策（方军雄，2007）。证券分析

* 原文刊载于《金融研究》2019年第3期。

作者简介：杨青，管理学博士，教授，复旦大学经济学院；吉赟，博士研究生，复旦大学经济学院；王亚男，经济学博士，讲师，中南财经政法大学金融学院。

师因其专业背景和专业优势，理应能够作出精准的盈余预测，但在证券市场实践中，证券分析师获取的信息有限，因此作出的盈余预测往往会偏离真实值，缺乏参考价值（张宗新和杨万成，2016）。

证券分析师在盈余预测时需要的信息有两类，一类是上市公司公开披露的公开信息；另一类是通过与上市公司私下交流获得的私有信息（周开国等，2014）。在完全市场中，证券分析师应当能够获取完备的上市公司信息，但在现实状况下，证券分析师与上市公司之间的信息沟通存在诸多摩擦，如制度因素和地理因素。金融市场制度的不完善会导致上市公司披露信息的真实性有所折扣，使证券分析师对公开信息的掌握程度受损。而地理因素则使得证券分析师和上市公司之间面对面的交流受到阻碍，限制了证券分析师私有信息的获取。近年来，我国证券市场的相关制度已不断完善，如深交所“互动易”交流平台的建立，保障了证券分析师获取相对真实的公开信息（谭松涛等，2016）。相应地，随着我国“四纵四横” 的高铁网络初步建成，也逐渐打破了证券分析师获取私有信息的壁垒。高铁作为一种高速便捷的交通运输方式，有效缩短了地理的时空距离，降低了信息的沟通成本（龙玉等，2017），便于证券分析师对上市公司进行实地调研、与管理层进行私下沟通，突破原有的信息限制，进而对上市公司进行更加准确的盈余预测。

在实证分析中，本文搜集了2006—2016年中国201个地级市高铁开通的情况，并匹配了A股1244家上市公司的面板数据，以高铁开通作为准自然实验，利用双重差分（DID）模型，研究了高铁开通对证券分析师盈余预测的影响。研究发现，上市公司所在地开通高铁后，证券分析师的盈余预测精准度显著提升，并且证券分析师盈余预测的分歧度和乐观度显著降低。进一步考察高铁开通影响证券分析师盈余预测的内在机制，发现高铁通车促使证券分析师对沿线上市公司进行了更多的实地调研，相较于非高铁沿线城市，高铁沿线公司在高铁开通后，每年来公司调研的证券分析师数量和人均调研次数均显著增加。高铁开通对证券分析师盈余预测的影响存在异质性，信息处理成本较低的企业、公司治理水平较好的企业，以及基金持股比例较低的企业，高铁开通后证券分析师盈余预测精准度的提升更明显，也更能有效降低证券分析师盈余预测的分歧度和乐观度。此外，动态地来看，高铁开通对证券分析师盈余预测的影响主要体现在通车两年以后，说明高铁通过增加证券分析师调研频率与私有信息，进而影响资本市场的信息流需要经历一定的时间。

本文主要有三点研究贡献：第一，利用微观公司层面的数据，首次从私有信息的角度，论证高铁开通对证券分析师盈余预测的影响，完善了高铁开通在微观公司及资本市场层面产生经济效果的研究。第二，将高铁开通作为一项准自然实验，对证券分析师获取私有信息的能力产生正向冲击，验证了信息约束的放松对证券分析师盈余预测的影响，有效地缓解了样本的自选择问题和内生性问题。第三，从证券分析师实地调研和信息流的角度，证实了高铁开通提升证券分析师盈余预测精准度的内在机制。

本文政策含义主要体现在两个方面：一方面，揭示了高铁开通有助于加速连通城市之间的人口流动与信息流动，进而增强上市公司信息披露、降低资本市场信息不对称程度这一作用机制，说明高铁建设具有明显的正外部性，为未来更大范围的高铁网络建设提供经验支持。另一方面，也丰富了证券分析师盈余预测方面的文献，资本市场本身是信息的市场，本文以高铁作为信息交流的外生冲击，研究了私有信息的获取对证券分析师预测行为的影响，证实了证券分析师和上市公司之间仍存在较为严重的信息不对称程度，而证券分析师的实地调研是缓解信息不对称的有效渠道，有助于提高资本市场的定价功能和资源配置效率。

基金业绩归因与投资者行为*

李志冰　刘晓宇

开放式基金以其流动性高、信息披露更加透明、服务更加专业化、投资分散化等优势，受到广大投资者的追捧，成为基金业发展的主流。中国基金市场经过十多年的蓬勃发展，开放式基金的数量和在基金总数中的占比不断上升，已经成为国内投资者进行资产组合配置时不可缺少的一部分。探究我国投资者如何选择开放式基金对于学术界和实务界都具有重要意义。

关于投资者是如何挑选基金的相关研究主要集中于美国市场。Barber 等（2016）基于美国共同基金市场的数据，发现投资者选择基金时更加关注其收益中市场风险补偿部分，而将对规模等风险因子的补偿视为超额收益（alpha），且经 CAPM 模型调整后的超额收益（CAPM alpha）能最好地预测基金的资金流。Agarwal 等（2018）采用美国对冲基金市场的数据进行研究，也发现相较于其他多因子模型，CAPM alpha 可以更好地预测基金的资金流。而中国基金市场最近十年才发展起来，且在市场微观结构等层面与美国市场相比有很多不同之处，那么对中国市场而言，投资者能否很好地分辨出基金经理的投资管理能力？投资者在决定对基金的申购或者赎回时更看重基金业绩中的哪部分？此外，相较于个人投资者，机构投资者具有更专业的技能以及信息优势，在作出投资决策时

* 原文刊载于《金融研究》2019 年第 2 期。

作者简介：李志冰，博士研究生，北京大学光华管理学院；刘晓宇，博士研究生，清华大学经济管理学院。

可能会更加理性（Daniel et al., 1997），那么机构投资者与个人投资者在评估基金经理能力时对风险的考量是否存在区别？

本文主要贡献体现在以下几个方面：首先，选取了一个较长的样本期，识别了投资者在评估基金经理的主动管理能力时对风险敞口的认知。进一步检验了从基金业绩中拆解出的基金经理个人能力和投资风格各自对基金净现金流的影响，以探讨基金业绩是如何影响投资者的申购和赎回决策的。其次，基于一个新的角度，通过探究基金净资金流对基金经理个人能力的敏感程度，对中国基金市场上“赎回异象”进行讨论，并从行为金融的角度提出了新的解释——鉴于理性的投资决策是寻找能够提供稳定 alpha 的基金，因此在探究投资者是否存在“赎回异象”的表现时，基于基金经理的个人能力要比基于基金业绩整体更为合适。最后，利用基金份额持有结构的数据，发现机构投资者和个人投资者对风险的调整基准及基金经理能力的评估上存在不同，为二者的行为差异提供了新的证据。

本文选取 2006 年 1 月至 2016 年 12 月作为样本区间，将 2006 年 1 月 1 日之前成立的股票型或者偏股型的主动管理的开放式基金作为研究对象，相关数据均来自于国泰安数据库（CSMAR）。研究结论如下：

首先，整体上看，无论是原始超额收益，还是 CAPM alpha. FF3 alpha 和 FF5 alpha，都对基金净资金流有很强的解释力，并且当期 alpha 与同期净资金流呈负相关，滞后一期的 alpha 与净资金流正相关。说明投资者在做投资决策时，可能主要根据之前一期的 alpha 来判断基金是否值得买入，但会根据本期的表现决定是否要赎回；而如果发现持有的基金在本期的 alpha 较高，投资者会倾向于将基金赎回，从而保持住自己的收益，这可能与基金投资者的“处置效应”有关。在中国基金市场上，仍存在“赎回异象”，优胜劣汰机制难以发挥，不利于我国基金业长期的健康发展。

其次，实证发现，相对于Fama-French三因子模型和五因子模型，简单的风险调整方式，如原始超额收益和CAPM alpha能够更好地解释基金净资金流变化，这可能是由于中国市场上投资工具尚不充分，使尽管有些风险因子已被市场广泛认知，但实务操作中个人投资者很难以低成本获取因子收益或对冲掉该风险，所以投资者只考虑了对较易管理的市场风险的调整，把其他风险敞口的补偿收益也归入基金经理的主动管理能力中。细分样本检验也验证了这一假说，发现个人投资者对风险认知不足，更依赖简单模型评估基金经理能力，而机构投资者对风险的调整更严格，采用复杂模型来评估基金经理能力。此外，简单调整方式的优势主要集中在市场低波动、投资者情绪高的时期；而在市场状况不佳（高波动、投资者情绪低）的时期，简单模型和复杂模型之间并无显著差异，这可能与投资者对风险认知不成熟有关。

本文研究对我国基金市场的发展有以下政策启示：一方面，应加强投资者教育工作，引导个体投资者正确、充分地认知风险；另一方面，要完善金融市场上的投资产品种类，如Smart Beta ETF基金等，使投资者可以有效地管理风险，从而有效抑制“羊群效应”以及投机现象，引导机构投资者和个人投资者形成更加科学的投资观念。

基金经理更换、股票联动和股票价格*

李　科　陆　蓉　夏　翊　胡　凡

系统性风险有着不同的表现形式，如传染、羊群效应等，但最终都将体现在股票收益率相关性上。一方面，当股票收益率过度相关时，系统性风险将越来越大，股市具有"牵一发而动全身"的特征，股票价格面临暴涨暴跌、过度波动的风险。另一方面，基金共同持股导致股票收益率的相关性增强，因此影响基金共同持股的因素也会影响股票收益率相关性，进而影响股票价格。Coval 和 Stafford（2007）认为，基金投资者的申购和赎回对基金形成资金流冲击，基金被迫买入或卖出其投资组合中的股票，影响了股票价格。Antón 和 Polk（2014）进一步从基金共同持股的角度发现基金遭受到流动性冲击时，其投资组合中股票的收益率相关性会增强，基金资金流变化显著影响了股票超额收益率。基金公司的治理制度从各方面影响了基金的投资行为（李科等，2015），同样会对股票收益率相关性和股票价格产生重要影响。此外，流动性确实会对股票价格产生重要影响，但流动性自身不会突然消失，往往是由某些市场制度因素触发的。以 2015 年中国资本市场大幅下跌为例，2015 年 6 月 12 日，上证指数达到 5178 点后大幅下跌，但上海市场当日成交额为 1.06

* 原文刊载于《金融研究》2019 年第 1 期。

作者简介： 李科，经济学博士，副教授，上海财经大学金融学院；陆蓉，经济学博士，教授，上海财经大学金融学院；夏翊，博士研究生，上海财经大学金融学院；胡凡，博士研究生，上海财经大学金融学院。

万亿元，Shibor 为 2% 左右，与大跌前一周日均成交额（1.09 万亿元）相差不大，说明市场并没有出现流动性短缺。2015 年 6 月 28 日，人民银行宣布降息降准对冲流动性下降，随后一个交易日上海市场的成交额为 0.9 万亿元，比前一个交易日增长了 14.8%。但上证指数仍然在公告后下跌了 3.34%，因此，股价下跌的直接原因并非流动性冲击，而是不断自我强化的内生性冲击。在中国资本市场，市场制度不完善对股票相关性和股票价格的影响更大，更有可能成为资本市场大幅波动的直接原因。

基于以往对股票收益率相关性和股票价格的研究，本文从基金经理更换的角度研究基金管理行为如何通过基金共同持股影响股票收益率相关性和股票价格。基金经理更换后，新上任的基金经理往往会卖出前任基金经理的投资组合，重新建立自己的投资组合，更换基金经理打破了基金共同持股投资组合中股票的关联性，股票收益率相关性降低，进而影响股票价格。

本文研究了基金经理更换对股票收益率相关性和股票价格的影响。结果表明：如果基金经理更换后，新基金经理卖出原有投资组合的股票，重新构建新的投资组合，那么原有投资组合中股票的收益率相关性将减弱（降低了 1.9%）。进一步，如果基金经理更换导致的股票收益率相关性降低影响了股票价格，那么依据基金经理更换和股价收益率相关性构建的对冲投资组合将会有超额收益。本文按照基金经理是否变更以及基金共同持股，将股票分为 5 组，买入未更换基金经理全体组中基金共同持股程度最高的股票，同时卖出更换基金经理全体组中基金共同持股程度最高的股票。发现对冲投资组合都取得了显著的超额收益，经 CAPM 和 FF 三因子模型调整后，仍有 0.1% 的平均日超额收益率。这表明更换基金经理后基金原有投资组合的股票收益率更低，这一效应在基金共同持股程度较高和被新基金经理抛售的股票中更加明显，并且不能被股票的风险解释。

投资组合的超额收益可能来自基金经理更换引起的原有持股之间收益率相关性的变化。本文用基金经理更换、基金共同持股以及两者交叉项对股票的日收益率和风险调整后的日超额收益率进行回归分析。结果表明基金经理更换后，原投资组合中收益率相关性最高的股票的日收益率降低了0.9%。

本文的贡献主要体现在以下方面：首先，拓展了关于股票收益率相关性的研究。在控制内生性后发现，即使没有基金资金流动的变化，基金管理行为仍会影响基金经理的投资行为，进而对股票收益率相关性以及股票价格产生影响。其次，拓展了基金共同持股的研究。基金共同持股能够增加股票价格波动。本文从基金共同持股的外生冲击角度研究基金管理行为如何影响股票收益率相关性以及股票价格，为基金共同持股增加股价的波动提供了微观经济机制的证据。最后，拓展了关于基金经理更换的研究。以基金经理更换作为基金持股的外部冲击，研究基金制度变化对股票收益率相关性以及股票价格的影响。证据表明，基金经理更换不仅会影响自身基金持股的股票价格，也会通过基金共同持股影响其他股票的收益率相关性和价格。

本文结论对监管也有借鉴意义。基金的过度共同持股行为降低了证券市场的多样性，使基金自身成为系统性风险的来源。因此，监管部门应限制有关联的基金，特别是来自同一基金管理公司旗下的不同基金对同一只股票的持股比例，从源头上避免基金的“抱团控盘”行为。

上市公司综合盈利水平与股票收益*

谢 谦 唐国豪 罗倩琳

中国经济发展进入“新常态”，金融领域的改革进程持续推进，合理利用金融市场为实体经济服务、为企业融资已经成为政策制定者和监管者的共识。遵循资本市场的客观规律，科学地进行投资而不是投机，是保障投资者获取稳定收益的关键，也是金融市场能持续地发挥其服务实体经济作用的重要前提。从政策层面看，党的十九大报告中提出中国经济应实现从中国制造到中国创造的转变，及时了解企业的盈利水平和发展状况，可为制定符合市场规律的企业盈利发展激励制度提供全面的决策参考。本文使用资产定价文献中较新的偏最小二乘法（PLS）和组合预测法测度上市公司的综合盈利水平，研究其对于股票收益的影响机制，有利于加深对中国股票市场运行科学规律的理解。

企业盈利能力与股票收益的关系在近期的资产定价学术研究中受到了广泛关注。基于Q理论的四因子模型和五因子模型，都将企业的营利能力作为解释股票收益的重要因子。一些研究指出，相较于股东权益收益率（Return on Equity, ROE），使用公司的毛利润率（Gross Profitability, GP）作为衡量公司营利能力的指标时，其对股票收益的预测能力更强。在此基础上，部分学者研究发现，在中国股票市场中，企业

* 原文刊载于《金融研究》2019年第3期。

作者简介：谢谦，经济学博士，助理研究员，中国社会科学院经济研究所；唐国豪，经济学博士，助理教授，湖南大学金融与统计学院；罗倩琳，硕士研究生，湖南大学金融与统计学院。

的营利能力能够显著正向地预测横截面股票收益。然而，现有的研究主要关注单个盈利指标（毛利润率、资产收益率、股东权益收益率）与股票收益之间的关系。在对中国股票市场的新资产定价因子的研究中，赵胜民等（2016）认为，相较于Fama-French五因子模型，不包含公司营利能力和投资水平的三因子模型较适合中国股票市场。但也有部分学者研究发现，五因子模型对资产收益的解释最有效。此外，高春亭和周孝华（2016）使用单个刻画公司盈利和投资的财务指标，验证了五因子模型在中国股票市场的有效性。上述研究在刻画公司营利能力时都是使用单个指标，因此得到的研究结论各有不同。

此外，随着学界对于不同资产定价因子研究的不断深入，既有研究已应用了上百个能显著预测股票收益的指标（Mclean and Pontiff，2016）。然而通过分析这些指标在被学者提出前后的区别发现，不少收益预测指标在得到学界以及市场的广泛关注后，往往其预测能力会消失。因此，目前的资产定价研究对于发现新的预测收益指标关注力度在降低。如何从现有预测指标中寻找共性，提取真正能够解释资产收益的有效信息是新的研究前沿和热点。与之前关注单个公司营利能力的指标研究不同，本文尝试从多个指标中提取公司营利能力的综合信息，并探讨其与未来股票收益之间的关系。

本文使用目前资产定价文献中较新的偏最小二乘法和组合预测法，从12个衡量公司的营利能力的指标中提取了一个衡量上市公司综合盈利水平的指标，这个综合指标将更全面地衡量上市公司的营利能力，为后续构造更精准的盈利因子的研究打下基础。样本来自国泰安数据库，包括2000—2017年上市公司财务数据、月度股票收益数据、Fama-French（1993，2015）因子数据、无风险利率数据等。研究发现，上市公司综合盈利水平能够显著预测未来股票收益。使用单因子偏最小二乘法、取12个月斜率的平均值构造的综合盈利水平最有效，以其构建的多空对冲投资组合能产生15%的年平均收益，夏普比率达到0.75。与此对应，组合预测法提取的上市公司综合盈利水平的预测能力稍低，但依然显著。偏最小二乘法类似于一种“监督式”的数据降维方法，其目标是从一组预测变量中提取与预测目标协方差最大的部分；组合预测法将公司营利能力的单变量预测方程系数进行简单平均，所以可能忽略了不同盈利指标之间的多元信息结构。因此，偏最小二乘法在横截面分析中能更好地提取指标的综合信息，并作出更准确的收益预测。

进一步使用不同的资产定价模型来衡量上市公司综合盈利水平所带来的超额收益，其中包含了最新的Fama-French五因子定价模型（FF5）。结果显示，使用PLS法构造的综合盈利水平因子能够产生显著的超额收益（在1%的水平上显著），其由资本资产定价模型（Capital Asset Pricing Model，CAPM）、Fama-French三因子模型（FF3）和FF5衡量的多空对冲组合月度超额收益分别为1.27%（t=3.07），1.50%（t=3.61）、1.22%（t=2.94）。在控制了其他公司特征变量和风险，如公司规模、账面市值比、反转，上市公司综合盈利水平后，依然能够显著预测股票收益。

研究还发现，相较于行为金融错误定价理论，基于投资摩擦的Q理论理性预期模型能够更好地解释盈利溢价的来源。尽管错误定价程度更深的公司往往有更高的估值不确定性以及更大的套利难度，但在这类公司中，综合盈利水平与股票预期收益的正向关系要低于错误定价程度更低的公司。与此相反，实证结果显示，综合盈利水平与股票预期回报的正向关系在投资摩擦更低的组中更高。这些结果支持了基于投资摩擦的Q理论资产定价模型，而与行为金融的错误定价理论相悖。

《金融研究》

Journal of Financial Research

Brief Edition

(Volume Ⅰ · 2019)

01 Macroeconomics & Monetary Policy

Research Progress of Central Banks in the Past 40 Years and Practices of the People's Bank of China

CHEN Yulu

(The People's Bank of China)

During the past 40 years of reform and opening-up, China's financial system has evolved from scratch and undergone tremendous changes. At present, China has basically built a modern financial system with vitality and international competitiveness that is compatible with the socialist market economy with Chinese characteristics. In the past 40 years, profound changes have also taken place in modern monetary economics and worldwide policy practice of central banks. As the central bank of the world's largest emerging and developing economies in transition, China's monetary policy authorities face more complicated constraints. Research of the People's Bank of China (PBC) provides a reliable support for promoting the development of China's financial system and central bank's scientific decision-making, which not only synchronizes with the world, but also has its own distinct characteristics. Based on the progress of monetary economics and the policy changes of central banks accompanying the ten-year cycle fluctuation of the world economy, and combined with the knowledge map analysis of the research of the Federal Reserve, European central banks and central banks of emerging economies, this paper summarizes worldwide research progress of central banks in the past 40 years and the experience of China, aiming at further promoting the theoretical research of the central bank and better facilitating the high-quality financial development.

The first decade was the "great inflation" period from the late 1970s to the late 1980s. In order to tame the "inflation wild horse", the modern quantity theory of money reached its peak, and monetary policy in developed economies shifted from discretionary choice to rule-based quantitative targeting.

During this period, domestic research mainly focused on the coordination of finance and credit, the functions of the central bank and the restructuring of the financial system. Comprehensive balance theory of finance and credit has still been an important analytical framework in China's macroeconomic and financial fields up till now. The PBC became independent from the Ministry of Finance in 1978, marking that China began to distinguish the functions of fiscal management and financial regulation, and finance began to play a unique role in allocating social resources.

The second decade was the first decade of the "great moderation" era from the late 1980s to the late 1990s, during which the monetary policy framework of "single target and single tool" was gradually established, and the "second central bank revolution" characterized by independence and inflation targeting was gradually launched. At the same time, influenced by the academic trend of "single target and single tool", the separation between monetary policy and financial supervision gradually became the mainstream trend, and a large number of literatures on principal-agent and mechanism design also provided theoretical proof for this trend. During this period, emerging market countries were faced with the realistic shock of "trilemma" under the condition of open economy.

In the 1990s, the PBC began to focus on the relationship between monetary policy and money supply, gradually scaled down the scope of direct intervention, and finally formed the monetary policy framework of indirect regulation in the modern sense with broad money supply as intermediate target, inflation-based multiple targets, and comprehensive use of various policy tools, which was marked by the abolition of credit scale management and the reopening of RMB open market operations, and achieved the first major transformation of the monetary policy regulatory framework. At the same time, the PBC conducted a large number of indepth studies on strengthening the micro-financial subject, building the financial market, and improving the policy mechanism, which has strongly promoted the development, reform and opening-up of China's financial system and provided the necessary micro-foundation and institutional conditions for indirect regulation.

The third decade was the last decade of the "great moderation" era from the late 1990s to the outbreak of the international financial crisis in 2008. In this decade, research on financial liberalization became mainstream and led to global deregulation. "Race to the bottom" made separate supervision extremely unsuitable for the trend of financial conglomeration, which has buried the hidden danger of financial crisis. Meanwhile, emerging economies have learned from the Asian financial crisis, actively adjusted their economic structures and policy systems, and thus accumulated sufficient experience and policy space to tackle the impact of the crisis.

During this period, researchers of the PBC did not stick to the existing theories, but strived to tightly combine short-term macro-control with medium and long-term financial reform, and put forward theoretical analysis and policy propositions conducive to promoting financial reform according to China's actual conditions. It attached great importance to "online repair" of the financial system, completed the shareholding reform of state-owned commercial banks through the injection of foreign exchange reserves, and completed the reform of rural credit cooperatives through the replacement of central bank bills in an incentive-compatible manner, laying a good micro-foundation for resisting the impact of the global financial crisis. The classical "impossible triangle" theory was expanded, and the theory of intermediate institutional arrangement was explored and applied in Chinese practice. In terms of perfecting the transmission mechanism of monetary policy, the PBC had a good grasp of the balance between "quantity" and "pricein" monetary control.

In the fourth decade, which was after the "great recession" of 2008, the reflection of the crisis continued. The outbreak of the crisis exposed the defects of mainstream economic theory and the research paradigm. During this period, global central bank research mainly concentrated in four themes: introducing financial factors into general equilibrium models systematically, global experiments of unconventional monetary policy and its normalization, macro-prudential policy and prevention of systemic financial risks, and the new ideas and practices of financial development.

Over the past decade, the PBC's research has been consistent with the post-crisis reflections of global central banks. Researchers of the PBC carried out analysis of macroeconomic models quite early in China, and were also one of the leaders in building dynamic stochastic general equilibrium (DSGE) models and applying DSGE models on Chinese issues. China has rich policy practice in using monetary policy tools to cope with the impact of the crisis. The PBC has stressed the importance of price stability while taking into account other objectives such as financial stability and attached great importance to the fundamental role of structural reform. The PBC has long been actively exploring the establishment of a macro-prudential policy framework suited to China's national conditions, and has been in the forefront of global mainstream theoretical research. Throughout the whole process of financial reform, development and stability, it has been applying the five new development concepts of innovation, coordination, green development, openness and sharing. Together with the international community, the PBC has made active explorations and useful innovations in both theory and practice.

As an area closely linked to policy, real challenges have always been the greatest motivation of central bank research. At present, China is still faced with two long-standing structural contradiction in financing system, namely, low proportion of direct financing, especially equity financing, and imbalance between the financing status of small and micro enterprises and private enterprises and their proportions in the national economy. The new mission of deepening financial structural reform calls for a new breakthrough in the theory of financial structural reform in China. It also makes us look forward to achieving greater results as soon as possible under the impetus of deepening financial supply-side structural reform.

Estimation of China's Potential Output and Its Policy Implications

XU Zhong JIA Yandong

(Research Bureau, the People's Bank of China)

Over the past decade, China's macroeconomic operation has shown a more obvious trend. The growth of major macroeconomic indicators has slowed down. The average growth rate of real GDP declined from 13% to 6.6% before the crisis; the growth rate of total retail sales of consumer goods and investment in fixed assets dropped rapidly from over 20% in 2008 to about 6% and 9%, respectively; and the growth rate of M2 declined from 16% before the crisis to a historic low of 8%. Although theoretical and policy discussions proposed many different explanations for this phenomenon, there is still a lack of adequate quantitative analysis. In general, when inflation is basically stable, the long-term downward trend in economic growth usually results from the change of potential output growth rate. What is the current trend of potential output in China? What factors influence the trend change? Will this trend sustain for a long time? The answers to these questions are not only the focus of theoretical research, but also key to the decision-making of future macro-policies.

Measuring potential output and output gap is particularly important for central banks, as they not only are the core objectives of monetary policy, but also enter the monetary policy decision-making rules directly, which affect the operation of the whole polioy. Unfortunately, both potential output and total factor productivity (TFP) are unobservable state variables and can only be estimated from various methods or models. Therefore, it is of great theoretical and practical significance to effectively estimate China's potential output, to analyze the impact of different factors on potential output, and to carry out medium-and long-term trend prediction.

In this paper, we first give a brief overview of the current mainstream methods for estimating potential output and compare their characteristics and applicability. Second, we estimate the potential output of China from 1993 to 2018 though four methods, including production function method, state space model, macro-econometric model and DSGE model from the perspective of monetary policy decision-making. Next, we analyze and forecast the causes and trends of potential output changes. Finally, the main conclusions and corresponding policy implications are obtained.

The main conclusions are as follows. (1) The average growth rate of China's potential output from 1993 to 2018 is 9.4%, slightly lower than that of real GDP at 9.5%. The average growth rates of TFP trend, capital input and labor input are 3.6%, 11. 7% and 0.6%, respectively, while their average contribution rates to potential output growth are 38.3%, 58.3% and 3.4%, respectively. Overall, the trend of potential output growth rate in China shows a clear periodic characteristic. (2) The slowing down trend of potential output growth in recent years is mainly due to the decline of the growth rate of effective capital input, which leads to the continuous decline of the pull of capital input on potential output. The slow progress of investment-specific technology, the rising cost of investment adjustment and the rapid decline of capital formation efficiency are the deep-seated reasons for the change of the growth rate of effective capital investment. (3) The low contribution rate of labor growth leads to the underutilization and effective exertion of China's population advantage, and further aggravates the slowdown of potential output growth in recent years. (4) In the next 5~10 years, the average growth rate of China's potential output will continue to decline slowly and stabilize in the range of 4. 8% to 5.1%. However, compared with developed economies, China still has considerable room for improvement in potential output growth, especially from the area of labor input.

This paper proposes the following suggestions. (1) In balancing short-term demand and medium-term and long-term reform objectives, we should stabilize investment growth and pay more attention to optimizing the investment structure and improving investment quality, capital formation efficiency and the level of investment-specific technology progress. (2) We should further improve the labor market, reduce the searching and matching cost of employment, improve labor quality and the matching degree of demand, and reduce ineffective supply to increase the contribution rate of labor input. (3) Institutional mechanism construction should be strengthened to further promote structural reform. While deepening the implementation of innovation-driven strategy and increasing R&D investment, we should take various measures to promote the overall improvement of TFP. (4) Faced with the trend change of potential output, we should pay attention to the identification of macroeconomic trend change and cyclical fluctuation in making monetary policies, strengthen policy coordination, grasp the implementation of policies, and improve the accuracy of policy response.

The Spillover Effect of China's Foreign Exchange Reserve:Analysis Based on the Gravity Model

TANG Aidi LU Yi DU Qingyuan

(School of Economics and Management, Tsinghua University;
Department of Economics, Monash University)

Because the foreign exchange reserves reflect the imbalance of the global economy, we cannot fully explain the growth of the foreign exchange reserves solely from the perspective of one country. As foreign exchange reserves play a positive role in regulating the balance of payments and maintaining exchange rate stability, consideration must be given to the synergy of the reserve fluctuations and the economic links between countries. The literatures have mainly focused on the internal effects of foreign exchange reserves on China's economy, whereas this paper focuses on the international effects from an external perspective. Using the foreign exchange reserve unbalanced panel data from the WDI database, we explore the influence of the bilateral exchange rate systems, capital account openness, financial development, and other factors on the proportions of foreign exchange reserves held by two countries. The results of these analyses enable us to investigate the spillover effect of China's foreign exchange reserves and its impact on global asset allocation based on the gravity model. Our sample covers 199 countries and regions from 2000 to 2015, including developed countries, emerging market countries, and other developing countries. Compared with previous studies, our sample has the advantages of a long time span, large size, and diverse types of countries. The abundant national data also provide sufficient support for our empirical tests.

The ordinary least squares (OLS) regression results indicate that the spillover effect of China's foreign exchange reserves decreases in terms of geographical distance and is more significant between countries with linked bilateral exchange rate regimes, similar levels of financial development, and capital account openness with China. In addition, a common language, religion, and legal system reduces the difference in the proportion of foreign exchange reserves held by the two countries. To overcome the influence of heteroscedasticity and sample selection bias, we use the Poisson pseudo-maximum likelihood estimation (PPML) method to re-estimate the model. We use instrumental variables and conduct a two-stage least squares regression (2SLS) to deal with the endogeneity problem, and re-measure the foreign exchange reserve ratio, capital account openness, and level of financial development using alternative variables to test the robustness of our conclusions. Our conclusions are still robust after taking the sample selection bias, endogeneity, and variable measurement errors into consideration.

The main contributions of this paper are as follows. First, we provide a novel approach to understand the pattern of a country's foreign exchange reserves. Compared with the studies seeking to determine an appropriate scale of foreign exchange reserves, our analysis aims at how to achieve these produces more realistic meanings. Second, focusing on the international influence on China's foreign exchange reserves, this paper analyzes the channels of the spillover effects of foreign exchange reserves based on international crisis contagion theory. We examine direct channels, such as capital flows, trade spillovers, and credit channels, and indirect channels that affect investors' psychological expectations. Third, in view of the high explanatory power of the gravity model for international capital flows, we introduce the gravity model into the framework in an innovative manner and expand its practical application in the field of international finance.

Our findings highlight the strategic significance of strengthening the cooperation on the management of foreign exchange reserves between countries. For example, an inter-country foreign exchange reserve pool could be established, and national banks could collect foreign exchange reserves through capital subscriptions and bond issuances to meet their financing needs and jointly respond to international shocks. At the same time, different countries should coordinate their exchange rate policies, monetary policies, and capital control instruments to avoid competitive devaluation and control the degree of variation. Understanding the spillover effect of China's foreign exchange reserves can also help developing economies better understand the changing nature of foreign exchange reserves. This would not only help improve the management of large-scale foreign exchange reserves and defuse the international financial risks, but also help realize the goal of developing an international macroeconomic policy coordination mechanism and an international economic governance structure.

Monetary Policy, Consumption, and Investment Goods Inflation: A Financial Accelerator Perspective

LIN Dongjie CUI Xiaoyong GONG Liutang

(Guanghua School of Management, Peking University;

School of Economics, Peking University;

Guanghua School of Management, Peking University)

How monetary policy affects output and inflation is a fundamental question in macroeconomics.Consumption and investment are the two main components of the gross domestic product (GDP). Although a large body of literature has examined the inflation of consumption goods, few studies have focused on the inflation of investment goods. The inflation of these two sectors in China moved in a highly correlated manner before 2011, and then diverged after that year. Therefore, the relative price gap has increased since 2011, which suggests a different mechanism of inflation dynamics. This raises the question of how the monetary policy on output and inflation has affected these two sectors, how the monetary transmission mechanism differs between the two sectors, and what factors determine the inflation dynamics of the two sectors. By studying these problems, we can better understand the different behaviors of consumption and investment in relation to macroeconomic fluctuations. We also examine the impacts of monetary policy on the economy and provide helpful suggestions for policy making in business cycles.

To provide empirical evidence, we use Bayesian VaR to evaluate the effects of monetary shocks on the output and inflation of the consumption and investment sectors. Following Litterman (1986), we estimate the BVaR and obtain the impulse response functions. Our impulse response analysis shows that when monetary policy is expansive, the output and inflation of both sectors increase. However, the increase in the output and inflation of the investment sector is greater than that in the consumption sector.

This paper establishes a two-sector new Keynesian DSGE model of consumption and investment goods production, and incorporates a financial accelerator to study the effects of a monetary shock on consumption and investment inflation. By incorporating the financial accelerator, our model can better characterize a firm's investment behavior. China's quarterly macroeconomic data are used to estimate the model using a Bayesian approach. The estimation results show that the degree of the nominal price rigidities of the consumption and investment sectors are high and very close. However, the external finance premium has different effects on firms' investment behavior, with the financial accelerator effect being stronger in the investment sector. The impulse response of the model under a monetary shock is consistent with the empirical evidence based on the BVaR analysis.

We further show that the demand structure heterogeneity of the two sectors is the key to explaining the effects of a monetary shock. Although firms are on the demand side of investment goods, they are also subject to financial friction when borrowing from financial intermediaries. The financial accelerator thus amplifies a firm's investment demand when the monetary policy is expansive. However, the demand for consumption goods has a smaller response to monetary shock, because households prefer consumption smoothing. Therefore, the heterogeneous demand effects result in different output and inflation dynamics. Our numerical simulation shows that the financial accelerator is the main factor influencing the effects of monetary shocks on investment output and inflation, and that it has minor effects on the consumption sector. A variance decomposition shows that aggregate technology, investment marginal efficiency, and monetary shocks are important determinants of business cycles.

This paper contributes to the literature by constructing a complete two-sector model characterizing the demand and supply sides of the consumption and investment sectors. Using a Bayesian estimation, we show that demand structure heterogeneity rather than nominal price rigidity is the key factor explaining the different responses of the two sectors to monetary shocks. Although our analysis of the investment sector is more generalized than in previous studies, our estimation results show that investment shocks are the main driving force of business cycles.

Overall, our results suggest that the central bank should take the structure and characteristics of different sectors into consideration when implementing monetary polioy. The central bank should also pay attention to the financial condition of firms because it can change the transmission mechanism of monetary policy in different sectors.

The Structural and Cyclical Factors Underlying Structural Deflation in China

MO Wangui YUAN Jia WEI Lei GAO Haiyan

(Research Institute/Research Bureau, the People's Bank of China)

From 2012 to 2016, China's CPI and PPI presented a long-term trend of deviation, clearly characterizing overall structural deflation. The long-term divergence distorted the price signal, and thus made it difficult to accurately judge the price levels and economic situation. In addition to presenting a new research problem, the divergence caused confusion in macroeconomic policy making. The traditional theories propose that there are three representative causes of deflation: a shortage of aggregate demand (Keynes,1936), "debt-deflation" (Fisher, 1933), and monetary tightening (Friedman, 1971). However, few studies have examined the cyclical and structural factors underlying the deviation in the CPI and PPI between 2012 and 2016. In this paper, we use a combination of theoretical and empirical approaches to identify the cyclical and structural factors underlying the long-term divergence of the CPI and PPI since 2012, and analyze the causes of structural deflation in China. Based on our findings, we also provide a number of recommendations for researchers and policymakers.

Following Wu and Cao (2014), we introduce the Balassa-Samuelson effect into the aggregate demand-aggregate supply model (AD-AS model), and considering the actual situation of China, further introduce external shocks, overcapacity, and other factors to better explain the mechanism of structural deflation in China. In the modeling process, we use the "general to specific method" (Hendry, 2001; Ericsson, 2007; Wu, 2014) and conduct diagnostic tests on various combinations of factors. The CPI/PPI, as an indicator of structural inflation, is used as a substitute variable for the relative price of non-tradable goods to tradable goods. Variables such as the commodity prices, economic growth, imports and exports, fixed asset investment, household income, and money supply are included as cyclical factors. Variables such as overcapacity, industrial structure, the relative labor productivity of tradable goods against non-tradable goods, corporate debt-to-asset ratio, and terms of trade are included as structural factors. All of the data are from the WIND database and the study period is from the first quarter of 2002 to the fourth quarter of 2016.

The findings show that the structural deflation reflects the Chinese government' attempts to simultaneously deal with the slowdown in economic growth, make difficult structural adjustments, and absorb the effects of previous economic stimulus policies, and the risks and challenges that the economy may face. First, cyclical factors are an important cause of structural deflation in China. The weak internal and external demand and the downturn in international commodity prices had a negative shock on the CPI and PPI, although the impact was relatively short. As the domestic and foreign economies recovered and commodity prices began to rise, this negative impact was reduced or disappeared, and even had a positive impact on the CPI and PPI. Second, various structural and institutional factors are the underlying causes of structural deflation. In recent years, multiple factors (including supply-side shocks, such as the slowdown of China's labor productivity growth, overcapacity caused by the large-scale stimulus plans, insufficient domestic demand resulting from insufficient institutional reform of the housing, pension, education, and medical sectors, and the existence of the Barcelona effect) have led to an inadequate supply of high-end products and services, and a serious excess of medium and low-end industrial capacity, which have had structural and long-term impacts on deflation.

To effectively resolve structural deflation, China should introduce different policy tools and accelerate the pace of the supply-side structural reforms.

International experiences suggest that the central bank's ability to implement expansionary and tightening monetary policies is asymmetric. In the case of structural deflation, the efficiency of monetary policy is often greatly reduced due to the risk control of commercial banks and the changing expectations of the currency holders. Under these circumstances, an excessively loose monetary policy will not benefit capacity clearing, and may lead to a new round of asset price bubbles. In the new normal of the economy, the regulatory effects of aggregate demand and supply appear to be asymmetric. In the future, while maintaining a prudent and neutral aggregate policy stance and managing aggregate demand, China should pay more attention to supply-side reforms by introducing policies to optimize the market structure, improve the supply side environment and mechanism, stimulate the vitality of micro subjects, comprehensively improve the total factor productivity, and realize the market clearing of overcapacity and the optimal adjustment of the economy. It is also necessary to continuously track the factors related to structural deflation and the evolution trends at home and abroad. This will require new innovative research methods and further theoretical and policy related research.

Durable Goods, Investment-specific Shocks and Welfare Consequences of Monetary Policy Rules

SHI Feng WANG Chan

(Guanghua School of Management, Peking University;

Financial School, Central University of Finance and Economics)

The major purpose of monetary policy is to stabilize the fluctuations in economic variables and smooth the development of the macro-economy. Obviously, different exogenous shocks yield significant heterogeneous effects on the transmission mechanism and monetary policy choices. Hence, identifying the sources and characteristics of the crucial driving forces of economic dynamics is the prime task of the monetary authority. In the literature on real business cycles, including research on monetary policy in the New Keynesian framework, neutral technology shocks are treated as the main driving forces of economic variations.

However, empirical evidence from structural vector auto-regressions shows that economic fluctuations probably result from other exogenous shocks, such as investment-specific, labor supply, real interest rate, consumption, and housing demand shocks. The role of investment-specific shocks on the real business cycle is gradually attracting research interest. Several studies show that investment-specific shocks explain only about 30% of the volatility in aggregate output since World War Two. Yet some investigations of investment-specific shocks on economic cycles in China find that these shocks account for 90%, 62%, and 66% fluctuations of GDP, investment, and capital accumulation, respectively.

Inspired by these findings, we first construct a two-sector DSGE economy featuring durable and non-durable goods. The non-durable goods can only be used for consumption, whereas the durable goods can be used either for consumption by entering the household utility function, or as investment and capital goods entering firm production in both sectors.

Based on the DSGE model mentioned above, we analyze the implications of investment-specific shocks for optimal monetary policy design and the welfare consequences of alternative monetary policy rules. Our findings are as follows. First, the optimal monetary policy is unable to stabilize price inflation and output simultaneously. It is optimal to increase the variation in the price of durables relative to non-durable goods, which in turn reduces the impact of investment-specific shocks on the real marginal cost and the incentive for firms in non-durable sectors to adjust prices, thus improving social welfare. Meanwhile, the rise in fluctuation of the relative price of durables amplifies the variation in output in non-durable and durable sectors, household consumption, and aggregate investment.

Second, we compare the welfare results of three different monetary policy targeting regimes, targeting non-durable PPI inflation, weighted average PPI inflation, and CPI inflation. Under all exogenous shocks, targeting non-durable PPI inflation is always able to increase social welfare, targeting weighted average PPI inflation has the worst effect on social welfare, and targeting CPI inflation has an effect somewhere between those of the other two. When monetary authorities choose to target non-durable PPI inflation, the welfare performance under investment-specific shocks is about twice that under a neutral technology shock. The comparison illustrates that the monetary policy trade-offs between stabilizing price inflation and stabilizing output are tensioned by investment-specific shocks. A sensitivity analysis shows that the results are robust when key structural parameters are changed, such as the steady-state weight of durable consumption goods in aggregate consumption, the Frisch labor supply elasticity, and the depreciation rate of durable goods.

The conclusions of this study lead to the following suggestions for monetary policy by the People's Bank of China. First, in a dynamic stochastic general equilibrium featuring multi-sector, the central bank should consider the variations in relative prices in different sectors, and pay attention to their role in stabilizing price levels and real GDP. The operation space for monetary policy could be improved by reasonable movements in relative price. Second, the central bank should take into account the properties of different exogenous shocks. Taking our benchmark model for example, the monetary bias or stance under an investment-specific shock is obviously different from that under a neutral technology shock.

Demographic Structure and Financial Structure: Macro Fact and Micro Mechanism

YU Jingwen YAO Xiangchen

(Center for Economic Development Research, Wuhan University; Business School, Chinese University of Hong Kong)

Demographic structure is one of the most important elements affecting the national economy through demographic dividends and the financial structure. The demand for financial assets is influenced by demographic structure, and it thus promotes the evolution of financial structure. We attempt to reveal the relationship between demographic structure and financial structure by analyzing both macro-level and micro-level data. First, based on the macro data, we find a close correlation between demographic and financial structures. The rise in the ageing population is accompanied by an indirect financing bias in the financial structure. Second, based on the China Household Finance Survey (CHFS), we attempt to explore the correlation between demographic and financial structures from the perspective of the demand side of financial assets at the micro level. Specifically, we examine the impact of demographic structure on household demand for risky financial assets, and then analyze the mechanism involved.

The contributions of this study to the literature could be summarized as fourfold. First, we provide a new element in the analysis of optimal financial structure, as demographic structure can affect the financial structure. Second, we improve the research method for macro-level analysis of the influence of demographic structure on asset demand. Third, we innovatively adopt the ordered probit model to investigate the impact of family demographics on family risk preference. Finally, we supplement the evidence on the factors influencing risk preference at the household level.

The empirical results show that an increase in the ratio of the aging population to the total population decreases the family's willingness to hold risky financial assets and the amount of risky financial assets. In addition, increase of the ratio of the ageing population to the total population will significantly reduces risk preference, which is an important mechanism through which the ageing population can affect the participation of risky financial assets. Under China's economic downturn, excess production capacity, and serious mismatch between supply and demand, supply-side structural reforms are gradually being implemented. At the same time, China's population aging problem is becoming more acute. The era of high economic growth brought about by the demographic dividend has passed.

Re-examining the impact of the huge changes in population structure on economic development will provide valuable suggestions for phased and regional policy adjustments. We find a very close relationship between population structure and financial structure as revealed in the cross-country/regional data. This could be driven by the declining preference for risk among the elderly population, and also indicates that the population structure affects the optimal financial structure, and the new optimal financial structure which in turn will influence the further acting on the real economy.

Combined with the empirical findings, the following insights emerge. First, against the background of gradually shrinking family sizes, the proportion of elderly people in the family is increasing, aggravating the burden of family pensions, and we could see negative effects on the level of risk tolerance and demand for risky financial assets. Therefore, when formulating long-term economic policy, the government should fully consider the trends and characteristics of the elderly population. Under the reality that the demographic dividend is disappearing, the government should act to prevent the adverse impact of the increasing pension burden on the financial market. Second, families holding different types of risky financial assets have different risk preferences. Therefore, when setting relevant monetary and fiscal policies and actively implementing market regulations, the government should seriously consider the characteristics and trends of the elderly populations in different regions. Differential incentive policies are recommended to effectively stimulate local economies according to their demographic structure.

The Inclusive Effects of Targeted RRR Cuts against the Background of Bank Competition: An Empirical Analysis Based on Corporate Data from Mainland China

GUO Ye   XU Fei   SHU Zhongqiao

(School of Economics/The Wang Yanan Institute for Studies in Economics, Xiamen University; Bohai Securities Co., Ltd; School of Economics, Xiamen University)

After several decades of a "scale-type extensive growth" development pattern, China's economic development has reached a new normal in which the main policy objectives are to guide the transformation and upgrading of enterprises and the rational allocation of financial resources, and to resolve the contradictions in the economic structure. In this context, China's central bank has created innovative operating tools for its monetary policy, such as the targeted RRR cuts. This paper empirically tests the "inclusive" effect of the targeted RRR cuts and further explores their relationship with bank competition.

We divide the orientation sector into agriculture-related enterprises and small and micro enterprises. Based on the macro data and enterprise credit data in Wind, the enterprise microdata in CSMAR, and the monetary policy data in the People's Bank of China for the 2011 to 2017 period, we use the Propensity Score Matching (PSM) method to select the control group and the Difference-in-Differences (DID) method to check whether implementation of the RRR cuts influenced the credit resources of the so-called "vulnerable sectors" such as agriculture and small and micro enterprises, thus achieving the intended "inclusive" effect. Fuithennore, on account of the mechanism of the target RRR cuts, this paper introduces time and regional dimensions for bank competition into the empirical model, and then analyzes the impact of bank competition on the "inclusive" effect of the targeted RRR cuts. To exclude the interference of other policies, we choose the second half of 2011 as the policy implementation time point, and conduct a counterfactual test. The result is not significant, which indirectly indicates the robustness of the previous empirical results. In addition, we conduct a rigorous robustness test by changing the sample. For the sample of agriculture-related enterprises, we select agricultural enterprises from the A-shares, and find matching non-agricultural enterprises among the New OTC Market listed enterprises to obtain 27 agricultural-related samples. For small and micro-enterprise samples, we randomly select 78 large enterprises from China's A-shares and the New OTC Market as the control group. The results of the robustness test are not significant, thus confirming the conclusions of our main research.

Our results show that China's targeted RRR cuts have an "inclusive" effect by promoting agricultural enterprises and small and micro enterprises to obtain credit resources. Moreover, bank competition can positively enhance the "inclusive" effect of targeted RRR cuts to some extent. The impact of bank competition is more obvious on the time dimension, but has no regulatory effect on the regional dimension. Therefore, it is beneficial to appropriately increase the use of targeted RRR cuts and promote the development of the banking industry to adjust the economic structure and develop "inclusive finance".

Our analysis contributes to the literature by empirically testing the "inclusive" effect of the targeted RRR cuts using firm micro data by means of the propensity score matching and Difference-in-Differences methods. This firm-level study with the latest data on China's A-shares and the New OTC Market also makes up for the lack of micro-data support in the existing research. Finally, we introduce bank competition according to the mechanism of targeted RRR cuts, not only as a test of the relationship between bank competition and policy control, but also to further explore the factors influencing the "inclusive" effect of the targeted RRR cuts. Subsequent research could be extended in the following ways. First, research on the bank-level data would be useful, especially the relationship between the targeted RRR cuts and bank risk-taking based on credit channels and risk-taking channels. Second, starting with the signal transmission channel, researchers could analyze whether, when approaching the implementation standards of the targeted RRR cuts, the bank will significantly adjust its credit structure in accordance with the policy. Third, from the perspective of competition and concentration of the banking industry, banking market structures could be examined to find the best match for the monetary policy operation. Fourth, further study of the relationship between targeted RRR cuts and industrial restructuring is needed, analyzing the dynamic adjustment among the targeted RRR cuts, "inclusive finance", corporate credit, and investment.

02 Financial Stability & Risk Management

Economics of China's Shadow Banking: Definition, Composition, and Measurement

LI Wenzhe

(PBC School of Finance, Tsinghua University;
Monetary Policy Department, the People's Bank of China)

Since the global financial crisis of 2008, a major event in China's financial system has been the ascent of shadow banking. Consisting of bank wealth management business, inter-bank business, trust loans, entrusted loans, and various asset management products, so-called shadow banking is rapidly expanding in scale, has an increasingly complex transaction structure, and involves a wide variety of market entities. According to our estimation, shadow banking in China amounted to RMB 51.1 trillion yuan at the end of 2017, which is 7.7 times that at the end of 2008. Its average annual growth rate is 25.5%, the highest being 80%. At the end of 2018, shadow banking stocks were estimated at 48 trillion yuan.

China's shadow banking has exerted broad influence on monetary policy regulation and financial stability. When expanding, it provides the real economy with additional financing other than traditional loans and bonds. When shrinking, it makes credit decrease faster, and increases the downward economic pressure. Against this background, it has important theoretical and timely practical significance for understanding the business structure of shadow banking and accurately estimating its aggregate quantity change, thus helping us to grasp the business of shadow banking, strengthen our understanding of the financial sector in economic development, and conduct high-quality theoretical modelling and empirical research.

The main work and conclusions of this study are as follows.

First, this paper gives a definition of shadow banking based on functionality and analyzes different shadow banking businesses by type. Shadow banking is defined as financial businesses that rely on the banking system and conduct banking business but without strict banking regulations. Specifically, it includes all financial businesses that are beyond the scope of on-balance sheet loans and bond investment of banks, the essential functionality being credit, maturity, and liquidity transformation, with the essential result as the creation of " money", and the principal entity as banks that endorse the development of shadow banking. Shadow banking in line with this definition is more closely correlated with monetary policy regulation and financial stability. This study provides a structural map of shadow banking focused on both the source and application of funding, and providing greater clarity compared with other maps in the current literature. Shadow banking business is classified into undiscounted bankers' acceptances, quasi-loans, and financial nesting. Quasi-loans include the repos of bankers' acceptances, inter-bank entrusted payments, and repos of beneficial rights to trust products. From the perspective of the funding source, financial nesting includes on-balance sheet bank funding and off-balance sheet wealth management business, while from the perspective of the application of funds, it includes trust products, wealth management products, entrusted loans, bond investments, etc. . This study summarizes the transaction structure, business entity, business substance, source of funding, legal basis, and balance sheet expression of all business types.

Second, this study accurately estimates the monthly data of shadow banking aggregates and balance sheet structure from 2002 till now. The seven principles for estimation are reliability, replicability, no double counting, conservative estimation, high frequency and continuity, comparability, and the matching of stock values with increments. We start from the liability side of the balance sheet, which fully covers all shadow banking businesses and produces its aggregate quantity, while avoiding double counting. The estimation results of this study are accurate. Further, after adequate statistical adjustment, the data reaches the goal of matching stock values and increments, making it convenient for calculating year-on-year and month-on-month indicators. This study presents detailed data sources and estimation methods for each major item in the shadow banking balance sheet, with the liability side including undiscounted bankers' acceptances (on both asset and liability sides), inter-bank quasi-loans, and financial nesting (bank funding and bank wealth management business), while the asset side includes entrusted loans, trust loans, bond investments, and other assets. The results are monthly time series data for each major item from 2002 until now. Estimation methods and data in this paper could be tested and improved by future researchers. The detailed and accurate data in this paper also lays solid foundation for future research on shadow banking.

How Leverage Affects Asset Prices: Evidence from a Natural Experiment in China's Bond Markets

WANG Yongqin XU Hongxun

(School of Economics, Fudan University)

Asset leverage has been the focus of academic research since the global financial crisis in 2018, and deleveraging has been at the heart of policy discussion. Leveraging and deleveraging are associated with the rise and fall of asset prices.

In the modern financial system, collateral-based financial markets and monetary markets have become increasingly important. Investors can use their assets as collateral to borrow money. For instance, if a haircut is 20%, they can borrow an amount equal to 80% of the asset value (here Loan-to-Value, or LTV is 80%). Generally, for an asset, the following holds: leverage=1/ (1–LTV)=1/ haircut. The haircut reflects the lender's fear that the value of the collateral will fall in the future. The greater the fear, the higher the haircut, hence the leverage will be lower.

Leverage theory shows that an increase in leverage will increase the asset price, because higher leverage reflects optimism about the price; while due to short-sale constraints, the pessimistic view cannot be incorporated in the price. Leverage-induced boom-bust cycles lead to a fragile financial system and a volatile economy. Leverage cycles are a recurring historical phenomenon. Margin finance in the stock and housing markets is related to the Great Depression of 1929-1933 and the Great Recession following the 2008 financial crisis, respectively. China's stock market crash of 2015 is also related to margin finance.

Although theory and history both have shown the importance of the leverage cycle, due to the endogeneity of leverage and asset prices in the financial system, it is notoriously hard to establish the causal effect of leverage on asset prices. This study is the first to exploit a natural experiment in China's bond markets in which the same type of bonds traded in both the inter-bank market and the exchange has differential regulatory margin requirements. It exploits this experiment to identify the causal effect of leverage by using data on bonds issued from January 2017 to August 2017 in these two markets.

The study makes the following contributions. First, it is among the first to use a natural experiment to identify the causal effects of leverage on asset prices. Second, it sheds light on the market microstructure in the bond market. Third, it sheds light on macro-prudential regulation and monetary polioy.

The natural experiment is as follows. The China Securities Depository and Clearing Corporation Limited (CSDC) is in charge of the registration, depository, and clearing of bonds listed on the exchange, while the Shanghai Clearing House is in charge of those listed in the inter-bank market. On April 7th, 2017, the CSDC adjusted the pledging qualification for corporate bonds and removed from the collateral basket all corporate bonds listed on the exchange with a rating below AAA. This change only affected bonds issued after April 7th, 2017.

In this context, this paper tries to show that the change in spreads of AA bonds listed on the exchange is significantly larger than those listed on the inter-bank bond market.

The main idea is to exploit this new regulation as a natural experiment, thus the AA bonds listed on the exchange are taken as the treatment group and those in the inter-bank bond market as the control group. Using a Difference-in-Differences methodology, we test whether the collateral requirement (hence leverage) caused a change in price. The sample is the AA bonds issued on the exchange (including both the Shanghai and Shenzhen Stock Exchanges) between January and August 2017.

The paper finds that leverage can increase the price of a bond by as much as 70 basis points. This finding is consistent with theoretical predictions, and is robust to tests with different time windows for the new regulation and to placebo tests. This paper also tests for parallel trends to see whether companies in the sample strategically choose the venue of issuance, and finds that potential strategic shopping does not affect the results.

The paper thus establishes the causal effect of leverage on asset prices. It has important implications for financial markets and monetary polioy. For a long time, economists and central bankers have regarded interest rates as the most important variable in the economy. However, in the modern collateral-based financial system, leverage is sometimes more important. In terms of monetary policy, central banks have never regarded leverage as a tool, and this neglect has caused the failure of interest rate-based monetary policy and the recurrence of leverage cycles. An ideal monetary policy should take both leverage and interest rates into account.

The Impacts of Federal Reserve's Monetary Policy on Chinese Asset Prices

JIANG Fuwei GUO Peng GUO Yumei

(School of Finance, Central University of Finance and Economics)

A great deal of attention has been paid to understand the Federal Reserve (Fed) monetary policy's spillover effects on international financial markets, with the increasing economic and financial globalization. Extensive studies have documented that the Fed's monetary policy has significant impact on international asset prices (e. g. , Hausman and Wongswan, 2011; Rosa, 2011). China is the largest trading partner of the U.S., thus it is reasonable that the Fed's monetary policy should have impacts on Chinese asset prices. However, Hausman and Wongswan (2011) and Rosa (2011) recently document that Chinese asset prices do not respond to Fed's monetary policies. It is important to note that their sample periods are mainly prior to 2005, in which Goh et al. (2013) find weak correlation between U.S. economy and Chinese asset prices due to the underdeveloped financial market in China. In this paper, we re-test whether the Fed's monetary policies can have impacts on Chinese asset prices using the event study approach with extended longer sample periods.

We take the FOMC statement release as object to investigate the impacts of Fed on Chinese bond and stock markets from January 2003 to December 2016. The advantage of the approach is that we can focus on the responses of asset prices to the Fed's monetary policy over a short window of time to eliminate other unrelated information. In addition, following Kuttner (2001) and Gürkaynak et al. (2005), we also test the effects of the anticipated monetary policy (AMP), unanticipated monetary policy (UMP) and forward guidance (FG) to explore the role of expectation in monetary policy.

The main findings of this paper can be summarized as follows. First, we find that Fed's monetary policy does have significant effects on Chinese asset prices. In particular, an interest rate rise reduces bond and stock returns, while an interest rate cut increases bond and stock returns. This finding is different from the previous literature that documents no impact of Fed's monetary policy on Chinese asset prices. To do this, we use close-to-open overnight returns instead of daily returns as shown in Hausman and Wongswan (2011). Note that the Chinese close price is not affected by FOMC due to the lagged trading time in U.S., but the Chinses open price will incorporate information of Fed's monetary policy. As a result, close-to-open overnight returns will be clean enough to estimate the spillover effects of Fed's monetary policy accurately. In addition, earlier researches are conducted before 2005 when the Chinese financial market is still immature and the transmission mechanism of the Fed's monetary policy is underdeveloped.

Second, we also document that the AMP has a significant impact on bond and stock returns, and positive AMP generates negative asset returns, which is in sharp contrast to the evidence as shown in Bernanke and Kuttner (2005) that find the relationship between AMP and asset prices is insignificant. It indicates that although the Fed's monetary policy has been expected by the market, it still has significant impacts on Chinese asset prices when interest rates are adjusted as the market expects. This paper provides empirical facts that support the New Keynesian theory from the perspective of open economy, that is, monetary policy is effective. In addition, the reaction of Chinese bond market to Fed's UMP is stronger than AMP, in line with the results in Kuttner (2001). And, we find that Chinese bond returns tend to increase when Fed conveys that there will be an interest rate hike in the future based on FG.

Third, we also uncover that the Chinese stock market volatility will increase once the Fed's monetary policy is adjusted. In addition, the stock volatility reactions to UMP and FG are significantly positive, indicating that the Fed's monetary policy will increase Chinese economic policy uncertainty and stock market volatility.

Our findings have important implications for investors and regulators. First, this paper shows significant spillover effects of Fed's monetary policy, so the Chinese policy makers should take it into account when making Chinese monetary polioy. Second, monetary policy makers should take advantage of the expectation management to improve the effectiveness of monetary policy, so as to smooth the international monetary policy shock properly. Third, that the Chinese market investors should pay attention to the impacts of Fed's monetary policy on Chinese asset prices to improve their returns on investment.

Monitoring and Forewarning of Systemic Risk Spillover in China's Financial Sector Based on Modified CoES Indicators

LI Zheng　LIANG Qi　FANG Yi

(School of Finance, Tianjin University of Finance and Economics;
School of Economics, Nankai University;
School of Finance, Central University of Finance and Economics)

China's comprehensive financial reforms were accompanied by the rapid integration of financial institutions (including banks, securities, and insurance companies) and the continual introduction of cross-businesses and cross-products such that comprehensive management of the financial industry has become a trend. This not only exacerbates the cross-sector and cross-market spread of risk, but also increases the possible cross-contagion of financial risk. When a crisis occurs in one industry, the cross-contagion and resonance of risk may further induce systemic financial risk, threatening China's financial security. At present, preventing and reducing systemic risk and safeguarding financial security are the focus of the whole society. However, it is not easy to prevent systemic risk, and the accurate measurement of risk is a prerequisite for scientific prevention. Only through real-time monitoring and effective forewarning can we hold the bottom line for systemic risk and national financial security. Research on monitoring and early warning signs of systemic risk spillover among China's banking, securities, and insurance sectors will not only contribute to the prevention of cross-sector risk, but also help to prevent systemic financial risk and defend the security of the entire financial system.

To carry out real-time monitoring and effective early forewarning of systemic risk spillover in China's financial sector based on the CoES indicator (Adrian and Brunnermeier, 2016) and the traditional left-tail perspective, we include the right-tail perspective. We subsequently build upper ΔCoES and lower ΔCoES measures as real-time monitoring and forward-looking warning indicators, respectively, of systemic risk under a unified CoES framework. We also take advantage of CoVaR and LRMES to propose a more effective and accurate calculation method for these indicators. We select the banking, securities, and insurance industry index in the Shenwan second-class industry index to proxy for these three financial sectors. The modified CoES indicators are used to monitor and predict the systemic risk spillover among China's financial sectors. Based on the data, this paper tests the forward-looking and early warning characteristics of the upper ΔCoES, and the real-time characteristics of the lower ΔCoES.

The results suggest that there are significant and asymmetric systemic risk spillover effects among the three financial sectors. While the banking sector is the main sender of systemic risk, the securities sector is the main recipient. Risk spillover among China's financial sectors shows significant co-movement and cyclicality, and the upside risk spillover is higher than that of the downside. At the same time, the upper ΔCoES is significantly ahead of the lower ΔCoES, and can therefore be used as a forward-looking warning indicator of systemic risk. In addition, the lower ΔCoES can lead the ΔCoVaR, and the short-term ΔCoES calculated based on the MES estimation method indicates that the lower ΔCoES is more suitable as a real-time indicator of systemic risk.

There are two main policy implications of these results. In the cross-sectional dimension, according to the role and status of the different financial sectors in systemic risk transmission, the supervisory authority should select regulatory objectives and policy tools to carry out differentiated monitoring and prevention. As the banking sector is the main sender of systemic risk, the focus of China's systemic risk prevention should be the banking sector. Reducing risk spillover from the banking sector is the key to preventing and defusing systemic financial risk and maintaining the security and stability of the financial system. As the securities sector is the main recipient of systemic risk, we should pay attention to improving this sector's ability to resist risk and reducing its systemic vulnerability. In the time dimension, the supervisory authority should not only monitor the real-time dynamics of the systemic risk spillover, but also build effective early-warning indicators of systemic risk and improve the mechanisms of risk monitoring, early warning, and early intervention. The supervisory authority can use the lower and upper ΔCoES constructed in this paper as real-time monitoring and forward-looking warning indicators to further improve the systemic risk monitoring and early warning system in China.

Comparison and Applicability Analysis of Micro-level Systemic Risk Measures: A Study Based on China's Financial System

CHEN Xiangpeng ZHOU Hao JIN Tao WANG Zhengwei

(PBC School of Finance, Tsinghua University)

The 2008 global financial crisis had a significantly negative effect on the real economy, and the systemic risk in the financial sector attracted unprecedented attention from academics and policy makers. The high macro leverage and credit risk are currently prominent financial issues in China. Moreover, the interest rate hike and balance sheet reduction of the Federal Reserve and the U.S.-China Trade War are having negative spillover effects. As a result, China's regulatory bodies have begun implementing a macro prudential policy to defend the bottom line of no systemic risk.

Although numerous studies have examined the systemic risk in China, the literature in this area has several shortcomings. First, although studies have used several risk indicators, such as MES, SES, ΔCoVaR, and SRISK, to quantify the marginal contribution that a single financial institution makes to the overall systemic risk, no study has comprehensively evaluated the applicability of these indicators to China's financial system. Moreover, we find that there are prominent differences in the systemic importance rankings based on MES, ΔCoVaR, and SRISK. Second, studies have not back-tested the effectiveness of the above risk indicators from the perspective of negative externality, which is the most essential characteristic of systemic risk. Third, several studies simply use the empirical approximation "$LRMES=1-e^{-18\times MES}$" proposed by Acharya et al. (2012)

to quantify the SRISK of individual financial institutions in China. However, the approximation is based on the U.S. financial system and compatibility with China's financial system has not been seriously explored. Fourth, the literature uses either the capital adequacy ratio minimum requirement (8%) under Basel II or the historical average of prudent capital of various institutions to determine the proportion of prudent capital for all of China's financial institutions, which include commercial banks, security companies, and insurance companies, and has not carefully considered China's financial regulations. Therefore, we aim to fill these gaps by constructing micro-level systemic risk indicators that are applicableto China's financial system.

To solve the aforementioned problems, we address the following issues. First, we examine whether the empirical approximation "$LRMES=1-e^{-18\times MES}$" is applicable to China's financial system, and if not, whether it is possible to derive a similar approximation for China. Second, we attempt to determine the proportion of prudent capital for China's financial institutions, and evaluate the applicability of the aforementioned systemic risk indicators to China's financial system.

First, using the derivation of the principle of the above approximation, we find that "$LRMES=1-e^{-18\times MES}$" is not applicable to China for the following reasons: (1) the approximation, which is derived from the U.S. financial system, is not universal for all the economies; (2) if we define a systemic event as a stock market decline of 40% over 6 months, the approximation "$LRMES=1-e^{-13\times MES}$" is applicable to China; (3) if we define a systemic event as a stock market decline of 10% over 1 month, the approximation "$LRMES=1-e^{-3.5\times MES}$" is applicable to China.

Second, we determine the prudential capital ratios for banks, securities, insurance, and real estate companies as 11.5%, 18%, 15%, and 20%, respectively. It is not reasonable to determine the same prudential capital ratio for all financial and real estate institutions because institutions in different sub-industries have different operating features and capital adequacy ratios. Thus, we need to determine specific prudential capital ratios for these institutions according to the relevant supervision requirements.

Last, and most importantly, based on the above findings, we conclude that SRISK is more effective than the other indicators in measuring marginal contributions that financial institutions make to the systemic risk in China for the following reasons. First, only SRISK can simultaneously cover information on the size, leverage, and interconnectedness of firms. Second, the top 20 SIFIs identified and sorted by SRISK are in line with the list of SIFIs identified by the CBIRC, while the results based on the other indicators are very different from the CBIRC list. Third, the back-testing results indicate that the "overall SRISK value" can effectively predict China's macroeconomic activities. Fourth, the results based on MES and ΔCoVaR suggest that the regulatory authorities should pay more attention to financial institutions with small market capitalization, large volatility, and strong interconnection when the market tail risk is rising, which obviously deviates from the prudential regulatory practice.

What Drives the Housing Markets in China: A Variance Decomposition of the Rent-Price Ratio

CHEN Sichong CHEN Yingnan

(School of Finance, Zhongnan University of Economics and Law; Department of Finance, Jinan University)

Housing prices in China's major cities have been surging since 2003. Given that this may be one of the main macro risks to the real economy in China, great effort has gone into establishing the economic forces driving the large swings in China's housing market. Asset pricing theory typically tries to answer this question by relating an asset's price to its future cash flow uncertainty, usually in the form of a present-value statement. Among the various measures of valuation, the rental yield, equivalent to the dividend-price ratio in the stock market, is of particular importance in assessing the housing market because it reveals an agent's expectations of future returns and rental growth in the housing market. Moreover, given the rapid rise in rental prices in major cities over the past few years, the rental yield has triggered a fresh wave of attention and public discussion regarding the forces driving the fluctuation in rental yield.

From the perspective of asset pricing, researchers usually use the dynamic Gordon growth model, which is originally developed by Campbell and Shiller to decompose the stock market dividend yield in order to relate rental yield to future rental growth and housing returns. However, in the literature of real estate economics, a large body of work on housing market fluctuations applies the user cost of housing model. This model is in fact based on a no-arbitrage condition in which the marginal benefits (rental price) equal the marginal cost of housing including the cost of capital, the potential capital gain or loss, and the risk premium of owning relative to renting a house.

Therefore, we incorporate the user cost of housing model into the standard Campbell-Shiller present-value model of rental yield to decompose the rental yield into three components: the expected cost of capital, which measures the cost of capital of buying a house; the expected risk premium of owing versus renting, which gauges the premium of house tenure as a hedge against the risk of renting a house; and the expected future rent growth, which captures the value of housing service flows in the future. Based on our theoretical model, we exploit a unique matched dataset of the sale prices and rents for the four Chinese first-tier cities compiled by the DTZ Company, the base-year rental yield from CICC, and interest rates from the PBC's website. We then construct empirical proxies for the relevant expectations in our present-value model using the vector autoregressive method. We apply the variance decomposition approach to examine quantitatively how much of the variation in rental yield comes from the three components mentioned above. Our results show that the cost of capital plays the most vital role in all four major cities, followed by changes in the risk of owning versus renting. While innovation in rental growth also plays a part in the fluctuation of rental yield, it is not as significant as the cost of capital. Recently in particular, the risk premium of renting relative to owning a house in most first-tier cities seems to be rising.

Our contribution is three-fold. First, to our knowledge, no prior study has applied the dynamic Gordon growth model in China's four major cities to examine the driving forces in the housing market by exploiting a unique sample of matched transaction data on housing and rental prices. This exercise extends the research perspective and framework of the existing literature. Second, and more importantly, in contrast to the common practice of decomposing return into the risk-free rate and risk premium in the stock market, and the static relation between rental yield and housing user cost in the real estate economics literature, this study combines the standard present-value model with the classical user cost of housing model to build a dynamic user cost model to identify the forces driving the fluctuations in rental yield in China's housing market. Third, our approach provides a new model-based measure of the risk premium of owning versus renting, which is not directly observable, and gauges its impact on housing market fluctuations.

Housing Prices, Housing Demand, and the Debt Ratio of Chinese Households

ZHOU Guangsu WANG Yaqi

(School of Labor and Human Resources, Renmin University of China;
School of Finance, Central University of Finance)

The unprecedented rise in China's household leverage has attracted a great deal of public attention. In this paper, we examine how household borrowing responds to large movements in asset prices. The answer to this question is fundamental in macroeconomics and finance and has crucial implications for understanding how asset price shocks generate business cycle fluctuations. The literature suggests that high household leverage might lead to increased mortgage default rates and trigger an economic recession (Midrigan and Philippon, 2011; Mian and Sufi, 2009, 2011). Another line of research has tried to explain the increase in household leverage by the rise in house prices (Hurst and Stafford, 2004; Cooper, 2009; Mian and Sufi, 2011). These studies have documented an important "collateral channel" whereby an increase in the value of a self-owned house will relax the household's financial constraints, and make the household borrow and consume more. However, the sudden increase in household leverage in China has yet to be explained. In this paper, we examine whether the "collateral channel" exists in China. We also propose two additional channels via which the surge in house prices may have contributed to the sudden increase in household leverage.

Based on household level housing and debt information drawn from the Chinese Family Panel Studies (CFPS) for 2014 and 2016, we show that the appreciation in house prices indeed contribute to the increase in household leverage. Quantitatively, we find that a 100% increase in the price of a house leads to 288. 1% and 39. 2% increases in household debt and leverage, respectively. By further splitting our sample into several subsamples, we also find that the house price movements have heterogeneous effects on household leverage. Specifically, we find that urban households with spouses and children have a greater increase in household leverage than rural hukou households without spouses and children. Moreover, we find that some of the data patterns are at odds with or cannot be well explained by the "collateral channel". Therefore, we propose two additional channels, the "financing channel" and the "speculation channel", and confirm that these channels have a strong influence on our sample. Furthermore, we find that most households finance their housing purchases by bank loans instead of private lending.

Our paper contributes to the literature on household leverage in two important ways. First, the "borrowing for housing purchase" scenario provides a possible explanation for the unprecedented increase and highly imbalanced geographical distribution of household leverage in China. Since 2000, the literature has increasingly focused on the rapid expansion of total household debt and household leverage in developed countries, and views this changing pattern as the product of the increased availability of mortgage credit and other innovative consumption loans in the U.S. and Europe (Casolaro et al., 2006; Mian and Sufi, 2011). However, to the best of our knowledge, no studies have sought to explain the features of household leverage in China. In this sense, this paper is the first attempt to build a bridge between these two vitally important characteristics of Chinese economy, namely, the rapid increases in the housing prices and household leverage in big cities.

Second, our paper contributes to the literature by providing three channels through which increased housing prices might lead to increased household leverage. In particular, the two additional channels proposed in this paper complement the "collateral channel" examined in the literature (Berger et al, 2015; Aladangady, 2017; Cheng, 2017). The collateral model shows that increased house prices can relax the households borrowing constraints by increasing their collateral value, and thereby generate significant increases in household consumption and leverage (Ortalo-Magné and Rady, 2008; Mian and Sufi, 2011), which is most relevant to our paper. However, distinct from the literature, we find that there is no "collateral channel" in our sample. A possible explanation for this finding is that the rise in house prices is more significant and persistent after 2008 than before 2008, thus increasing the incentives for speculation in the later period.

The Contagion Effects of Irregularities within Business Groups

LIU Lihua XU Yanping RAO Pingui CHEN Yue

(School of Economics, Huazhong University of Science and Technology;

Management School, Jinan University;

School of Accountancy, Central University of Finance and Economics)

Group-affiliated companies are linked in various formal and informal ways. At the same time, with the acceleration of company diversification, the organizational structure of business groups has gradually developed into a network structure including vertical and horizontal relationships. The literature has extensively explored the advantages and disadvantages of business groups from the perspective of operating efficiency and firm value (Bertrand et al., 2002). However, limited attention has been paid to the economic consequences of the network structure among group-affiliated companies.

This study examines the contagion effect of an irregularities announcement among group-affiliated companies in the capital market. First, companies in the same business group have similar organizational structure and corporate governance characteristics. As studies have shown that irregularities are related to organizational structure and weak corporate governance, an irregularity in one group-affiliated company may indicate a greater likelihood of irregular behavior among other companies in the group. In addition, group-affiliated companies are connected through various ties (i.e., related party transactions, common personnel relations, and the establishment of financial companies). These ties provide group-affiliated companies with more channels through which to learn from and imitate each other, increasing the likelihood of a contagion effect within the group. Finally, an irregularities announcement provides new information to the market, based on which investors update their valuation of the other listed companies within the same business group (Chen and Goh, 2010). Therefore, when one group-affiliated company announces an irregularity event, investors reassess the reliability of the corporate governance and accounting performance of other companies in the same group, causing a contagion effect.

Using the data of firms listed on the Shanghai and Shenzhen Stock Exchanges from 2003 to 2015, we find that: (1) a company's irregularity announcement can result in investor reassessment of other companies in the group and a significant decline in their stock prices. However, the contagion effect exists only when the irregularity relates to fraudulent financial reporting. (2) Further channel tests of the contagion effect show that the low earning quality of contagion firms and the existence of financial companies within the group can explain the decline in the stock prices. (3) Cross-sectional tests indicate that a company's internal and external governance can affect the contagion effect. Specifically, we find that contagion effects are stronger for state-owned enterprises and for companies operating in less-developed areas, covered by fewer analysts, and with higher ownership concentration.

By studying the contagion effect of irregularities announcements within group-affiliated companies, our study makes three contributions. First, it provides richer and more robust evidence to better understand the organizational structure of business groups in emerging markets. The existing literature focuses on the contagion effect of performance or risk within a business group, and finds that the channel basically originates from related-party transactions, guarantees, and debt relationships among group-affiliated companies. In contrast, the irregularities data in this study is taken from the public disclosures of regulatory agencies such as the China Securities Regulatory Commission, the Ministry of Finance, and the exchange, thus our setting is more exogenous. Further, we use event study method to better identify causality and eliminate the influence of other factors. In the mechanism test, we find that the contagion effect within the group exists even with no related-party transaction or guarantee relationship, thus extending the prior literature.

Second, this paper adds to the growing body of literature on the economic consequences of irregularities. Most existing studies only consider the impact of economic consequences for the irregularity company, while a few discuss the externalities of the irregularities announcement by listed companies through the joint auditors, the same industry, and the same region (Gleason et al., 2008; Beatty et al., 2013; Gul et al., 2018). On the other hand, Khanna and Rivkin (2001) suggest that the existing research ignores the influence of business group factors on firm behavior. Our study shows that irregularities have externalities within a business group, indicating that the overall negative impact of irregularities on the market is greater than that on the irregularity companies themselves as documented in prior studies. This further indicates the need to increase the supervision of irregularities.

Finally, the results of our study are expected to provide a corresponding explanation for stock price synchronicity in emerging markets. Exisiting studies have shown that stock price synchronicity is significantly higher in China (Morck et al., 2000), which is related to China's institutional background. Our study shows that the contagion effect of irregularities within a business group may provide a new explanation for China's higher stock price synchronicity.

Investors' Rational Expectations, Liquidity Constraints, and Stock Price Crash Contagion

XU Fei HUA Fengtao LI Qiangyi

(School of Economics and Management, Anhui Normal University;
School of Economics and Management, Wuhan University)

"Contagiousness" is one of the three basic characteristics of a stock price crash in that the contagious effects of a stock price crash may generate systemic financial risk. However, although scholars and regulators have recognized that stock price crashes can be contagious, there has been little in-depth follow-up research on the mechanism and channels of stock price crash contagion. As a result, there is little theoretical support for regulators to deal with the systemic financial risk caused by stock price crash contagion. Therefore, in this paper, we construct an analytical framework of stock price crash contagion based on investors' expectations and liquidity constraints, and examine the mechanism and channels of stock price crash contagion using data on the international capital market. Our results provide theoretical and empirical evidence for researchers and regulatory bodies to develop effective strategies for responding to stock price crash contagion.

First, based on the literature, we propose two theoretical hypotheses concerning stock price crash contagion, namely, investors' rational expectations and liquidity constraints lead to contagion. Second, we construct a two-stage rational expectation equilibrium model based on informed traders and uninformed traders. The related securities crash signal is used as public information, and the decision-making model of informed and uninformed traders is introduced to analyze the contagion mechanism of stock price crash that investors expect to modify. Given that the collapse of related securities during a crash increases the liquidity constraints of informed traders, this paper identifies investors' liquidity constraints as contagion mechanism of stock price crashes. Third, based on the data on the capital markets of 28 countries and regions from 2000 to 2016, we construct an empirical model to test the contagion of a global stock price crash. The test sample covers America, Europe, Africa, Asia, and Australia, and the results confirm the contagiousness and contagion mechanism of the stock price crash.

Our analyses produce the following results. First, under the consistent expectations of investors, the prices of related securities assets deviate significantly from the mean value. Specifically, when a crash occurs, investors lower the prices of the target securities, which lead to stock price crash contagion. Second, insufficient liquidity of related securities is negatively related to the price of the target securities, such that insufficient liquidity of the related securities increases the probability of collapse in the stock prices of the target securities. Third, a stock price crash can spread contagiously in countries or regions that have related capital markets. We also conduct a test of the contagion adjustment effect of a stock price crash. The test results show that improving the information transparency in the capital market and strengthening financial control can help reduce the contagious effects of stock price crashes in related countries or regions. To improve the robustness of our findings, we use the negative return skewness coefficient NCSKEW and fluctuation ratio DUVOL to measure the risk of a stock price crash and control the market situation, and the results confirm that a stock price crash will be contagious in related countries and regions.

The innovation of this paper is that it considers the effect of investors' expectations and objective constraints on stock price crash contagion, and verifies the channels and mechanisms of international stock price crash contagion. Overall, we find that investor behavior, including investors' expectations and objective liquidity, is an important micro-mechanism of stock price crash contagion. Therefore, improving the quality of investors can help prevent stock price crash contagion. Moreover, we find that consistent expectations lead to stock price crash contagion. When similar stocks crash, it is difficult for investors to identify whether the crash is an individual risk or an overall risk, and the crash can easily trigger consistent expectations of an overall crash of related securities. Therefore, improving information transparency in the capital market and reducing the levels of information asymmetry are important methods for preventing stock price crash contagion. In addition, the financial opening-up and internationalization of the capital markets may enhance the effects of external stock price crashes. In this context, financial regulation can play a role in preventing stock price crash contagions during crises. Based on these conclusions, academics and regulatory departments should pay attention to the contagion mechanism of stock price crashes, and provide strategies for preventing stock price crash contagion from evolving into systemic financial risk.

Major Individual Shareholders and Stock Price Crash Risk

TAN Songtao HUANG Junkai DU Anran

(China's Fiscal and Financial Policy Research Center,

Renmin University of China;

China Securities Depository and Clearing Co., Ltd.)

Individual Major Shareholders (IMSs) are the natural shareholders in listed companies who hold a high proportion of shares but are not the actual controller or controlling shareholder of the company. People often regard IMSs and general minority shareholders as the same kind of investor. However, as IMSs hold a higher proportion of shares and a larger capital scale than general minority shareholders, they are more willing to spend time collecting information about the company's operation and supervising the behavior of the company's managers, rather than adopting the "free-rider" behavior of minority shareholders. Compared to institutional investors, they pay more attention to absolute returns than to short-term rankings of relative performance. Therefore, when asset prices overreact to negative information in the short term, their dominant strategy may be to hold shares to reduce short-term selling pressure. As Chinese institutional investors have developed recently and relatively slowly, IMSs have, for a long time, played an important role in the equity structure of listed companies, and they have important effects on asset price characteristics.

Based on data on China's A-share listed companies from the 2007 to 2016 period, this study investigates the relationship between IMSs' shareholdings and the risk of stock price crashes. Following Chen et al. (2001) and Kim et al.(2011a, 2011b), we construct two variables to measure a company's stock price crash risk in a specific year. The first measure is the negative conditional skewness, NCSKEW, calculated by taking the negative of the third central moment of the firm-specific weekly return scaled by the sample variance of firm-specific weekly return raised to 3/2. The second measure is the down-to-up volatility, DUVOL. In the first step, we calculate the standard deviations of firm-specific weekly returns during the up (down) weeks when the firm-specific weekly returns are above (below) the annual mean. DUVOL is defined as the log of the ratio of the standard deviation on down weeks to the standard deviation on up weeks. In this study, we regress these two variables on the shareholdings of a company's IMSs.

Our results are as follows. First, there is a significant negative correlation between IMS shareholdings and the future crash risk of stock prices. As the proportion of shares held by IMSs increase, the risk of stock price collapse decreases significantly. This conclusion remains valid after eliminating the shares held by the directors of the board, supervisors, and senior executives of the company, after endogenous treatment, and using several alternative statistical test methods. Second, the effect of IMns's shareholding on the supervision of corporate management is not significant. Increases in the proportion of IMSs' shareholding have no significant impact on operating indicators that may affect the crash risk of stock price such as accrual earnings management, real earnings management, investment efficiency, or overinvestment of the company. Although IMSs' shareholding is positively related to management shareholding and management power, these two indicators do not significantly affect stock crash risk. Third, the influence of the IMSs on the stock price crash risk is mainly realized through strengthening the company's ownership balance mechanism. The mediating effect test shows that the ownership balance mechanism explains more than 50 percent of the effect of IMSs on crash risk.

The main contributions of this study are as follows: First, from the perspective of crash risk, this study examines the impact of IMSs, an important investment group in the stock market, on asset prices, and reveals their role as price "stabilizers". This analysis helps us to fully understand the role of IMSs in China's stock market. Second, this study verifies the role of IMSs in corporate governance, that is, the role of IMSs in stabilizing the market by strengthening the company's ownership balance rather than supervising the managers. Third, from the perspective of shareholder structure, this study further enriches our understanding of stock price crash risk.

The IMSs are the kind of investors generated by a specific developmental stage in China's stock market. They play a unique role in the market, and will continue to exist for a long time. Therefore, their behavioral characteristics and effects on asset prices require careful study. This study shows that IMSs play an active role in reducing the crash risk of stock prices and stabilizing market prices. Future studies can explore the impact of IMSs on the stock market from other perspectives.

03 Banking Operation & Financing

Competition and Efficiency: An Empirical Study Based on Regional Commercial Banks in China

ZHANG Dayong ZHANG Zhiwei

(Research Institute of Economics and Management, Southwestern University of Finance and Economics)

The commercial banking system in China has experienced a series of reforms since the launch of the opening-up policy. With the fast pace of marketization, competition in China's commercial banking industry has inevitably intensified, which has been a major trend over the past decade. The challenges facing this ever-evolving industry therefore lie in two aspects: how much has the market-oriented transformation affected the industry, and more essentially, can competition improve efficiency?

While most research has focused on the idiosyncratic characteristics of banks, this study provides additional information by looking at the role of external conditions and factors from a macro-economic perspective, thus being more policy relevant. The banks of interest are regional commercial banks, and the central question of our research is the efficiency of commercial city banks. Although these banks are still much smaller in terms of market shares than the larger national banks, their fast development, increasingly important role and potentially significant impact are not negligible. Given their large numbers, collectively they have the ability to affect the stability of the whole banking system, which should draw sufficient attention from regulators and policymakers. It is therefore of critical importance to analyze the efficiency problem of these banks, to provide further evidence not only for a retrospective view of the extant banking sector reforms, but also more importantly for the construction of future regional financial development policies.

Our methodology comprises two main parts. First, we use Stochastic Frontier Analysis (SFA) to estimate the operational efficiency of each bank; we then construct an econometric model to examine the impact of regional competition on bank operational efficiency.

The bank information in our study is collected from the annual reports of the banks and the BANKSCOPE database. Given that our sample is composed of city and rural commercial banks whose number was relatively small before 2003, we choose the sample period starting in 2004 and ending in 2015, and construct an unbalanced panel accordingly. Using the China Banking Regulatory Commission (CBRC) authorization information of bank branches, we construct a city level competition measure.

The empirical results show that competition can enhance the operational efficiency of regional commercial banks, although the positive impact differs across bank types. Moreover, the impact of competition on efficiency is nonlinear. Over-competition can induce negative effects. A series of robustness checks corroborate our conclusion. In addition, we test for the moderating effects of cross-regional operation by these banks on the relationship between competition and efficiency.

Our results have clear policy implications. First, a healthy financial system and ordered competition are key to improving bank operational efficiency; clear regional disparities in terms of development imply that regional-specific policies are required. Second, the impact of regional banking development differs across bank types, which provides empirical evidences to authorities for optimizing the banking structure. Third, both over-competition and over-monopolistic market conditions in the banking sector are shown to be harmful. Regulators should aim for an optimal level of competition and ensure a healthy market structure for the banking sector.

In general, this study makes the following innovations and contributions to the literature. (1) Using the CBRC branch authorization certificate information to construct a regional banking competition measure is novel. The data cover all information over time and provide comprehensive information objectively, which minimizes the possible influence of undesirable endogeneity. (2) The sample period of this study was especially important in the development of China's banking system. It not only covers the development of city and rural commercial banks from embryo to prosperity, but also highlights the critical transitions from local to cross-regional operation, thus giving us a unique and interesting perspective. (3) Methodologically, when testing for the typical competition-efficiency relationship, the transmission mechanisms are also analyzed and confirmed via a number robustness checks and a mediator effect model.

Relationship Between Banks' Capacity to Absorb Deposits and the Issuance of Wealth Management Products and its Economic Consequences

HU Shiyang ZHU Jigao LU Zhengfei

(School of Economics and Business Administration, Chongqing University; Business School, University of International Business and Economics; Guanghua School of Management, Peking University)

Wealth Management Products (WMPs) are a kind of off-the-balance-sheet asset in commercial banks. Compared to deposits, there are fewer limits on the interest rate of WMPs. Furthermore, WMPs have no impact on loan-to-deposit ratios, and the capital raised by WMPs can be used more flexibly (Hachem and Song, 2016; Acharya et al., 2016). As WMPs are more loosely regulated, previous studies have considered WMPs as a form of shadow banking (Hachem and Song, 2016; Zhu et al., 2016; Acharya et al., 2016). Specifically, WMPs are considered a type of regulatory arbitrage behavior by commercial banks. However, most studies focused on the effect of financial regulation on commercial banks' issuance of WMPs, investigating the macro influence of WMPs on the monetary market and the conduction mechanism of monetary policy. The following questions have not been addressed: (1) Do idiosyncratic differences between commercial banks affect their issuance of WMPs under certain financial regulation contexts? (2) What micro-factors affect the issuance of WMPs by commercial banks?

Building on Acharya et al. (2016) and Hachem and Song (2016), we study the idiosyncratic characteristics of commercial banks. Based on manually collected data of commercial banks of China, we investigate the relationship between commercial banks' capacity to absorb deposits and the issuance of WMPs. We also investigate the economic consequences of issuing WMPs from the perspective of commercial banks' operating risks.

We find that the capacity to absorb deposits is one of the most important determinants of the scale of WMPs issued by commercial banks. The lower a commercial banka's capacity to absorb deposits, the more WMPs it issues and the higher the yield rate of the WMPs. Specifically, we measure four factors affecting bank's capacity to absorb deposits: (1) the type of commercial banks, (2) the quantity of branches, (3) the local loan-to-deposit ratios, and (4) the intensity of local financial institutions. We find the following: regional and small-scale city banks issue more WMPs with higher yield rates than national banks such as the four state-owned commercial banks (hereafter the "Big 4"); commercial banks with fewer branches issue more WMPs with higher yield rates; commercial banks in territories with higher local loan-to-deposit ratios issue more WMPs at higher yield rates; and banks in locations with more intensive local financial institutions issue more WMPs with higher yield rates. We also find that the more non-guaranteed WMPs issued by commercial banks, the higher their operating risk is, as non-guaranteed WMPs magnify the volatility of the banks' operating performance.

Further study shows that the relationship between banks' capacity to absorb deposits and the issuance of WMPs are more pronounced when the interbank rate is high, indicating that the financial market is tight (Acharya et al., 2016). Commercial banks, which lack deposits, prefer to issue short-term WMPs because, as previous studies have shown, short-term WMPs are more cost-effective for commercial banks (Luo et al., 2013).

This study makes two contributions. (1) Building on previous studies (Hachem and Song, 2016; Acharya et al., 2016; Zhu et al., 2016), our study reveals the substitutional relationship of WMPs and deposits in commercial banks. We find that the capacity of commercial banks to absorb deposits is one of the most significant factors affecting the issuance and yield rates of WMPs. This study also reveals a new aspect of WMPs, which enriches the existing research on regulatory arbitrage and shadow banking. (2) This study analyzes the economic consequences of issuing WMPs in terms of individual risk for commercial banks. The results show that non-guaranteed WMPs increase the operating risk of commercial banks. Our findings may indicate that the uncertainty of non-guaranteed WMPs increases volatility in the business performance of commercial banks. These findings are useful references for regulators interested in financial system reform and the reform of the deposit interest rate system in China.

Risk Disclosures in Annual Reports and Bank Loan Interest Rate

WANG Xiongyuan ZENG Jing

(School of Accounting, Zhongnan University of Economics and Law)

There is no consensus on the role of risk disclosures in annual reports from prericus studies.There are three competing hypotheses about the role of risk disclosures. The neutrality hypothesis holds that risk disclosures in annual reports are of little significance to market participants. The convergence hypothesis suggests that risk disclosures provide homogeneous public information and reduce the cost of capital. The divergence hypothesis proposes that such risk disclosures provide heterogeneous information and increase the cost of capital. These contrasting hypotheses indicate that the perceived attributes of risk disclosures in annual reports differ, thus the economic implications for market participants may also be different.

Most studies focus on the economic consequences of risk disclosure from the perspective of equity and bond investors rather than that of banks. However, banks may pay more attention to risk disclosures in annual reports, as they are useful for banks to comprehensively assess a firm's credit risk. Therefore, studying the impact of risk disclosures on bank loan interest rates can help understand the economic consequences of risk disclosure in annual reports from the banka's perspective.

How banks interpret the risk disclosures in annual reports will be reflected in their loan interest rates. If the risk disclosure provides information with low heterogeneity, the information asymmetry should be lower. With transparent information, the bank can assess the credit risk more efficiently and effectively, decreasing the bank's risk perception level, such that the loan interest rate may also decrease. In contrast, if the risk disclosures provide heterogeneous information, it should be more difficult for banks to assess the credit risk. Accordingly, the level of perceived risk will increase, and loan interest rates will increase.

Based on 4339 "firm-year-loan" observations of interest rates from 2008—2017, this paper reports three main findings. (1) Consistent with the convergence hypothesis, annual report risk disclosure by Chinese firms reduces the bank loan interest rate. This finding still holds after we exclude the effects of disclosure momentum, industry disclosure level, bank-enterprise connections, and other endogenous problems. (2) Information quality and risk are incomplete mediators when risk disclosures affect bank loan interest rates, that is, annual report risk disclosures lower the bank loan interest rates through improving information transparency and reducing the bank's risk perception level. (3) The negative correlation between risk disclosures and bank loan interest rates is mainly concentrated in the tight monetary policy group, the non-state-owned enterprises group, and the better corporate governance group. This suggests that banks pay more attention to the risk disclosures of non-state-owned enterprises and firms with better corporate governance during periods of tight monetary policy.

There are no study in the literature on the determinants of loan interest rates from the perspective of risk disclosures in annual reports or on the economic consequences of risk disclosures from the perspective of loan interest rates, which may better reflect the substance of risk disclosures due to the strong ability of banks to interpret this information. This paper is the first to study the relationship between loan interest rates and annual report risk disclosures, thus enriching the literature on risk disclosures and bank loans.

The findings show that risk disclosures in annual reports reduce loan interest rates by improving information transparency and reducing the bank's perception of risk. Our findings thus support the convergence hypothesis. This paper shows that Chinese firms do not provide information with high heterogeneity in annual report risk disclosures, which is inconsistent with the intention of the regulatory agency that mandates the disclosure of risk information. Therefore, the regulatory agency may need to adjust the regulations or strengthen the penalties to induce companies to disclose more risk information. In addition, the loan interest rate includes more information than the loan amount, but as disclosing loan-level interest rates is not common, regulatory authorities should further require this disclosure. Future research could examine the specific impact of risk disclosures on different types of loans.

The Impact of Banking Market Structure on Productivity: Evidence from Industrial Enterprises

CAI Weixing

(School of Finance, Guangdong University of Finance and Economics)

The duty of the financial sector is to serve the real economy. In the new era, the core mission of the financial sector is to support high-quality development of real economy. To this end, China's central government recently proposed a structural reform of the financial supply side. General Secretary Xi Jinping delivered an important speech to the Political Bureau of the Central Committee, emphasizing the need to deepen our understanding of the international and domestic financial situation and the structural reform of the financial supply to better serve the real economy. The structural reform of China's banking industry is an important part of the structural reform of the financial supply side. With the continuous reform and opening-up over the past four decades, the banking industry has gradually changed from a highly monopolized market structure to a more competitive one.

An important characteristic of the Chinese banking industry is its local markets, due to licensing controls and the restriction of business scope. The national commercial banks rely on local branches to compete with local, rural, and other commercial banks. Researchers thus need to measure the banking market structure at a more regional level. However, the lack of bank loan data at the regional level makes this difficult. Fortunately, the China Banking Regulatory Commission website provides unique data on the financial licenses of commercial bank branches, including information on the approval time and office location of each branch. We manually downloaded and collected the financial license information of all commercial bank branches, and constructed a municipal-level market structure measure.

Theoretically, there are two main views on banking market structure: the market power hypothesis and the information hypothesis. The basis of the market power hypothesis is classical industrial organization theory. Starting from the classical SCP, monopoly leads to an insufficient loan supply and higher loan interest rates, while enhancing competition can reduce financing costs and increase credit. The market power hypothesis predicts a positive relation between the competition in the banking sector and the firm productivity. In contrast, the theoretical basis of the information hypothesis is information asymmetry. It considers that banks with strong market monopoly power are more likely to form long-term relations with borrower enterprises, and provide more contractual instruments to screen borrowers and reduce their moral hazard. As a result, more investment projects may receive bank loans, whereas market competition weakens the incentives for banks to establish good relations with enterprises and obtain corporate information, leading to a reduction in the availability of corporate finance.

Using a unique dataset for the period 2002—2007, we find that the intensive competition in the banking sector improves productivity, supporting the market power hypothesis. We also find strong evidence that financial constraints are reduced under a more competitive banking market structure. Furthennore, this effect is more pronounced for small enterprises, Non-State-Owned Enterprises (NSOEs), young enterprises, and enterprises in high-tech industries.

The potential contributions of our paper are as foliows. First, we construct the market structure of the Chinese banking industry at the municipal level, whereas most previous studies are concentrated at the national or provincial levels. Second, our findings complement the research on resource allocation and total factor productivity. While most discussion on this topic is focused on the impact of misallocation on total factor productivity, the more important issue is how to reduce the distortion of resource allocation. Third, our research is also related to the relationship between banking market structure and economic growth. We provide micro-level evidences based on enterprise data whereas most research is focused on the macro perspective. Last, our findings confirm the theory of optimal financial structure in economic development. According to this theory, China's optimal financial system should be dominated by small and medium regional banks rather than large banks.

Industrial Policy and the Speed of Leverage Adjustment

WU Cen LI Wenfei TANG Qingquan

(School of Management, Jinan University;
School of Economics and Statistics, Guangzhou University;
Business School, Sun Yat-sen University)

Recently, the dynamic adjustment of leverage has become a popular research topic. Theorists point out that each company has a target value of leverage, and lower or higher levels may damage firm value. Therefore, when leverage deviates from the target value, the company has an incentive to adjust it towards the target value. However, due to the incompleteness of the market, many factors prevent companies from freely adjusting their leverage. This is especially pronounced in China, where high financing costs and a lack of financing opportunities delay leverage adjustment. Research has shown that a company's external financing environment has an important impact on the speed of leverage adjustment. Although industrial policy is considered as an important institutional factor affecting a company's financing environment, we know of no research on whether and how industrial policy affects the speed of leverage adjustment, which provides us with a research opportunity.

As an important institutional background in China, industrial policy has a significant impact on the external financing environment of companies through direct intervention and indirect guidance, and may thus affect the speed of leverage adjustment. Direct intervention mainly includes technological control, environmental protection control, directory guidance, market access control, project approval control, etc., while indirect guidance includes fiscal subsidies, tax incentives, and financial policies aimed at ensuring the implementation of industrial policy. In terms of debt financing, industrial policies enable selected companies to be favored by banks and to be related with higher mortgage expectations, resulting in more loans and faster upward leverage adjustment. In terms of equity financing, industrial policies provide selected companies with more financing opportunities via SEO, etc. , which speeds up downward leverage adjustments. However, because the debt financing channel is dominant among Chinese listed companies, the main impact of industrial policies is likely to be faster upward leverage adjustment.

Drawing on a sample of Chinese A-share listed companies from 2006 to 2015, this article explores the influence of industrial policy on the speed of leverage adjustment during the eleventh and the twelfth five-year plans. Industrial policies are identified through policy documents and relevant literature and firm-level financial data is obtained from the CSMAR database. The empirical results reveal that supports from industrial policies are associated with faster adjustment, and the effect is more pronounced in non-SOEs, smaller firms, and firms under more serious financial constraints. After separating the two adjustment directions, we show that being supported by industrial policies helps firms speed up upward adjustment and also helps firms with fewer fixed assets speed up downward adjustment. This article also indicates that debt financing is the main channel through which industrial policy affects the speed of leverage adjustment, and supports from key industrial policies can affect how certain kinds of firms adjust leverage via equity financing. Our results suggest that equity financing is still relatively costly compared with debt financing, and that companies still face many restrictions when attempting to obtain it.

This study contributes to the literature on industrial policy and leverage adjustment. It also provides direct empirical results on the channels of influence, enriching our perspective when evaluating the economic consequences of industrial policy. This study also has important policy implications. Considering the costs of capital market financing, providing companies with convenient debt financing channels can speed up leverage adjustment. We should also further improve the efficiency of the capital market, remove unnecessary policy barriers, reduce the transaction costs of equity financing, and provide more flexible ways for companies to quickly adjust their leverage. Future studies could focus on the impact of stock market reforms on the speed of leverage adjustment.

Bank-Firm Relationship Analysis Based on Co-occurence in News Texts: Evidence from Listed Real Estate Companies in China

ZHU Enwei WU Jing LIU Hongyu

(Department of Construction Management and
Hang Lung Center for Real Estate, Tsinghua University)

The bank-firm relationship has long been of interest in the financial literature. Before a lending decision, the commercial bank typically requires the company to provide its "hard information", such as financial statements and credit score data, to mitigate the problem of information asymmetry and reduce the potential default risk. However, this approach is less effective if the hard information is insufficient, especially for small companies. On the other hand, a good bank-firm relationship can help to transmit "soft information", such as the character and reliability of the company's owner, which may also improve the company's credit financing capacity. However, quantitatively measuring the strength of the bank-firm relationship remains a challenge in the financial literature.

In the context of the big data paradigm, we introduce the co-occurrence analysis approach and develop an innovative indicator for bank-firm relationships based on their co-occurrence in news texts. The co-occurrence analysis is a text-mining method that has been extensively applied for knowledge discovery in many domains. The key idea is to use the co-occurrence frequencies of given keywords in a corpus to represent their relationship strength. Regarding the bank-firm relationship, a good relationship can manifest not only in frequent business cooperation, but also in non-business interactions, such as mutually organizing or participating in public events, because both formal and informal communications can effectively deliver the company's soft information to the bank. Meanwhile, these mutual events are likely to appear in the news and thus be documented by online media if they are important enough. Hence, we propose to use the news co-occurrence frequency of a specific bank-company pairing to quantify their relationship strength. Relative to most traditional measurement approaches, the news co-occurrence indicator can comprehensively reflect both business and non-business bank-firm relationships, and has the advantage of data availability.

Following this idea, we use the news co-occurrence indicator to quantitatively measure the relationships between 238 listed real estate companies and 19 major domestic banks from 2009 to 2014 in China, using Baidu News as the source of the news text. We test the validity of this indicator by comparing it with the corresponding bank's occurrence frequencies in the corresponding company's annual reports and its chief sources of debt financing.

We then examine the effects of the bank-firm relationship on the company's credit financing capacity. To alleviate the potential endogeneity problem, we introduce two instrumental variables for the bank-firm relationship, namely the number of senior executives in the company with a banking background and the geographical distance between the headquarters of the company and the bank, and then estimate the models using the 2SLS method. The empirical results suggest that a stronger bank-firm relationship can significantly improve the company's credit availability, but is not generally effective in reducing the cost of credit. In addition, such patterns are heterogeneous across companies. In particular, the bank-firm relationship effect is more pronounced for smaller or less profitable companies from the perspective of either credit availability or credit cost. Furthennore, a company can improve its credit availability more efficiently by choosing to further strengthen its strongest bank relationship rather than establishing relationships with new banks. Strengthening the relationship with

SOE versus non-SOE banks achieves similar effects. Further empirical analysis shows that the news co-occurrence measuring approach can be extended to other industries, and corresponding empirical models suggest similar conclusions.

This study is among the first to introduce big data and text-mining technology to research on the bank-firm relationship. It contributes to the literature in two ways. First, we propose an innovative and effective bank-firm relationship indicator based on their co-occurrence frequencies in news text, which can comprehensively reflect the relationship from both the business and non-business perspective. Hence, it can serve as an important complement to more traditional measures of the bank-firm relationship. Second, our empirical findings provide not only new evidence for the effects of the bank-firm relationship on a company's credit financing capacity, but also additional insights into the heterogeneities of such effects across companies and banks.

Profit Level, Support for Agriculture, and Risk Control: Theoretical Analysis and Empirical Tests of the Size Adjustment of Rural Commercial Banks

GUO Yan HAN Qingxiao

(School of Management, Shandong University;
Branch of Jinan, People's Bank of China)

In recent years, the increasingly fierce competition in the rural financial markets has gradually eroded the monopoly position and competitive advantages of the rural credit cooperatives, leading to the emergence of frequent operational malpractices. In the process, many deep-seated problems, such as the chaotic property rights system, low financial service functions, and excessive proportion of non-performing assets, have been exposed. To solve these problems, the rural credit cooperatives have begun to focus on banking reform. Nevertheless, there are still major differences between the different departments of the rural credit cooperatives. This issue mainly relates to the following three questions: If the rural commercial banks expand after the reform, will this affect the strategic positioning of the agricultural sector? Can the management of rural commercial banks support a substantial expansion in size? If the rural commercial banks maintain their current size, will they be able to meet the needs of service improvement? Due to the lack of clear answers to the above questions, the issue of the size adjustment of rural commercial banks remains an open research question.

To address the problem of the size adjustment of rural commercial banks, we summarize the relevant local and international literature, and find that the literature is too narrowly focused and has generated controversial conclusions. The rural commercial banks have been burdened with the task of supporting agriculture since their inception. In recent years, with the introduction of market-oriented reforms, commercialization based targets have become equally important, such as improving profitability and reducing the operational risk. In this way, if the size adjustment is only analyzed regarding to one single target, it may be biased. Furthennore, the existing theoretical models examine commercial banks under the condition of a high level of marketization, which is not the case for a number of types of banks. Therefore, it is necessary to expand the model when discussing the size adjustment of rural commercial banks.

Drawing on the optimal size selection model for commercial banks developed by Krasa and Villamil (1992) and Lin and Sun (2007), combined with the particular characteristics of rural commercial banks, in this paper, we propose a new theoretical model of rural commercial banks, and explore the internal mechanisms of the size adjustment of rural commercial banks under different objectives, including the profit level, level of support for agriculture, and risk control. Then, using non-balanced panel data on 102 rural commercial banks from 2009 to 2016, we conduct an empirical analysis of a dynamic panel model to verify the conclusions of the theoretical model, and further analyze the most reasonable size range for rural commercial banks. The following conclusions are drawn from the results of the model derivation and econometric tests. First, rural commercial banks can maximize their profit and minimize their operational risk through size adjustment. Specifically, maintaining a moderate size is more beneficial for improving profitability and reducing operational risk. Second, the expansion of the rural commercial banks inevitably shifts their focus away from agriculture so that they can offer high quality non-agricultural loans. Thus, the proportion of loans to support agriculture decreases, which weakens the support for agriculture. However, when the size of rural commercial banks exceeds a certain threshold, the proportion of agricultural loans begins to increase.

Third, the results under the triple target constraint show that based on the current management levels, rural commercial banks are not suited to significant expansion and restricting the logarithm of their total assets within the optimal range can better balance the three goals.

Overall, this paper makes the following contributions to the literature. First, unlike the single goal perspective examined in the literature, we examine three goals, namely, the profit level, support for agriculture and risk control, to analyze the size adjustment of rural commercial banks. Second, this paper expands the original theoretical model of commercial banks, and establishes a new model for the size adjustment of rural commercial banks. Third, we test the conclusions of the theoretical model using a sample of 102 rural commercial banks, and explore the optimal size to better achieve the three goals using simulation graphs.

04 Enterprises Reform & Innovation

Can Mixed Ownership Reform of SOEs Cure Zombie Firms? A Mixed Ownership Pecking Order Logic

FANG Mingyue SUN Kunpeng

(College of Economics and Management, China Agricultural University;
School of Economics and Management, Tsinghua University)

Supply-side structural reform has become the main direction of China's current economic reform, and its primary task is de-capacity. The key to de-capacity is the elimination of zombie firms. Because State-Owned Enterprises (SOEs) usually incur greater resource misallocation, the proportion of zombie firms is higher among SOEs. Mixed ownership is the main focus of Chinese SOE reform, as studies have found that the introduction of non-state capital improves firm performance through better corporate governance mechanisms and the mitigation of resource misallocation.

The question that concerns us here is whether mixed ownership can cure state-owned zombie firms, and if so, which type of mixed ownership is most conducive. This paper deepens the theoretical research on both zombie enterprises and mixed ownership reform for state-owned enterprises, and also improves the theory of resource misallocation from the perspective of mixed ownership, potentially solving the problems of long-term inefficiency among SOEs and the burgeoning of zombie firms in China.

We first apply the international cutting-edge method to identify zombie enterprises. To be recognized as a zombie firm in the current year, a company must meet the following four conditions: (1) the loan interest rate is lower than the normal market minimum interest rate; (2) earnings before interest and tax are lower than the payable interest in the current year; (3) the liability-asset ratio of the previous year exceeds 50% and the firm continues to borrow in the current year; and (4) the first three criteria have been met for the past two consecutive years.

Next, we divide the firms with mixed ownership into three categories according to the proportion of state-owned shares: state-control firms, state-holding firms (firms with state capital but not controlled by the state), and privatized firms (firms with no state capital, a special type of mixed ownership). We then explore whether mixed ownership reform can help to cure zombie firms and which type of mixed ownership reform works best.

Using a panel dataset of Chinese industrial enterprises from 1998 to 2013, we obtain some interesting results. First, mixed ownership reform is found to have a significant impact in improving zombie SOEs. Second, the improvement is greater for privatized firms than for state-holding firms, which in turn fare better than state-control firms, forming a "pecking order" for mixed ownership reform. Third, the higher the monopoly and administrative level of SOEs, the weaker the effect of mixed ownership reform in curing zombie SOEs. Finally, we find that the main channel through which mixed ownership reform cures zombie firms is the reduction in the SOE's period expenses, such as management expenses.

Due to the limitations of the data, this research may suffer from endogenous problems such as omitted variables through overlooking factors that affect the improvement of zombie firms and the mixed ownership reform strategy. This paper examines possible endogeneity issues. This paper makes three contributions to the literature. First, it enriches the research on zombie companies. Zombie firms can lead to resource misallocation and reduce economic efficiency, and thus are an important issue for both policymakers and scholars. Whereas the existing literature examines the causes or influences of zombie firms, this paper analyzes several strategies for treating zombie enterprises, points the way for their elimination, and provides a theoretical basis for further research on how to deal with zombie enterprises. Second, this paper develops the literature on SOE reform by indicating that mixed ownership can improve the efficiency of SOEs and, to an extent, cure zombie SOEs. Moreover, comprising a variety of mixed ownership types, this paper specifically reveals a "pecking order" in the reform of state-owned enterprises. Third, this paper extends the resource misallocation theory from the perspective of mixed ownership reform, finding that mixed ownership reform can cure zombie state-owned enterprises to an extent, thus reducing resource misallocation. Following this line of thought, we can further expand the research by exploring the actual contribution and channels of mixed ownership reform in solving resource misallocation.

Deregulation of Interest Rates, Equalization of Profitrate, and Enterprises' Shift from Real to Virtual

YANG Zheng WANG Hongjian DAI Jing XU Chuanhua

(School of Management, Wuhan Textile University;
School of Economics & Management, Nanchang University;
School of Finance, Hubei University of Economics)

In recent years, the profits of entity enterprises, especially those in the manufacturing sector, have been on the wane under the double impact of economic downturn and overcapacity. In contrast, financial enterprises have earned excess profits with their monopoly position. The profit gap between the manufacturing and financial sectors encourages entity enterprises to become financialized to obtain excess returns. This has caused entities to gradually deviate from their main business, hollowing out the manufacturing sector, while also stimulating capital demand by entities who are allocating resources to financial assets. This has resulted in a shift from real to virtual economy.

Interest rate deregulation not only helps to eliminate credit discrimination, match loan risks with loan interest rates, and improve the debt financing conditions, but also strengthens competition in the financial industry, reduces the debt financing costs of enterprises, and leads to profit rate equalization between the real and virtual economies. As a result, interest rate deregulation also affects the investment and financing structures of micro-enterprises. China has gradually formed a market-based interest rate decision mechanism and deregulated interest rates. It is important to study how this reformation has affected macroeconomic growth and the behavior of micro-enterprises. Although the one-size-fits-all policy of loosening interest rate control makes it difficult to identify its microeconomic effects, the dual property rights of China's entities provide a natural experiment for examining how interest rates affect the financing of enterprises.

By selecting China's A-share non-financial listed companies in the 2001—2015 period as our sample, and by taking the distinct cancellation of the upmost limit and the lowest limit of loan interest rates in 2004 and 2013 as a quasi-natural experiment, the study uses the different property rights of companies to construct a Difference-in-Difference (DID) model for investigating how interest rate deregulation affects the financialization of the entity enterprises. The results show that the deregulation of the lowest loan interest rate significantly inhibits the financialization of non-state enterprises, whereas the deregulation of the upper limit of loan interest rates has no significant effect, which supports the "market arbitrage" concept. The mechanism test reveals that a relaxation in the deregulation of the lower limit of the loan interest rate significantly inhibits debt costs' erosion of enterprise profits. A further theoretical mechanism test shows that the stronger the profitability, the larger the scale, and the smaller the market competition pressure, the more significant the effect of the deregulation of lower loan interest rate on the suppression of the non-state enterprises' financialization. These results show that the profit margin gap between the real economy and the virtual economy is an important institutional incentive for Chinese entity enterprises' financialization. Therefore, financial marketization reform will help to inhibit the virtualization of entity enterprises, improve the positive interaction between the real economy and the virtual economy, and boost the rapid development of the real economy.

This study makes three main academic contributions. First, it reveals the specific mechanism through which financial marketization reform leads to the financialization of entities from the perspective of interest rate deregulation. It clarifies the significance of financial marketization reform in building a benign interaction between the real economy and the virtual economy. Second, it examines the consequences of interest rate deregulation on the financialization of the entity enterprises, and not only demonstrates the positive impact of financial marketization reform, as represented by interest rate deregulation, but also confirms enterprises' market arbitrage motive for financialization. Third, the quasi-natural experiment and the DID model help to alleviate the possible endogeneity problem between interest rate marketization and financialization of entities.

The following issues remain to be explored in future studies: (1) the impact of interest rate marketization, especially benchmark interest rate marketization, on the relationship between the real and virtual economies, along with the deepening of interest rate marketization reform; (2) whether the interest rate marketization influences the behaviors of micro-enterprises by virtue of other mechanisms; and (3) whether a more multidimensional perspective of interest rate marketization can more accurately determine its economic consequences.

Privatization, Financial Constraints, and Corporate Innovation: Evidence from China's Industrial Enterprises

YU Minggui   ZHONG Huijie   FAN Rui

(Economics and Management School, Wuhan University;

School of Accounting，Zhongnan University of Economics and Law;

School of Economics and Management, Southeast University)

This paper analyzes the impact of privatization on enterprise innovation in an attempt to clarify whether privatization can promote the efficiency of State-Owned Enterprises (SOEs). The privatization of SOEs, in theory, has both positive and negative effects on enterprise innovation. On the one hand, privatization reduces government intervention and the policy burden of SOEs. The goal of privatized enterprises is no longer to be subordinate to the government or officials, but to maximize the value of the enterprise. At the same time, privatization alleviates the agency problem of SOEs, thus raising the level of risk-taking and enthusiasm for innovation. On the other hand, innovation has a high risk and failure rate, requiring a large amount of capital to maintain long-term investment in innovation. After enterprises are transformed from state-owned to private, they are likely to suffer from credit discrimination. Therefore, after privatization, the resource advantage of a former SOE is weakened, its financing is limited, and thus its innovation activities are restricted.

This paper tests whether privatization promotes or inhibits enterprise innovation, using non-listed companies in China's industrial enterprise database from 2005 to 2011 as sample. We use the Difference-in-Differences (DID) method and take the enterprises privatized from former SOEs as the treatment group and SOEs as the control group. The results show that innovation in privatized enterprises decreases significantly. We further test whether financial constraints are an important mechanism inhibiting the innovation of privatized enterprises. The results show that innovation decreases significantly in privatized enterprises with higher financial constraints, while there is no significant change in innovation in those with lower financial constraints. This suggests that financial constraints are an important factor restricting the innovation of privatized enterprises. Finally, we find that financial constraints significantly impede innovation of privatized enterprises in regions with underdeveloped financial market, which is not apparent in regions with developed financial market.

This paper makes three contributions. First, it enriches the literature on the impact of privatization on innovation from the perspective of financial constraints. Tan et al. (2015) and Zhong et al. (2016) use listed companies as samples to examine the impact of privatization on enterprise innovation, but do not reach a consistent conclusion. Importantly, both of the aforementioned papers ignore the impact of financial constraints on innovation. In this paper, non-listed companies that are more likely to be subject to financial constraints are used as the sample, and we find that financial constraints are a vital factor restraining the innovation of privatized enterprises. This paper thus expands the literature on the impact of privatization on innovation from the perspective of financial constraints.

Second, this paper extends the literature on the influence of financial markets on innovation from the perspective of privatization. We find that the development of a regional financial market within a country can alleviate the adverse impact of financial constraints on the innovation of privatized enterprises.

Third, this paper clarifies the controversy over privatization. The results imply that the privatization of SOEs does not necessarily succeed without a solution to the financial constraints on privatized enterprises and improvements in regional financial development to further alleviate this impediment to innovation of privatized enterprises.

This paper has important policy implications. On November 1st, 2018, General Secretary Xi Jinping stressed the vital role of the private economy in China's economic development at the Private Enterprise Forum, and proposed to enhance financial support for private enterprises to solve the difficulties and costs of financing of private enterprises. Given the finding that the privatization of SOEs affects enterprise innovation, this paper proves the significance of alleviating the financial constraints on private enterprises and promoting the development of financial markets to promote innovation of private enterprises.

Interaction and Spatial Spillover between Economic Agglomeration and Regional Innovation

ZHANG Ke

(Business School, East China University of Political Science and Law)

Harmonious regional development and synergistic regional innovation have become the cornerstones for building the modern economic system in present China. Realistically, however, we need to coordinate not only the relationship between internal regional economic development and regional innovation, but also the spatial relations between interregional economic development and regional innovation. Researchers have neglected the reverse influence of regional innovation on economic agglomeration and the spatial interactions between interregional economic agglomeration and regional innovation.

Based on actual needs and the deficiencies of previous studies, this study theoretically and empirically examines the interactive relationship between economic agglomeration and regional innovation and the spatial spillover effects. First, we analyze the interaction mechanism between economic agglomeration and regional innovation, and the spatial spillover mechanism. Then, based on the data from 152 county-level administrative regions of China's Yangtze River Delta from 2000 to 2016, we verify the endogenous bidirectional effect between economic agglomeration and regional innovation and spatial spillover using the spatial simultaneous equation model and the Generalized Spatial Three-Stage Least Squares (GS3SLS) Method. Finally, by combining a mediation effect model, we test the reverse influence mechanism of regional innovation on economic agglomeration.

The empirical results show a mutual promotion between economic agglomeration and regional innovation. Ignoring the reverse effect of regional innovation on economic agglomeration leads to significant overestimation of the promotive effect of economic agglomeration on regional innovation. Both economic agglomeration and regional innovation have significant spatial spillover and regional interaction effects, which means that local and neighborhood economic agglomeration significantly promotes local regional innovation, and local and neighborhood innovation significantly promotes local agglomeration. The boundary test of the spatial spillover effects shows that the spatial spillover and interaction effects of economic agglomeration and regional innovation both weaken with increasing distance. The spatial spillover effect of economic agglomeration and regional innovation is more apparent within 500 kilometers, while the regional integration effect is limited to within 400 kilometers. In other words, the effect of neighborhood economic agglomeration on local regional innovation and the effect neighborhood innovation on local economic agglomeration is limited to within 400 kilometers.

Based on these empirical results, we further verify the reverse influence mechanism of regional innovation on economic agglomeration. The estimation result of the mediation effect model shows that regional innovation reacts to economic agglomeration through the effect of a growth pole, the effect of optimized industrial structure and the innovation network.

The main contribution of this paper is as follows. First, we systematically analyze the bidirectional influence between economic agglomeration and regional innovation and the regional interactive influence mechanism, especially by analyzing and verifying the reverse influence mechanism of regional innovation on economic agglomeration. Second, we consider and verify the spatial spillover effect of economic agglomeration and regional innovation. Third, we identify the geographical boundary of the spatial spillover effect of economic agglomeration, regional innovation, and their interactive influence.

This study has important policy implications for coordinating economic development and regional innovation to build a regional innovation community. We argue that economic agglomeration and regional innovation can achieve a win-win situation. Regional development and regional innovation policies should be integrated and interconnected. A global strategy of economic development and regional innovation should be set up, and a mutually beneficial symbiotic pattern of regional development and innovation established. Both regional integration and the construction of an innovative community require such a win-win public interest platform.

Does High-speed Rail Improve Regional Innovation in China?

BIAN Yuanchao　WU Lihua　BAI Junhong

(School of Business, Nanjing Normal University;

School of Economics and Management, Southeast University)

In recent years, the rapid development of the High-Speed Railway (HSR) among different regions in China has accelerated the flow of innovation factors such as high-quality labor, knowledge, technology, information, and experiences. This not only promotes a spillover of knowledge and information, but also has an important impact on regional innovation. Based on the review of the literature, this paper uses the flow of innovation factors under the framework of the New Economic Geography to explore the impact of the HSR on the regional innovation and its spatial disparity. We take HSR availability data for 287 cities from 2004 to 2015 as a quasi-natural experimental sample to analyze the empirical effect of the HSR on regional innovation performance.

According to the results, the opening of the HSR significantly improved regional innovation performance during the study period by promoting the flow of innovation factors such as high-quality labor. The HSR also had an important impact on the spatial disparity of regional innovation, as innovation performance was higher for cities with HSR than for those without. This means that extending the HSR could further widen the innovation disparity between cities. Both effects also show significant time-dynamic characteristics. Estimation results for different areas show that the opening of HSR can promote innovation performance and widen spatial disparities in the eastern area, yet has no significant impact on innovation performance and its spatial disparity in the central and western areas due to the brain drain caused by the opening of the HSR.

The policy implications of the above conclusions are as follows. Firstly, local governments should constantly promote HSR construction according to the practical demand for economic and social development, and improve the deep integration of HSR construction and regional development to maximize the HSR's role in promoting regional innovation activity. Secondly, to encourage the full flow of high-quality innovation factors among different regions, each area should build a sounder knowledge spillover system and eliminate institutional barriers. Thirdly, cities that remain without HSR should constantly improve their overall competitiveness through economic and social development to attract HSR investment. Such cities also need to improve their interconnection with cities that have HSR, and to integrate seamlessly through various channels to integrate into the HSR "innovation circle."

This study makes several contributions. Firstly, it is one of the earliest studies to empirically examine the impact of HSR on regional innovation activity in China. It uses the Difference-in-Differences model and a quasi-natural experiment to research the HSR's economic effects. This study also examines the mechanism through which the HSR impacts on regional innovation performance from the perspective of the flow of innovation factors based on the NEG theory framework. Finally, it explores whether the opening of HSR has widened or narrowed the spatial disparity in regional innovation, inspiring a more comprehensive analysis of the impact of HSR on regional innovation and the optimization of China's regional innovation spatial pattern.

In addition to accelerating the flow of high-quality labor, technology, information, and capital among different areas, the HSR construction also influence regional innovation activity. It would also be interesting to explore the direction (inflow or outflow) of innovation factors after the opening of HSR, its impact on regional innovation performance, and its spatial disparity if the relevant data are available.

Is Cooperation Important? Collaboration Culture and Innovation

PAN Jianping　PAN Yue　MA Yihan

(School of Economics and Management, Southeast University;

School of Economics, Xiamen University)

Zingales (2015) believes that financial research is undergoing a cultural revolution. Firms are the best experimental objects for evaluating the influence of culture on the individual entity, not only because a firm is able to reshape its cultural orientation, allowing its cultural characteristics to vary over time, but also because the large number of firms constitutes a sufficient sample size for research. These advantages suggest that corporate culture will be the main focus of research on this cultural revolution.

Corporate culture, described as the values and norms defined and shaped by firms for their own employees, is an important strategic asset. The main purpose of corporate culture is to drive employees to form behavior patterns that are beneficial to their firm. Among the vast range of characteristics of corporate culture, collaboration is highly related to innovation, mainly because firms that emphasize collaboration cooperate more willingly with external research institutes in R&D activities. Meanwhile, an emphasis on collaboration within a firm not only helps to establish information sharing among employees and promote private information sharing, but also improves cohesion and teamwork among R&D staff. However, there are also some obvious negative effects of collaboration culture. Both (cinternal and external) sides have the incentive to be free riders. Furthemiore, information sharing during collaboration may lead to technology leakages. A collaborative culture also represents a collective tendency to emphasize teamwork, which may leave little space for the development of an individual's unique talents. Moreover, as employee turnover is limited in such firms, employees gradually lose their sense of career uncertainty and slacken their work, which negatively affects innovation.

The goal of this paper is to apply textual analysis to further our understanding of the effect of a collaboration culture on firm innovation. We establish a word bag of synonyms of "collaboration" and create two indicators to measure a firm's collaboration culture. One indicator is based on whether collaboration or its synonyms are included in the vision, mission, or core values presented on the firm's website; the other is defined as the frequency of occurrence of the word collaboration and its synonyms divided by the total number of words in the MD&A sections of the annual report. We use these two indicators as proxies to measure the collaboration culture of listed firms and investigate its impact on corporate innovation. We find that a collaboration culture is positively correlated with the firm's innovation output and innovation efficiency. This result remains robust even after adding further control variables, selecting rice acreage as an instrumental variable, and performing a PSM-DID analysis with the abnormal replacement of the CEO. Furthermore, our results suggest that improved cohesion between employees and the promotion of collaboration between university and industry are two dominant mechanisms that enhance corporate innovation. We also find this positive effect is more pronounced in industries with a higher degree of competition and in regions with higher social trust or a greater concentration of interconnected industries.

Our paper makes two contributions to the literature. First, it enriches the limited literature on corporate culture by measuring the collaboration culture of each firm through textual analysis and then exploring its impact on corporate innovation. Our paper not only provides a new methodology for assessing corporate culture among large samples, but also reveals the mechanisms by which a collaboration culture affects corporate innovation. Thus, it sheds light on the importance of cultural capital and provides empirical evidences for the national strategy of building a culturally strong country. Second, our paper contributes to the literature on corporate innovation. Although both national and regional factors have been proven to influence innovation, along with micro-level factors such as corporate governance and litigation risk, we know little about how corporate culture affects innovation. Our findings not only enrich the literature by focusing on this relationship, but also provide practical references for the construction of firms and the development of a corporate culture that accords with innovation.

Diversified M&As: Premium and Corporate Transformation

YANG Wei ZHAO Zhongkuang SONG Min

(Economics and Management School, Wuhan University)

In recent years, increasing attention has been paid to the role of the M&A (merger and acquisition) market in improving the quality of companies and optimizing the allocation of resources. The scale of the M&As of listed companies has expanded year by year, and exceeded RMB 1 million yuan in 2015. The active M&A market emerged when China's economy began to shift from high-speed growth to high-quality development, and the successful transformation of traditional enterprises has been a key factor in achieving long-term stable economic growth. Therefore, whether M&As, especially diversified M&As, can help enterprises successfully transform has become an increasingly important issue for all parties.

Diversified M&As refer to M&As in which the acquirer and the target are from different industries. Foreign studies and the early domestic researches have generally found that diversified M&As do not perform as well as mergers within the same industry. However, considering the rapid development of the M&A market in China, we believe that the performance of diversified M&As may have changed. In this paper, we use the M&A data of A-share listed companies from 2008 to 2014 (from the Wind database). The cumulative excess returns of the intra-industry and diversified M&As in the event window are 18.73% and 27.15%, respectively, and diversified M&As carry a premium of 8.42% compared with intra-industry M&As. To investigate why diversified M&As have a premium, we explore the determinants of different types of M&As and the underlying roots of the M&A premiums. First, we find that a lower return on assets before a merger can predict that a company is more likely to choose to conduct to diversified M&A, which suggests that many acquirers have reached a developmental bottleneck in their original industry and have to enter new business areas through diversified M&As. Second, we find that the proportion of the profit from a newly acquired business and the difference between the profit of the newly acquired business and the original business can significantly explain the diversification premium. Our results consistently show that companies with weak performance achieve transformation through diversified M&As. We also use the change in performance over one to three years after the merger as an explanatory variable and find that the improvement in a company's performance is established within one to three years. This shows that investors recognize the improvement in a company's fundamentals in an M&A. Thus, the stock price response on the announcement day is not solely due to the optimism of investors.

The results of this paper show that many poorly performing companies have undergone transformations through diversified M&As, which not only improved their performance but also gained the attention of investors. However, we need to examine why good quality assets are being acquired by poorly performing listed companies through M&As. The reason may be that the listing and delisting system in the Chinese capital market has some limitations. On the one hand, high-quality assets cannot obtain financial resources through IPOs. On the other hand, enterprises with poor performance still have a relatively high shell value because they will not be delisted (Li and Cheng, 2006). Under these constraints, the optimal choice of both parties is to integrate the high-quality assets of the target enterprises and the financial resources of the listed enterprises through an M&A. Because the two parties are likely to be in different industries, the M&A will be presented in the form of a diversified M&A. To further confirm that diversified M&As help enterprises transform, we exclude three alternative theories that may explain the preference for diversified M&As: principal-agent theory, internal market theory, and life cycle theory.

The findings of this paper add to the literature on the motivations for conducting diversified M&As (Fang, 2008; Liu et al., 2009). We find that companies with poor performance are more inclined to participate in diversified M&As, which suggests that diversified M&As originate from the needs of the company. Our findings also enrich the research on whether diversified M&As can create value for shareholders (Berger and Ofek, 1999; Li and Zhu, 2006). Based on the recent development of the A-share M&A market, we find that the market reaction to diversified M&As and the improvements in the companies' fundamentals are superior to those of intra-industry M&As, and are mainly conducted by companies wishing to enter a new business. Moreover, we propose that diversified M&As can serve as a realistic means for enterprises to transform, and provide new evidences for the role of the capital market in servicing the real economy (Cheng et al., 2016; Pan et al., 2019).

Financial Literacy in Small and Micro Enterprises and Innovation Consciousness and Vitality: An Empirical Analysis Based on the CMES Data

HUANG Yuhong HUANG Lin

(Institute of Chinese Financial Studies/
Research Institute of Economics and Management,
Southwestern University of Finance and Economics)

Innovation is one of the "twin engines" promoting China's economic growth and structural transformation. Whether small and micro enterprises can adapt to innovation requirements and challenges in the market is key to determining their future development and even the direction of the overall economy. Considering that a typical characteristic of small and micro enterprises is highly integrated management rights and ownership, we explore whether innovation consciousness and vitality can be improved by enhancing the human capital endowment of entrepreneurs in addition to the external mechanisms of enhancing financial support, providing government subsidies, and reducing the tax burden. This study examines the important role of financial literacy in promoting innovation consciousness and vitality in small and micro enterprises from the perspective of human capital theory.

First, financial literacy reflects the individuals' understanding of the economic and financial environment and their decision-making abilities. Entrepreneurs with high financial literacy can better understand the law of economic development and thus foresee market opportunities because it is crucial for entrepreneurs to recognize innovation opportunities and prospects. Therefore, high financial literacy can effectively enhance innovation consciousness of entrepreneus. Second, the inhibiting effect of formal financial credit constraints on innovation vitality has been widely proved. Because of the unfamiliarity with the products, processes, and related policies of formal credit, people tend to show less credit demand, which induces demand-restrained credit constraints. Financial literacy can effectively improve the understanding of formal financial products and services, thereby alleviating such credit constraints and promoting innovation vitality. Based on the above analysis, we believe that financial literacy, as an aspect of human capital, influences innovation consciousness through a market cognition mechanism and innovation vitality through a credit constraint mechanism.

Based on data from the China Small and Micro Enterprises Survey (CMES), we identify the understanding and calculation of interest rates, inflation, and investment risk among small and micro entrepreneurs, and construct a financial literacy indicator using factor analysis. The empirical results show that financial literacy significantly improves the innovation consciousness of small and micro enterprises. Entrepreneurs care more about the innovation and novation abilities of employees, and the innovation vitality of the enterprise is also effectively improved. These results hold when using entrepreneur training experience or attention to economic and financial information as proxy variable for financial literacy and endogeneity testing. We also find a lower impact of financial literacy on technological innovation vitality compared with other types of resources because credit constraints are secondary to those of technology and human resources. Moreover, we distinguish the market environment using the Fangang total market index, non-state-owned economic development index, and financial marketization index to verify the different mechanisms of financial literacy on innovation consciousness and vitality. In areas with high marketization, good non-state-owned economic development, and high financial marketization, small and micro enterprises have strong innovation vitality but weak innovation consciousness. The main role of financial literacy is to promote innovation consciousness through enhancing the market cognition mechanism. In areas with low marketization, poor non-state-owned economic development, and low financial marketization, small and micro enterprises have strong innovation consciousness but weak innovation vitality. The role of financial literacy lies mainly in promoting innovation vitality? that is, through the mechanism of alleviating demand-restrained credit constraints.

The findings of this study provide insight into how to improve the innovation consciousness and vitality of small and micro enterprises in different market environments. Future work could explore the influence of financial literacy on innovation efficiency. Furthermore, as financial literacy can effectively alleviate demand-restrained credit constraints, we provide a new way of solving the financing difficulties of small and micro enterprises.

05 Financial Markets

Price Discovery in China's Interest Rate Markets: Evidence from the Treasury Spot, Futures, and Interest Rate Swaps Markets

ZHANG Jinfan TANG Yingwei GANG Jianhua FAN Linli

(School of Management and Economics, Chinese University of Hong Kong, Shenzhen, Shenzhen Finance Institute, International Monetary Institute, Renmin University of China; Shanghai Commercial Paper Exchange Corporation LTD; China Financial Policy Research Center, School of Finance, Renmin University of China; Zhengzhou Commodity Exchange)

An important aim of China's financial system reform is to develop direct finance and construct multiple-layer financial markets. The interest rate markets, including the Treasury bond spot market and interest rate derivative markets, play the role of determining the risk free interest rate in the economy. Because the risk free rate is essential for the valuation of all financial assets, the interest rate market provides the foundation for a sophisticated financial system. However, a malfunctioning interest rate market would create disorder in all of the other major financial markets. Given the central role of the interest rate markets, this paper examines the efficiency of these markets in terms of the timely incorporation of new information into the price.

This paper focuses on three markets: the Treasury spot market, the Treasury futures market, and the interest rate swaps market. The prices in these three markets reflect the expectations on the future short-term risk-free rate in each individual market. If all of these markets are efficient, the prices should move together and simultaneously reflect new information. However, if there is friction in any of these markets, we would expect to detect heterogeneous price movements across the markets.

We use the information share model and three-dimensional Vector Autoregressive Conditional Heteroscedasticity (VAR-MGARCH) model to examine the information flow among different markets. This paper uses the 10-year futures contract prices, 5-year interest rate swap prices, and 10-year treasury bond spot prices as our research sample. These are the most liquid financial assets in their respective markets and therefore can best represent the information efficiency of these markets. Our data sample is of trading-day frequency from March 20th, 2015 to December 28th, 2018. The sample contains 925 trading days in total.

Using the information share model, we find that the interest rate swaps market and the futures market both lead the spot market in terms of price discovery. However, the interest rate swaps moderately outperform the futures market in the full sample. By dividing our sample into two subsamples according to time, we find that the information advantage of the derivatives markets over the spot market strengthens in the recent period. Moreover, of the two derivatives markets, the futures market appears to grow faster than the swaps market. Although the swaps market dominates the futures market in terms of price discovery in the earlier period, the futures market becomes more advantageous in the recent period.

To corroborate our results, we further exploit the VAR model and the Granger Causality test. The results show that the interest rate swap price directs both the futures price and the spot price of Treasury bonds unidirectionally, and the futures price also directs the spot price unidirectionally. These findings demonstrate that information flows from the derivatives markets to the spot market. Finally, we also use the VAR-MGARCH model to explore the transmission mechanism of the conditional variances among the markets. We find strong volatility interactions among the spot, futures, and interest rate swaps markets.

The information advantage of the derivatives markets can be attributed not only to the higher leverage and easier short-selling, but also to the investor structure. The major investors in China's Treasury bond spot market are big domestic commercial banks and insurance companies. These large institutional investors usually invest in Treasury bonds to meet their regulatory requirements or optimize their balance sheet structure, rather than to generate high trading profits. In contrast, the major players in the futures and interest rate swaps markets are mainly brokerage firms, investment banks, hedge funds, and sophisticated individual investors who actively explore the trading opportunities.

Because the large institutional investors in the Treasury spot market do not trade actively, their information on the interest rate may not be incorporated into the spot market's prices immediately, which would weaken the price discovery process in this market. In the derivatives markets, the investors have much incentives to generate profits through active tradings, which strengthens the price discovery process in these markets.

Influence of the Self-regulation Mechanism on the Shibor Ask Price

TAN Dekai HE Feng

(Institute of Finance and Development, Nankai University;
School of Finance, Tianjin University of Finance and Economics)

The Shanghai Interbank Offered Rate (Shibor) is an important candidate for the benchmark interest rate in China's financial market. However, this interest rate has two major shortcomings, unstable and easy to manipulate. In response to these shortcomings, on September 24th, 2013, a self-regulation mechanism was introduced. In July 2014, the mechanism was expanded for the first time, with 93 basic members being added alongside the 10 core members. The basic members can participate in off-market quotations and are competitors in in-market quotations. The self-regulation mechanism regularly assesses the quotations of member banks and eliminates banks with low-quality quotations. Although this mechanism will undoubtedly have an important impact on bank quotations, the nature of this effect is still not fully understood. Thus, in this paper, we examine the influence of the self-regulation mechanism on Shibor volatility and the herd behavior in quotations. The results can provide theoretical references to further improve the relevant systems.

We use the first expansion of the self-regulation mechanism in July 2014 as a dummy variable. We then analyze the daily rate of Shibor from 2007 to 2017 using the ARJI-GARCH model. The results show that after the self-regulation mechanism is implemented, the volatility of the Shibor from overnight to one month decreases significantly. Using the Shibor monthly standard deviation as an explanatory variable, the results of the OLS regressions and propensity score matching also show that the defect of the Shibor fluctuation from overnight to one month is greatly improved after the implementation of the self-regulation mechanism.

However, because the effectiveness of a stable shibor is under question, we further examine whether the self-regulation mechanism makes the behavior of the quotation banks more conservative and leads them to adopt a more herd-like strategy when quoting. Bohl et al. (2017) pointed out that Chang et al. (2000) may have underestimated the herd behavior in the market. Thus, we improve the ARJI-GARCH model and design a new method that can detect fragile herding behavior undected before. By comparing the dispersion before and after the self-regulation mechanism is implemented, we are able to generate the following conclusions. First, the degree of quotation dispersion increases significantly after the self-regulation mechanism is implemented, which means that the behavior of the quotation banks is not completely conservative. Second, before the self-regulation mechanism comes into play, the free-riding motive is the main reason for the herding behavior, with the three-month or longer period Shibor showing obvious herding behavior when the interest rate fluctuates significantly. Third, after the self-regulation mechanism is implemented, the motivation for maintaining reputation is the main cause of herding behavior, as the Shibor from overnight to one month begins to show herding behavior when the interest rate fluctuations are large. Thus, although the self-regulation mechanism reduces the overall volatility of Shibor, it also enhances the herd behavior in quotations and fails to address the easy manipulation of Shibor. Therefore, the design of the elimination mechanism in the self-regulation mechanism needs to be improved, and the benchmark interest rate position of Shibor for a period of more than three months should been strengthened. After all, because self-regulation is not compulsory, there is the possibility of industry collusion. In the future, more attention needs to be paid to the construction of relevant legal systems.

The contributions of this paper are as follows. First, this paper is the first to analyze the impact of the self-regulation mechanism on Shibor quotations, and the motivation and characteristics of the herding behavior of the quotation banks. Second, based on the literature, we construct a new method that can detect fragile herding behavior undetected before. The results show that without this new method, we are unable to find sufficient evidence of herding behavior in the short-term Shibor before the self-regulation mechanism is implemented.

Is Trust Priced? Evidence from the Bond Market

YANG Guochao PAN Yuzhang

(School of Accounting, Zhongnan University of Economics and Law;
Xiangcai Securities Co., Ltd)

Formal institutions can promote financial development and economic growth by reducing contract execution costs. However, once informal institutions such as trust are lacking, the implementation cost of a contract may be too high. Economists and sociologists have long acknowledged the importance of trust, but empirical studies on trust in financial markets have only emerged in recent years (Zingales, 2015). The literature focuses only on trust in the stock market (Li, 2006), bank credit market (Zhang and Li, 2012), and firm supply chains (Liu et al., 2009), while its impact on the bond market has not yet been studied. Yet the issue of trust in the bond market is crucial. First, compared with the bank credit market, the problem of information asymmetry in the bond market is difficult to alleviate effectively, especially when the credibility of credit rating agencies in China is questioned. Moreover, as the bond market has relatively low requirements for formal institutions relative to the stock market, the role of trust becomes even more important. Second, trust is a "public good" at the regional level. In recent years, many bond defaults in China have caused bond investors to distrust individual companies, and this distrust has spread to other companies in the same region.

This paper takes all of the corporate bonds, enterprise bonds, and medium-term notes issued in China's bond market from 2008 to 2015 as the research sample, and uses the questionnaire survey conducted by Professor Zhang in

2000 through the "Chinese Entrepreneur Survey System" to obtain the level of trust in the provinces (Zhang and Ke, 2002). Relying on these data, we study the role of trust as an informal institution in the bond market. Bond issuance data and financial data are taken from the Wind database, the bond market index is from the China Bond Information Network, and the provincial macroeconomic data comes from the CSMAR database. Our results show that trust does help to improve the bond credit rating and reduce the bond credit spread, and this conclusion remains valid after applying different trust metrics, including possible omitted variables and instrumental variables. At the same time, this paper uses the data from The Supreme People's Court's "List of Defaulters" to construct indicators for the level of untrustworthiness in each province, and finds that an increase in untrustworthiness lowers the bond credit rating and increases the bond credit spread. Further, using path analysis, trust is found to affect bond financing both directly and indirectly by improving the quality of financial reporting. The results show that not only investors are subjectively more willing to believe in companies in high-trust areas, but these companies are also objectively more credible. We also find that the positive effect of trust on bond ratings and pricing is more pronounced for state-owned enterprises, companies in areas with a developed financial industry, and companies that issue bonds more often. That is, the more repeated opportunities for interaction between investors and issuers, the greater the level of trust.

The contributions of this paper are as follows. First, the existing research focuses on the impact of formal institutions on bond credit ratings and pricing, whereas this paper focuses on the crucial role of deep cultural factors such as trust in the bond market. Second, this paper seeks a new theoretical premise for the question of how trust develops, which is through repeated interaction opportunities. Studies have shown that informal institutions such as trust play an important role when investor protection is weaker or disclosure quality is lower (Aghion et al., 2010; Guiso et al., 2004; Pevzner et al., 2015). This paper identifies three variables related to repeated interactions and finds that when there are more opportunities for interaction, the role of trust is greater. It can be seen that the relationship between trust and the external environment is not simple. Our findings help to clarify the underlying reasons why trust plays a role in economic activity, and provide new evidence for the literature on the conditions under which trust can develop.

The conclusions have important policy implications. The Chinese government takes formal systems (such as legislation and government review) into account when promoting enterprises to reduce corporate financing costs. This paper shows that informal mechanisms such as trust are equally important to the development of China's bond market. It is even more important to strengthen the construction of trust as a regional public good when the crisis of distrust of individual companies spreads to other enterprises in the same region.

Does the Treasury Bond Futures Contract Stabilize the Treasury Market? A China's Financial Cycle Perspective

ZHANG Zongxin ZHANG Xiuxiu

(Institute for Financial Studies, Fudan University)

The role of financial derivatives in stabilizing the spot market has always been a concern of macro policy makers and academics. Stock index futures played a role in the 2015 A-share stock market crash by aggravating spot volatility, and knowing whether China's Treasury bond futures would repeat this role is key to preventing systemic risks in the financial market in the context of China's continuous financial deleveraging and strong supervision. In a developed Treasury bond futures market, the inherent characteristics of a futures market, such as leverage trading, low cost, and few short-selling restrictions, have a stabilizing effect on the spot market. However, the futures market is immature in China, and it is necessary to improve market functions and mechanisms. Macro financial security and financial market stability require regulators to clarify the intrinsic function and role of futures and to minimize the negative effects of financial derivatives. The traditional analytical framework ignores the financial cycle risk and its superposition on the economic cycle. This study combines the market information transmission path and the micro mechanism of participant behavior in the Treasury bond futures market with China's financial cycle volatility to explore the mechanism that links futures contract to spot market volatility.

The study uses the EGARCH model to describe the wave aggregation effect, as it does not need to limit the positive and negative coefficients of the variance equation. The VAR-GARCH-BEKK model is used to study the volatility spillover effect. Kogan et al. (2009) propose that the influence of base difference on conditional volatility is asymmetric. In this study, the asymmetry of base difference is introduced into the model to analyze the influence of current base differences on market volatility. Indicators such as expected and unexpected trading volume in the Treasury bond market, futures speculation and hedging behavior, and financial cycle fluctuation are constructed. A financial cycle index is synthesized using credit, credit/GDP, real estate price, and M2 year-on-year growth rate. The research sample consists of the main contract of 5-year Treasury bond futures. The bond sample is divided into newly issued deliverable Treasury bond and deliverable Treasury bond with the same yield.

The results show that the volatility of China's Treasury bond market is significantly reduced after the introduction of a 5-year Treasury bond futures contract, that is, the futures market has a stabilizing effect. The Treasury bond futures market mitigates the impact of financial cycle volatility on spot market volatility. Through the information channel, the futures market increases the depth of the spot market, reduces the impact of spot trading volume on spot price volatility, and enhances the effect of market information transfer after adjusting for trading mechanisms such as fluctuation limit, margin ratio, and gradient position limit. The positive and negative basis differences have significant asymmetric effects on the fluctuation of bonds, but the positive basis difference is more effective. Among the futures investor behavior, the activity of speculators in Treasury bond futures is directly proportional to the spot volatility, whereas that of hedgers is inversely proportional to spot volatility.

The study makes three contributions. First, focusing on the analysis of the micro mechanisms of market volatility, the study explores the path through which the Treasury bond futures market stabilizes the spot market by considering information transitions and different types of participants. Second, the study analyzes the impact of financial cycle risk on the volatility of the Treasury bond spot market. Third, this study explores whether the Treasury bond futures market in China restrains the impact of financial cycle risk on the stability of the spot market, and provides evidences that the Treasury bond futures contract is an effective interest rate risk management tool under financial cycle fluctuation. To stabilize the operation of the Treasury bond market and establish a mechanism for financial market stability mechanism, we should strengthen the supervision of speculative trading in Treasury bond futures, prevent excessive speculation, and enhance futures hedging.

Environmental Information Transparency and Corporate Credit Ratings: Evidence from Bond Ratings Markets

CHANG Yingying ZENG Quan

(School of Business Administration, Jimei University;
School of Management, Xiamen University)

Previous studies pay much attention to the impacts of corporate environmental information on firm value, the cost of capital, and firm risk. Nevertheless, there is little evidence regarding whether corporate environmental information affects the decision-making process of market intermediaries. Moreover, in China, environmental governance has attracted increasing attention from practitioners, the government, and the public. And they wish to figure out the mechanism of the relationship between environmental information and firm value. In response, this study investigates whether environmental information disclosures convey value information to investors via the channel of rating agencies.

We have several reasons to predict a positive association between environmental information transparency and corporate credit ratings. In general, transparent environmental information plays an important role in signaling superior environmental performance, which may be conducive to reducing litigation risks and avoiding regulations. Clearly, litigation risks and regulations are more likely to result in many uncertainties? such as fines, compensations, mandatory close, rectification, and administrative sanction, which may lead to a downward shift in the mean of expected cash flows and/or an increase in the variance of expected cash flows, and thus may increase the risk that a firm cannot pay off debts. Moreover, according to the consistency theory, managers with environmental responsibility usually are honest and trustworthy, and thus are less likely to conduct opportunistic behavior which may increase agency costs. Accordingly, we predict that environmental information transparency is associated with an increase in the likelihood of upgrading corporate ratings.

To test above prediction, we construct an index to measure corporate environmental information transparency and collect mannually data from annual reports, CSR standalone reports or/and other sources such as corporate websites. We obtain data about corporate credit ratings from the China Stock Market Accounting Research (CSMAR) database. Data about ownership, financial performance, corporate characteristics, capital structure, and stock returns are also collected from CSMAR database. In this study, all continuous variables are winsorized at the top and bottom 1% of their distributions.

Using a sample of Chinese listed firms over the period of 2008—2015, we find that environmental information transparency is significantly associated with upgrading corporate credit ratings and environmental information affects rating decisions by conveying the information about idiosyncratic risk, earnings persistence, and earnings quality. Moreover, we find that the positive association between environmental information transparency and corporate credit ratings is more pronounced for firms with superior internal control (high-quality auditing) than for their counterparts. Above results are still valid with several robustness checks, including controlling the endogeneity issue between environmental information transparency and corporate credit ratings by adopting two-stage instrumental variable regression method, firm-level fixed effects model, and propensity score matching method. In the additional tests, we show that environmental information transparency can reduce the cost of bond financing through the channel of upgrading credit ratings and the effects of environmental information transparency on corporate credit ratings, and the cost of bond financing are more pronounced for firms in polluting industries than for their counterparts.

Our study contributes to the existing literature in several ways. First, this study adds to the extant literature about the determinates of credit ratings and provides an important reference for understanding the roles of environmental information in bond markets and how nonfinancial information influences investors' decision-making. Second, our study adds a novel insight to prior literature about economic consequences of environmental information disclosure. Third, we extend previous studies about the impacts of corporate governance on credit ratings by revealing a reinforcement effect between internal control (high-quality auditing) and environmental information transparency. Fourth, the existing literature about bond pricing can benefit from our findings, which addresses how environmental information affects the cost of bond financing through credit ratings. Finally, our findings contribute to previous studies by showing the asymmetry effects of environmental information transparency on credit ratings and bond pricing between polluting and non-polluting industries.

This study has several implications. First, regulators should take actions to improve the laws and regulations about environmental information disclosure. Second, the government should consider the role of environmental information in capital markets to guide environmental conservation. Third, practitioners should take advantage of the reinforcement effect between environmental information disclosure and corporate governance to improve environmental governance. Finally, managers and investors should improve communications with market intermediaries.

Certainly, there exist several limitations in this study. First, environmental information transparency index is built on voluntary information disclosure, which may lead to sample selection bias. Second, this study covers the sample period of 2008—2015, and thus scholars can extend the sample period to further examine the validity of our findings. Finally, our findings are valid for listed companies. Scholars may provide additional evidence to address whether above findings still hold for non-listed companies.

How Do Restrictive Trading Regulations Affect the Relationship between Stock Index Futures and the Spot Market?

XU Rong　LIU Chengli

(School of Finance, Chinese Financial Research Policy Center, Renmin University of China)

Should stock index futures be restricted during a stock market crisis, and how do such restrictions affect the relationship between stock index futures and the spot market? It is important to systematically evaluate whether these restrictive trading measures have sufficiently solid regulatory motivation and achieve their intended effects. To fulfil the above task, empirical research is required from multiple perspectives, including the price lead-lag relationship and the volatility spillover between stock index futures and spot prices. This study aims to quantify the impact of regulations restricting the trading of stock index futures on the relationship between stock index futures and spot prices in terms of the lead-lag relationship and price discovery function.

We use the information share model (I-S model) proposed by Hasbrouck (1995) to test the price discovery function of the stock index futures. To further test their effects on the stock market under different market conditions and whether stock index futures can play the role of boosting or depressing prices, we also introduce a quantile regression method.

Using high frequency data from the CSI 300 index and the corresponding stock index futures in China, this study investigates the influence of the restrictive trading regulations during the 2015 Chinese equity market crisis on the relationship between the Chinese stock index futures market and the stock market. We divide the research sample into two stages, pre-and post-restriction, and examine the relationship between stock index futures market and spot stock market prices in three samples: the whole sample, pre-restriction, and post-restriction.

Using the I-S, P-T, and quantile regression models, the empirical results show that before the trading restrictions were implemented, the stock index futures had a greater impact on stock market prices, especially during the sharp price decline. Because the large increase in transaction costs on the futures market reduced the information share and component share weightings of the futures market, the restrictive trading regulations weakened the influence of the futures market on the stock market, changing the mode from "depressing more than boosting" and thus enhancing the effect of stock index futures in lifting the market.

The potential contributions of this paper are as foliows. First, to our knowledge, this is the first study to directly investigate and quantify the impact of restrictive futures trading regulations on the relationship between stock index futures and spot prices. It provides direct empirical evidence for the transaction cost hypothesis of the price discovery function of stock index futures. This study also takes advantage of the restrictive trading regulations during the stock market crisis in 2015, which led to a sharp rise in transaction costs of stock index futures, and directly observes and quantifies the resulting impact on the relationship between these futures and spot prices. Therefore, compared to the indirect evidence provided by previous research, this study can be regarded as a direct empirical analysis of the transaction cost hypothesis supporting the price discovery function of stock index futures. Second, this study helps to assess whether such restrictive trading regulations have regulatory effects during a stock market crisis. From the perspective of policy design, the restrictive measures of regulatory authorities on stock index futures trading during the stock market crisis produced certain expected effects, that is, the restrictive trading regulations did weaken the impact of stock index futures on the stock market, and to an extent changed the asymmetric effect of "depressing rather than boosting," thus enhancing the impact of stock index futures on the stock market when prices rise. Furthermore, compared to Miao et al. (2017), who provide empirical evidences from the perspective of volatility spillover between stock index futures and the spot market to measure the regulatory motivation of restrictive trading policies, this research provides empirical evidences to measure the regulatory effects from the price lead-lag perspective between stock index futures and the spot market.

Has the Tiered System Enhanced the Liquidity of the NEEQ? Empirical Evidence from the Multivariate Regression Discontinuity Design

YAN Weibo WANG Xiaohua WEN Jun

(School of Economics and Finance, Xi' an Jiaotong University;

College of Economics and Management, Southwest University)

The National Equities Exchange and Quotations, which has held for more than 10 thousand innovative and developing companies, now gains its' indispensable position in the multilevel capital market in China since it was extended to a nationally OTC stock market in 2013. The newly built stock market, however, suffers from severe inadequacy of liquidity. To manage the heterogeneous companies efficiently and promote the liquidity condition of the NEEQ, the supervisor has designed a tiered system to divide the listed companies into different levels. The companies of the NEEQ are allocated into the basic tier and innovative tier according to criteria of profit, growth and market making. Any company who is qualified in the minimum requirements of one of the three criteria can choose to enter the innovative tier, otherwise it will remain in the basic tier. Whether the special trial of the microstructure of the NEEQ has addressed the dilemma of the liquidity remains to be evaluated.

This paper tries to assess the policy effects of the tiered system on the liquidity of the NEEQ by multivariate regression discontinuity designs. The specific financial indexes of each criteria can be regarded as three discontinuity points in the multivariate space. We identify the treatment effects of the three criteria by exploiting three different sharp RDD, respectively. The data of the listed companies in 2014 and 2015, according to which the trier system is operated for the first time, is used to select the experiment groups and control groups of each RDD. To guarantee that the companies cannot manipulate their financial outcomes to reach the requirements of the innovative tier we firstly examine the discontinuity of the assignment variables. We find that the assignment variables of the growth criterion are discontinuous around the critical point, indicating that the existence of the self-selection may lead the subsequent RDD invalid. Therefore, we can only identify the treatment effects of the profit and market making criteria. Our results are twofold. Firstly, the profit criterion, which emphasizes on the profitability of the companies, has improved about 74.1% of the Amihud index and 45.1% of the turnover of the companies who entered the innovative tier through this criterion. Secondly, the market making criterion, which emphasize on the market making scale of the companies, however, hasn't boost the liquidity of the companies on the innovative tier significantly. Our results remain robust after conducting the following robust checks: (1) we change the window width of the assignment variables, (2) run the polynomial regressions to avoid that we identify the nonlinear curve as a "jump", (3) run the nonparametric regressions to avoid that we set the parameters erroneously, and (4) conduct a placebo test which is distinguished from the traditional univariate RDD in that our critical point is located in a space. We randomly extract 10000 points as the virtual critical points to repeat the RDD for 10000 times. The results are quite robust as the policy effects on most of the chosen points are insignificant, while significant around the true critical point. Why companies listed on the innovative tier through different criteria lead to a bifurcation in the liquidity prompting effect? We suppose that the innovative tier enhances the requirements of the listed companies without releasing corresponding bonus, then failed to guide the expectation of the tiered system. Thus the liquidity prompting effect of companies on the innovative tier depends on the investor recognition.

Compared to the profit criterion who selects the profitable companies, the market making criterion is more accessible, resuting in a low investor recognition. Moreover, as the tiered system and the market making system are two fundamental systems of the NEEQ, we further investigate the interaction effect of them. Specifically, the tiered system claims that any company who applies to list on the innovative tier since its' initial public offerings has to adopt market making transfer. We evaluate the moderating effect of the market making system on the tiered system by comparing the liquidity promoting effect of the negotiating-transferred companies and the market making ones. The empirical evidence indicates that the market making companies perform worse in liquidity than the negotiating ones. But within the market making companies, the number of the market makers is benefit for the liquidity.

These findings shade new lights on the tiered system and the moderating mechanism among institutes of the NEEQ. Firstly, enhancing the liquidity of the NEEQ leads a fundamental and pilot role of other institution innovations, however, equipped mechanisms are needed to strengthen the efficiency of the tiered system. Secondly, the supervisor should enhance the credibility of the reports of the companies of the tiered system such that the resources of the innovative tier are allocated competitively. Thirdly, the market making criterion is invalid regarding the liquidity of the companies, therefore, it has to be rectified in the next adjustment of the tier system of the NEEQ. Also, the requirements that companies must adopt market making transfer when entering the innovative tier should be abolished since the transaction methods are selected by the companies rationally. Finally, as for the marginal contribution to the identification method of our paper, some tentative techniques exploited by us may be heuristic for some regression discontinuity design based literature.

Investor Attention and the Stock Market: A New Perspective on PM2. 5 Concept Stocks

YANG Tao GUO Mengmeng

(Research Institute of Economics and Management,

Southwestern University of Finance and Economics)

Substantial empirical evidences suggest that investor attention significantly influences asset prices (Da, Engelberg and Gao, 2011). Specifically, high levels of attention can induce strong price reactions (Barber, Odean and Zhu, 2008, 2009). Conversely, low levels only bring under-reaction to news (Dellavigna and Pollet, 2009) ; furthermore, prices only react to news that investors pay attention to (Huberman and Regev, 2001). As the economy develops, air pollution is becoming a severe problem in China, attracting the attention of both government and residents. The stock market now has a special class of PM2. 5 concept stocks that are highly related to the prevention of air pollution. By definition at least, some of the products or techniques of such firms reduce or prevent air pollution. PM2. 5 concept stocks have become quite popular recently among both the media and investors. Moreover, the prices of these stocks rise when air pollution worsens or attention to air pollution increases. Therefore, this study investigates how PM2. 5 concept stocks react to investor attention on air pollution.

To answer this question, we collect daily data on the PM2. 5 concept stocks from Wind, the China Security Market and Accounting Research (CSMAR), and the China Research Data Services (CNRDS) from January 4th, 2013 to March 31st, 2017, totaling 42, 230 observations of 41 listed firms. We further introduce stock returns and turnover rates to measure stock performance. Following the literature, we use the Baidu search volume (Baidu Index) and media coverage of air pollution as measures of investor attention on air pollution, similar to a Google index. The Baidu index of air pollution is constructed from the sum of haze and PM2. 5 levels.

After controlling for additional factors that may influence the stock performance, such as market return, lagged turnover rate, and quarterly versus annual disclosure periods, we further control for time fixed effects such as year, month, and weekday fixed effects to filter out seasonal effects. Our empirical results are as follows. First, investor attention on air pollution displays a significantly positive effect on the stock returns and turnover rate of PM2.5 concept stocks. All coefficients are significant at the 5% level, using the clustered standard error at firm level. On average, a 1% increase in the Baidu air pollution index increases the related stock return by 0.496%. Second, different types of news about PM2.5 concept stocks have different effects on stock returns. Good news raises returns, whereas bad news reduces them. We further design a sequence of robustness checks to confirm the empirical results. (1) To address possible endogeneity issues, we introduce a novel instrumental variable, Beijing air quality, to investigate the causal effects of investor attention on stock performance. (2) We provide evidence that investor attention on the PM2.5 concept stocks or air pollution does not affect the price of other stocks, such as financial stocks. (3) Investor attention has a larger effect on stocks with small rather than large market value.

To sum up, the main contributions of this paper are as follows. First, we investigate investor attention on a specific class of stocks highly correlated with environmental issues; second, we introduce an instrument to address the endogeneity between investor attention and stock prices; third, we explore the heterogeneity of the effect of investor attention on stocks with different characteristics. In addition, this study also suggests that the Internet plays an important role in transforming information. The findings of this paper may assist investors to construct proper trading strategies to pursue higher profits.

Risky Asset Allocation and Monetary Policy Rules: A Preliminary Exploration of Macro-Investment Models under a Sticky-Price Equilibrium

YU Yue

(Industrial and Commercial Bank of China)

Despite the common market practice of predicting policy rate movements from inflation and adjusting portfolios correspondingly, few studies have formally explored the problem of portfolio selection under any given monetary policy paradigm. From a theoretical point of view, although the foundations of the Dynamic New Keynesian (DNK) model for macroeconomic policymaking and the stochastic dynamic models for portfolio selection both stem from the classical growth model, their different focuses have led to divergent formalisms and solution techniques. This paper explores a portfolio selection model under a continuous-time sticky-price general equilibrium and studies the implications of asset allocation under endogenous macroeconomic dynamics and monetary policy rules.

It is well known that the inflation-targeting paradigm that many central banks currently adopt is supported by a DNK framework in which the inefficiency of the economy is caused by inertia in price adjustments. An inflation-targeting monetary policy in this economy coincides with the optimal policy of a benevolent central bank whose optimization target is the intertemporal utility of a representative agent. Moreover, a rule-based monetary policy such as the Taylor rule avoids the inconsistency of discretionary policies. However, intuitively, investors can take advantage of a rule-based central bank and improve their portfolio performance.

More specifically, by constructing a continuous-time model of portfolio selection under a benchmark DNK economy and discussing its numerical solution techniques, this paper shows that, under optimal allocation strategies, the inverse of the Arrow-Pratt relative risk aversion function of investors decreases monotonically with a rising risk-free nominal interest rate, and exhibits a U shape with respect to inflation. This means that under the premise of an inflation-targeting monetary policy rule, the relative inclination of investors toward risky assets grows when inflation deviates from its steady state in expectation of a countervailing nominal policy rate. The results show that prior to the subprime crisis, the proposed model outperforms a traditional model that does not take monetary policy into consideration, but falls behind thereafter. A possible explanation is that before the crisis, the Fed's monetary policy can clearly be approximated by a Taylor rule that meets the prerequisites for the proposed allocation strategy, whereas after the introduction of quantitative easing, not only can the risk-free rate no longer be approximated by the Taylor rule, but the monetary policy also begins to take financial markets and institutions into account.

However, because an investor can now use risky assets for intertemporal resource allocation and its utility involves additional gains/losses from holding risky assets, the optimality of a monetary policy that targets the general price level needs to be reexamined. This paper uses the aforementioned model to discuss the macro-prudential problem of the feedback effects of investor profit-maximizing behavior on the economy. Preliminary results show that the existence of risky assets in the economy can have an effect similar to that of the financial accelerator. This gives another possible explanation for the wedge effect and differentiated risk appetite introduced in previous works on the credit channel of monetary policy transmission.

The assumptions that lead to the above results may need further justification.

For instance, the price processes of risky assets are given exogenously in this paper; moreover, the assumption that the monetary policy follows the Taylor rule may not comply with the post-crisis practice of monetary authorities. However, endogenizing risky asset dynamics and the optimal behavior of central banks will render the Bellman equation too large to be solvable, given that the complexity of the numerical method utilized in this paper grows exponentially with the number of state variables. Therefore, a more efficient solution algorithm is a prerequisite for further extensions. From the viewpoint of monetary policymaking, although rule-based policies facilitate the management of expectations and avoid the inconsistency of discretion, they may also bring about arbitrage opportunities. Therefore, future research on the design of an incentive-compatible macro-prudential regulation framework is needed to prevent investors from taking excessive risks.

Real-time Social Information and Dynamics of Reward-based Internet Crowdfunding: Based on Big Data

GU Naikang ZHAO Kunxia

(Business School, Sun Yat-sen University)

In China, reward-based crowdfunding on the Internet is developing fast and was valued at RMB 18.8 billion yuan in 2017. However, academic research on reward-based crowdfunding focuses mainly on static cross-sectional data, including the factors that affect the success of crowdfunding, the role of geographical distance, social capital and social networks in crowdfunding, etc. A few scholars undertook dynamic research, such as Burtch et al. (2012) and Kuppuswamy and Bay us (2013, 2015), exploring the changes and reasons in reward-based crowdfunding over time. Overall, however, dynamic research is still in its infancy. This paper focuses on reward-based crowdfunding in China, learns from Kuppuswamy and Bayus (2013, 2015), and draws on the theories of social responsibility diffusion and the target gradient effect to explore the dynamic impact of decisions by other supporters (real-time social information) on the decision-making of potential supporters. We systematically collect real-time big data in the process of crowdfunding and explore the impact of real-time social information.

We use Web crawler software for big data, Octopus collection software, to collect real-time information at a fixed time every day on the three reward-based crowdfunding platforms in China-Jingdong, Taobao, and Zhongchou-for 130 days from October 2015 to February 2016. Then we use data mining and collation to build up a database to record such data as the amount of support and number of people in each crowdfunding project, including both the new additions every day and the total, the number of people focusing on the project, whether the project is promoted on the website homepage, whether the project has reached its crowdfunding target, the total number of crowdfunding projects in process on the website, and the support for the most popular project on the website. Based on a total sample of 3,949 reward-based crowdfunding projects, we find that real-time social information, measured as the total amount of support and the number of people, has a dynamic impact on the decisions of potential supporters.

First, social responsibility diffusion plays an important role in reward-based crowdfunding. At the beginning, when potential supporters find that others have provided enough help and they believe the remaining amount required will be met by others, the social responsibility or compassion of potential supporters will either diminish or spread. Therefore, the regression coefficient of the amount of support added daily and the cumulative support reflecting the real-time social information is significantly positive but shows a significant downward trend over time. At the end, under the "all or nothing" rule of crowdfunding, the social responsibility and compassion of potential supporters recovers and the regression coefficient returns to a significant positive and rising trend toward the cut-off date. However, in China we find that the diffusion effect of social responsibility is stronger in the initial stage, and, although the waning effect is relatively weak at the end, it is much more obvious in projects that have not yet reached the target level near the deadline.

Nevertheless, the target gradient effect cannot be ignored in reward-based crowdfunding. The supportive decisions of others positively affect people's judgments about the value of the shared goal, and there is thus significant acceleration in support as the crowdfunding project approaches its financing objective.

This paper supports the results of Kuppuswamy and Bayus (2013, 2015) on Kickstarter. However, they use dummy variables or the absolute amount of support to examine the absolute time effect. Based on dynamic panel data, this paper uses the percentage of support and the number added every day as the dependent variable, and examines the effect under real-time information (the cumulative amount of support). We also find that the weakening effect is much more obvious in projects that have not yet reached the target level near the deadline. Our result is more persuasive.

Our findings provide a reference for initiators of reward-based crowdfunding. They should pay close attention to the diffusion of social responsibility in the initial stage of the competition. During the middle stage, initiators should secure more than half of the required financing as fast as possible. In the end stage of crowdfunding, the sponsor should be concerned to reawaken the sense of responsibility or compassion among potential supporters to achieve the financing target.

Chinese Art as an Investment: Characteristics and Interactions in Offshore and Onshore Markets

HUANG Jun LI Yuexin

(School of Applied Economics, Renmin University of China)

In the past 20 years, Chinese art markets have become among the most important art auction markets globally. Since 2009, the turnover of Chinese art markets has been comparable in magnitude to those of the United States and the United Kingdom. According to statistics from the China Association of Auctioneers (CAA), the total turnover of Chinese art in mainland China and overseas regions accounted for 36% of the total global art auction turnover in 2017. The driving forces behind Chinese art markets' development are the abundant supply of Chinese cultural resources, rapid economic growth, and the growing wealth of collectors and investors. As art is an asset class and a consumption good, it generates both financial returns and aesthetic value. In addition, because artworks are not standardized assets and art markets are not transparent, risks and returns can both be very high. Amid the rise of China's wealthy population, art is often used as an asset allocation tool.

Since the beginning of the 20th century, many Chinese cultural relics have flowed abroad, usually to prosperous areas. Chinese onshore art markets are mainly concentrated in Beijing, and the offshore markets are concentrated in Hong Kong, New York and London. Chinese art has attracted the attention of international investors, and overseas auction houses have increased the number of Chinese art auctions. The overseas offshore market has become an important source of Chinese art auctions. Due to differences in Eastern and Western tastes, however, painting and calligraphy are the major categories in the mainland of China, while antiques antiques, porcelain and jade artworks are more popular overseas.

This paper investigates the performances and characteristics of major offshore and onshore Chinese art markets, including the major art auction markets in Beijing, Hong Kong, New York and London. This paper applies the Artron AMMA database of global Chinese art auction observations from 2000 to 2017 and computes global Chinese art price indices for Beijing, Hong Kong, New York and London. A hedonic model is used to construct these indices, which cover over 300, 000 auction observations of Chinese paintings and calligraphies in major auction markets. The results show that the Beijing and Hong Kong markets are the two largest onshore and offshore art auction markets respectively, and they have similar price trends.

In addition, repeat sales are used to investigate the flows of Chinese art in offshore and onshore markets. Returns in the New York and London markets are lower than those in Beijing and Hong Kong; investors received the highest returns when their artworks were bought in Beijing and later sold in Hong Kong. The premiums in Hong Kong attract investors and collectors to this region, the largest offshore Chinese art market. Hong Kong's mature and safe investment environment contributes to the prosperous art market.

The main contributions of this paper are as follows: (1) Based on auction observations of the world's major Chinese art markets, a hedonic pricing model is used to construct onshore and offshore art price indices to offer a more complete picture of Chinese art auction markets. (2) In addition, this paper compares characteristics of Chinese art across offshore and onshore markets in Beijing, HongKong, New York and London. (3) This paper also uses repeat sales sample to investigate the motivations and preferences of Chinese buyers. (4) Lastly, it offers a new perspective on the dynamics of offshore and onshore markets.

The paper is organized as follows. After an introductory first section, the second section reviews the literature. The third section introduces the methodology and data sources. The fourth section analyzes the price indices and returns of Chinese art. In the fifth section, the connection between offshore and onshore art markets is explored. The sixth section concludes.

06 International Economics & International Trade

The Effectiveness of Industrial Policy in Promoting Global Value Chain Upgrading: Based on the Quasi-Experiment of Chinese Export Processing Zones

ZHANG Pengyang XU Jiajun LIU Huizheng

(College of Economics and Management, Beijing University of Technology; Institute of New Structural Economics, National School of Development, Peking University; Research Base of Beijing Modem Manufacturing Development)

This study examines the conditions under which industrial policy can effectively promote the upgrading of the Global Value Chain (GVC). Industrial policy has returned to the agenda of international development, as industrialization and economic structural transformation is at the heart of the Sustainable Development Goals (SDGs) that succeeded the Millennium Development Goals (MDGs). Although there is a basic consensus on the need for industrial policy given the market failures, researchers disagree on how to implement such a polioy. The Chinese government has proactively deployed its own industrial policy to enhance exports by implementing the Leading Industries Support (LIS) policy in Export Processing Zones (EPZs) since 2000. Against the background of stagnant global trade growth and China's industrial transformation, changing the role of enterprises in the international division and continuously upgrading the GVC has become increasingly prominent and important. This policy serves as a quasi-experiment enabling us to explore the effectiveness of an industrial policy that promotes GVC upgrading.

We analyze this quasi-experiment using the Difference-in-Differences method, taking enterprises supported by the LIS policy as the experimental group and those without such support as the control group. To measure the production chain position of export enterprises (i.e., the GVC position) we use the method of Chor et al. (2014). Our empirical data comes from four main sources: (1) the official list of Chinese economic and development zones; (2) China's Industrial Enterprise Database; (3) Chinese customs data; and (4) the World Input-Output Table.

Our key findings are as follows. (1) The LIS policy for the EPZ negatively affects the GVC upgrading of export enterprises, and this finding holds after rigorous robustness checks. (2) Delving deeper into the effect of the LIS policy on heterogeneous firms, we find that the negative impact on GVC upgrading is relatively significant for heavy industry enterprises and enterprises with a large share of state-owned capital. (3) Inspired by the new structural economics, we further test whether the effectiveness of the industrial policy hinges on the alignment of prioritized sectors with comparative advantages. We find that the LIS policy has little negative effects on industries in line with their comparative advantages and even has some positive effects on industries that are better aligned with comparative advantages. We also find that the negative effects of the LIS policy on GVC upgrading is almost insignificant in industries with low resource misallocation.

Our study makes three original contributions. First, we extend the analysis of the effectiveness of Chinese industrial policy from the single sector to the GVC level. Second, methodologically we use a quasi-natural experiment to explore the impact of industrial policy on GVC upgrading, which can contribute to a better understanding of the disputed effects of industrial policy. Finally, our study explores that the effectiveness of industrial policy depends on the degree of alignment of the prioritized sectors with comparative advantages and resource (mis) allocation.

Regarding policy implications, our findings imply that the government should act to promote GVC upgrading, but not in an unlimited way; that is, industrial policy should be not only precisely positioned for the comparative advantage of industries, but also premised on avoiding the mismatching of resources. Therefore, this study provides a reference for the government when implementing future industrial polioy. From the overall perspective, there should be a boundary in policy implementation. While it should take advantage of situations to guide the industry with comparative advantages, it should be limited on the premise of not causing a mismatch of industry resources. In terms of specific industrial policies, the EPZ policies targeted at expanding exports in the early years are obviously difficult to adapt to the current demand for GVC upgrading of export enterprises. Therefore, the integration of export processing zones into Free Trade Zones (FTZs) will become an important direction in promoting GVC upgrading in the future.

Do China's "Going-out" Enterprises Obtain Core Technology from Developed Countries? An Analysis from the Viewpoint of Skill-biased Technical Change

SHEN Chunmiao ZHENG Jianghuai

(School of Business, Nanjing Normal University;
School of Economics, Nanjing University)

Skill-Biased Technological Change (SBTC) is the basic driver for developing an innovative economy and plays an important role in promoting technological innovation and economic transformation in developed countries. As China is presently in the process of transforming its development mode and growth momentum, the adoption of SBTC is urgently needed to transform its economy from high-speed growth to high-quality development. Utilizing the advantages of late development to acquire core technologies through Outward Foreign Direct Investment (OFDI) has become the best choice for domestic enterprises. However, a significant phenomenon since local enterprises began going out is that every major transaction is accompanied by fierce controversy within the host country, especially in developed countries. The recent memorandum signed by President Trump restricting China's investment in the U.S. based on the "301 Survey" has once again propelled the home country's OFDI to the forefront of world attention. Thus, it is necessary to assess the effectiveness of China's going out policy from the perspective of SBTC. Does China's OFDI really lead to technological spillover from the high-tech sector in developed countries? Is it reasonable to criticize and restrict overseas investment by local enterprises without a systematic assessment? If not, we need to consider why large-scale OFDI has not significantly promoted the home country's SBTC and which conditions have limited the reverse technology spillover. Is it due to the foreign core technology blockade or to insufficient capacity for technology absorption and conversion in China? The above questions form the focus of this paper.

We first analyze potential factors that may affect the reverse technology spillover effect of China's OFDI on domestic SBTC, and then propose hypotheses for testing. Second, we use the method proposed by Coe and Helpman (1995) to measure the intensity of the reverse technology spillover from OFDI in 30 provinces in China. Finally, the effect of the reverse technology spillover on SBTC and the theoretical hypotheses are tested using the fixed effect model and the panel threshold model, respectively. The empirical results show that the reverse technology spillover effect of OFDI on SBTC in China is not positive, but that the independent innovation significantly promotes the development of SBTC. The reasons include not only domestic overcapacity and insufficient capacity for technological absorption, but also the "low-end lock" in the GVC and the technology blockade from developed countries.

This paper is novel in three respects. First, we find that OFDF's reverse technology spillover from developed countries is mainly low-skill biased. The SBTC that contributes to long-term structural adjustment and improved competitiveness is not substantially obtained from foreign high-tech fields, despite U.S. allegations that China's overseas investments have stolen technology and intellectual property in the high-tech sector. Second, based on the reverse technology spillover channel under the open economy, we place both OFDI and SBTC in a unified analytical framework to clearly reveal the mechanism of OFDF's impact on SBTC, which enriches and improves the literature on globalization and technological innovation. Third, empirical tests show that OFDF's reverse technology spillover effect on SBTC is related not only to a willingness to create a technical blockade and the international division of labor, but also to domestic overcapacity and limited capacity for technological absorption, which provides unique and important empirical evidences for promoting SBTC.

These findings have important implications for the policy of promoting SBTC in China. First, there is a need to increase R&D investment and improve the innovative capability of local enterprises. This is not only key to coping with the technological blockade by multinational firms and breaking the "low-end lock" of the GVC, but is also necessary to enhance the capacity of local enterprises to digest and absorb the changes. The second is to deepen supply-side structural reform and vigorously resolve excess capacity, which should involve not only upgrading of industrial structures through supply structure optimization and resource reconfiguration, but also bringing resources to the field of innovation. The third is to increase the cultivation of human capital. With the development of skill-biased technological change, the demand for highly skilled labor will increase. To reduce the negative effects of a human capital shortage on the technological bias, the construction of a multi-level training system for those with technological talent must be speeded up.

Environmental Regulation and the Change in Foreign Direct Investment in China: An Empirical Study Based on DEA Multiple Decomposition

WANG Bing XIAO Wenwei

(School of Economics, Jinan University)

Since the reform and opening-up of China, the openness and investment environment have continuously improved and the sustained rapid economic growth has led to China gradually becoming a major destination for global transnational investment. However, the Chinese economy is entering a "new normal", with overcapacity and environmental pollution becoming increasingly prominent. In line with the principle that "lucid waters and lush mountains are invaluable assets," building an ecological civilization is the millennium plan for the sustainable development of the Chinese nation, and the 19th CPC National Congress report clearly proposes to implement stringent environmental protection. In addition, global Foreign Direct Investment (FDI) has generally declined and the international investment environment is not encouraging. Although foreign investment in mainland China has maintained growth, the growth rate has declined. In the face of the unequal international investment environment and increasingly serious domestic environmental problems, it is of great practical significance to study the impact of environmental regulation on FDI in light of the current state of the Chinese economy.

This paper uses data envelopment analysis to explore the factors influencing China's FDI changes under environmental regulation. Using the sub-vector distance function of FDI, we define the production technology of environmental and non-environmental regulation to construct an index of the cost effect of environmental regulation and measure the cost of environmental regulation of 30 provinces in China over the 1999—2015 period. Furthemiore, we decompose the changes in actual FDI and test the factors influencing the actual FDI changes under environmental regulations using a counterfactual test. We use the input and output data from China's 30 provinces (except Tibet) for 1998—2015, including four input data, three good outputs, and two bad outputs. The data come mainly from the statistical yearbook.

The main conclusions of this paper are as follows. After 2001, the cost of environmental regulation for all provinces in China showed an overall upward trend that was most obvious in the eastern region and least so in the northeast. Under environmental regulation, the actual FDI in all provinces first accelerated and then slowed down. Prior to 2015, secondary industries attracted the most FDI. From the beginning of 2014, tertiary industries showed a significant increase in FDI. Thus, the "supply-side structural reform" has achieved initial results and promoted the optimization and upgrading of China's industrial structure, with the tertiary industry offering great potential for China's economic development. However, we must continue to accelerate structural adjustment. The counterfactual test shows that the factors affecting the change in FDI in different periods are not the same, but as the intensity of reform and opening-up increased, the influence of total factor productivity and industrial structure on the distribution of FDI was significantly enhanced. Therefore, under the "new normal" economy, we still require steady growth to effectively promote supply-side structural reform and unswervingly expand the reform and opening-up. The literature mostly uses measurement models and needs specific functional forms, generating many endogenous problems and subjective choices of instrumental variables. In addition, the data related to environmental regulation were generally not accessible, and the mechanism of impacts is still unclear.

The contribution of this paper is the construction of a correlation index using the sub-vector distance function of FDI to comprehensively decompose the changes in FDI under environmental regulation without specific data related to environmental regulation while avoiding the problem of endogeneity. The paper not only links the changes in FDI to total factor productivity and other input factors, but also analyzes the impact of China's economic structural change on FDI. Further research directions from this paper would be to construct an environmental regulation cost index for various industries, decompose the FDI inflows of various industries, analyze the factors influencing FDI inflows in various industries, and make recommendations on the introduction of foreign capital under the new opening-up pattern.

How Does Foreign Entry Liberalization Affect Indigenous Firm Innovation?

MAO Qilin

(School of Economics, Nankai University)

In the past 30 years, especially since joining the WTO, China has attracted substantial international direct investment from foreign-funded enterprises. According to the World Investment Prospects Survey Report 2010—2012 issued by the United Nations Conference on Trade and Development (UNCTAD), China topped the list of the world's 15 most attractive investment destinations. By 2015, China had accumulated 1.6 trillion U.S. dollars in actual foreign investment, accounting for about 8% of the global total for the same period, the second largest inflow of foreign investment to a single country after the U.S.. How has this foreign entry affected the performance of indigenous firms? Independent innovation is the engine and source of economic growth along with the adjustment and optimization of economic structures. This paper analyzes the impact of foreign entry on innovation by indigenous firms and also the underlying mechanisms, which are of great importance in systematically assessing China's use of Foreign Direct Investment (FDI) in recent years and the future adjustment of its foreign investment polioy.

The data used in this study are from the Annual Survey of Industrial Enterprises (ASIE) from 1998 to 2007 obtained from the National Bureau of Statistics. The survey covers all state-owned industrial enterprises and non-state-owned enterprises with "above-scale" income (i.e., main business income exceeding 5 million yuan). Based on the quasi-natural experiment of FDI liberalization arising from the revision of the "Industrial Guide for Foreign Investment" in 2002, this paper adopts the Difference-in-Differences (DID) method to investigate the impact of foreign entry on indigenous firm innovation and its underlying mechanisms. The results show that foreign entry not only helps to promote indigenous firm innovation, but also increases the duration of innovation. In addition, we find that good intellectual property insurance tends to strengthen the positive impact of foreign entry on indigenous firm innovation, and this result is robust to alternative measures of both innovation and foreign entry. Last but not least, we explore the mechanisms via which foreign entry affects indigenous firm innovation, and find that " R&D ability improvement" and "financial constraint reduction" are the two important channels through which foreign entry promotes indigenous firm innovation.

The results contain significant policy implications. According to the findings, foreign entry significantly promotes indigenous firm innovation, thus China ought to further formulate and improve relevant policies to attract FDI more vigorously. For instance, it is feasible to continuously improve the facilitation of foreign entry through innovative use of the foreign investment system and by conducting national treatment plus negative list management. Another important finding is that regional intellectual property protection not only promotes indigenous firm innovation directly, but also tends to strengthen the positive impact of foreign entry on indigenous firm innovation, thus China should further enhance and improve its regional intellectual property insurance.

This paper makes the following contributions. First, most studies on the relation between foreign entry and indigenous firm innovation are based on aggregate data at the macro level, using traditional econometric methods for empirical research. However, this paper is based on micro data and adopts the Difference-in-Differences method which effectively overcomes endogeneity problems and provides a more accurate evaluation of the impact of foreign entry on indigenous firm innovation than previous studies. Second, this paper not only investigates the impact of foreign entry on indigenous firm innovation, but also analyzes the relation between the two froms the perspective on the duration of innovation. Third, considering the significant regional differences in the degree of intellectual property protection in China, this paper integrates intellectual property protection into a unified analytical framework, and finds that good intellectual property insurance tends to strengthen the positive impact of foreign entry on indigenous firm innovation. This finding is important for future policymaking to more effectively utilize foreign capital to promote indigenous firm innovation. Last but not least, based on abundant samples from ASIE, this paper uses a mediation model to test in depth how foreign entry affects indigenous firm innovation.

Financial Constraints and Import Behavior of Chinese Firms

WEI Hao BAI Minghao GUO Ye

(Business School, Beijing Normal University;

National School of Development, Peking University)

Since China's entry into the WTO in 2001, its foreign trade has developed rapidly and total imports have greatly increased. Firms that wish to further expand their scale of imports or import new products from different countries need more funds to pay the fixed and variable import costs. Therefore, financial constraints are an important factor affecting firm import behaviors. The greater the financial constraints on firms, the more difficult it is for them to obtain funds through internal cash flow, bank loans, and other means, which may have a significant negative effect on their import behaviors. Against this background, it is highly relevant to investigate the impact of financial constraints on firm import behaviors.

Previous research has studied the impact of financial constraints on export growth at the firm level using both theoretical and empirical methods. While import firms and export firms have many similarities, such as large scale, high productivity, and similar trade patterns at both product and national levels, the determinants of imports are more complicated and quite different from those of exports. Generally speaking, the effect of financial constraints on firm imports has scarcely been studied and demands urgent attention.

Based on the methods of Muûls (2014) and Bernard et al. (2009), this study divides firm import value into four parts: the number of markets imported from, the number of products imported, the density of imports, and the average value of imports. The number of markets imported from and the number of products imported indicate the extensive margin, and the average value of imports indicates the intensive margin. Following the literature, we measure the financial constraints firms face by defining a new comprehensive indicator Score A and Score B based on seven financial indicators: the operating cash flow as the total assets ratio, accounts receivable turnover rate, interest coverage ratio, current ratio, liquidation ratio, tangible assets ratio, and total return on assets. We then combine product-level data from Chinese customs trade data and comprehensive firm-level data of Chinese industrial firms to empirically analyze the impact of financial constraints on firm import behavior. We also analyze the different effects of financial constraints on the import behaviors of different firms from five angles, including ownership pattern, import mode, export status, industry type, and province and city leveL Finally, we compare the differences in the impact of financial constraints on imports of firms with and without a financial crisis.

The main contributions of this study are as follows. (1) We focus on firm import rather than export behaviors and analyze the impact of financial constraints. (2) We expand the margins of trade from the two or three used in prior studies to four margins. (3) Instead of a single index, we build a comprehensive index to measure firm financial constraints based on both internal financial liquidity and external credit characteristics. (4) We analyze the different effects of financial constraints on firm import behaviors from multiple perspectives.

Our study draws the following conclusions. (1) Financial constraints have no significant impact on the intensive margin, but negatively affect the extensive margin and the decision to import, indicating that it is difficult for firms to bear the fixed cost of expanding new markets or importing new products. (2) The impact of financial constraint on imports is greater for domestic firms, processing trades, and firms that both import and export compared to foreign firms, general trades, and firms that only import. (3) Different external financial environments lead to significant differences in the impact of financial constraints on firm import behaviors such that the financial crisis increased the sensitivity of firm import behaviors to financial constraints.

07 Fiscal, Taxation & Local Government

National Industrial Policy, Local Government Behavior and Effective Tax Rate: Theoretical Analysis and Empirical Evidence

GUO Jie WANG Yucheng ZENG Bohan

(School of Economics, Renmin University of China;

Department of Economics, University of Pittsburgh)

For quite some time, national industrial policy in China has been a major policy instrument for macroeconomic regulation. The formulation and implementation of industrial policy is of great significance for the development of key strategic industries. A distinctive feature of China's industrial policy is the frequent interaction between industrial, fiscal, and monetary policies, forming a linkage mechanism. In most cases, fiscal and monetary policies are attached to industrial policies, resulting in their relative independence. This is key to understanding the effect of industrial policy and the macroeconomic regulation system in China, and also in interpreting industrial policy for high efficiency.

We investigate the causal relationship between national industrial policy and the fiscal and taxation policy of local governments. The contribution of this paper lies in absorbing the national industrial policy and the tax behavior of local governments into a unified analytical framework, and studying the role of local governments in implementing industrial policies through theoretical models. In additon, we focus on the changes in support of key industries from "Five-Year Plan", to identify the casual effect of industrial policy through micro data.

This paper studies the impact of national industrial policy on the effective tax rate of enterprises from the perspective of local government behavior. In our model, we treat the support of national industrial policy as a production factor, taking it into the production function of an industry. Based on previous studies, we anticipate that national industrial policy will lead to an increasing rate of capital return in the key industries via project investments and supporting policies. Local governments aim at regional economic development and increasing fiscal revenue, whose utility level depends on the gross production of all industries and unproductive consumption in the region. They have to make a tradeoff, given the support for key industries by national policy. On one hand, local governments can reduce the effective tax rate of key industries to attract more capital and increase gross production, and on the other, they can raise the effective tax rate of key industries to gain more fiscal revenues, with increasing unproductive consumption. Our theoretical analysis shows that industrial policy has led to an increased rate of capital return in the key industries, which imposes a tradeoff on local government between a tax reduction and a tax increase. When the local government tax rate is on the left side of the Laffer curve, the local government will reduce the effective tax rate of key industries.

Exploiting the national Five-Year Plan key industries to measure the industrial policies, we conduct an empirical test on the theoretical hypothesis. We find that industrial policy incentives significantly reduce the actual tax rate of the corresponding industries, and that the higher the local government fiscal revenue, the greater the decline in the effective tax rate. Our analysis suggests that this mainly results from reducing taxation for key industries. For industries obtaining ordinary support, the average decline in the effective tax rate is about 0. 2 percent, while for industries obtaining key support it declines by 0.6 percent. We further find that the reduction in the effective tax rate occurs mainly for private enterprises rather than local state-owned and central enterprises, partly due to the lower liquidity of state-owned capital. These findings are of great significance in understanding the role of local government in industrial policy and the coordination between industrial and fiscal polioy.

This paper confirms the influence of national industrial policy on local taxation behavior, with the following policy implications. On the one hand, the behavior of local government is probably an important reason for the heterogeneous effects of national industrial policy. Thus, it is necessary to consider the influence of industrial policy on the incentive and capability of local governments, which impacts on policy implementation. On the other hand, the fiscal budget is another crucial constraint for industrial policy. We have to realize that the effects of industrial policy are much greater in regions with better economic development and more abundant fiscal resources than in other areas, which means that isolated industrial policies may broaden the gap in economic growth. It is thus of great importance to promote the coordination of industrial, fiscal, and monetary policy, such as introducing a preferential tax policy with a supportive credit policy to improve the efficiency of the industrial policy.

Regional Competition, Downward Shift of Expenditure Responsibility, and the Expansion of Local Government Debt

JI Yunyang FU Wenlin SHU Lei

(School of Public Economics and Management,

Shanghai University of Finance and Economics)

In recent years, the scale of local government debt in China has expanded rapidly. According to the data released by the Ministry of Finance, by the end of 2017, local government debt liable for repayment reached 16. 47 trillion yuan. Over-borrowing by local governments has become one of the main uncertainties affecting China's financial stability and sustainable economic development. To guard against systemic risk caused by excessive expansion of local debt, the central government has introduced a number of debt management measures in recent years. However, if the institutional factors causing local government expenditure and debt expansion are not eliminated, the excessive growth of local government debt will be difficult to solve.

The most direct factor in the expansion of local government debt is undoubtedly the longstanding gap between revenue and expenditure in local finance. Previous studies on the formation mechanism of local government debt tend to emphasize an increasing "upward shift of financial power and downward shift of administrative affairs" in the intergovernmental fiscal relationship since the reform of the tax distribution system, leading to an increasing imbalance between local financial resources and public service demand. Local governments have had to be passively indebted to fulfill their public service functions. From 2000 to 2013, the proportion of central expenditure decreased from 34.7 to 14.6

percent, while local expenditure increased from 65. 8 to 85. 7 percent. Does the downward shift in the vertical intergovernmental expenditure responsibility lead to passive liability among local governments? The literature focuses mainly on qualitative analysis or case studies, and lacks normative theoretical and empirical evidence.

Local government debt is expanding, whether in the Eastern, Central, or Western region, and local government debt funds are invested mainly in infrastructure and municipal construction projects rather than in livelihood areas such as education and social security, where expenditure responsibility is fast increasing. This shows that the reform of the tax share system is not enough to explain the expansion of local debt. The competition between local governments to attract investment by preferential means of finance and taxation will usually aggravate the contradiction between local fiscal revenue and expenditure. The strategic interaction of local government debt financing caused by inter-regional "yardstick competition" needs to be empirically examined through the framework of a spatial econometric model.

Based on the dual perspectives of downward fiscal expenditure responsibility and inter-government competition, we examine the impact of administrative and economic factors on the expansion of local government debt. The main contributions are as follows. First, by constructing a theoretical model of local government debt-raising behavior, this paper analyses the characteristics of an optimal debt financing strategy in representative areas when the higher governmenfs expenditure responsibility falls and the finance in competitive areas is used for debt financing. Second, by summing up the data on bank loans and urban investment debt of public facilities construction in 279 prefecture-level cities in China, a more reliable dataset of local government debt is constructed. Empirical analysis of spatial econometric model is used to verify that the expansion of local government debt is the result of a downward shift in higher governmenfs fiscal expenditure responsibility and the regional "yardstick competition". The expenditure pressure on local government caused by a downward shift in intergovernmental expenditure responsibility is an important reason for the passive debt. The "yardstick competition" among local governments makes them follow an imitation strategy in debt borrowing. The main cause of the expansion of local government debt is heterogeneous for different regions, and the debt in Eastern China has risen mainly as a result of the fiscal tournament.

This study suggests that the resolution of local government debt risk should not only standardize the division of fiscal expenditure responsibility, but also improve the performance appraisal system for local governments and strengthen the accountability mechanism for irregular debts. Future research needs to improve the data measurement of local government debt and the division of governmental powers, and construct a more general theoretical model for local government financial behavior based on the diversified evaluation index system for local government performance to provide a more scientific explanation for the change in the scale of local government debt and to identify the political and economic risks caused by local government debt.

Intergovernmental Transfers and the Expansion of Subnational Government Expenditure: An Empirical Explanation based on China's Budgetary System

WU Min LIU Chang FAN Ziying

(School of International Trade and Economics,
University of International Business and Economics;
The Paul and Marcia Wythes Center on Contemporary China,
Princeton University & School of Economics and Management,
Chinese University of Hong Kong, Shenzhen;
School of Public Economics & Administration,
Shanghai University of Finance and Economics)

Since the Tax-sharing Reform of 1994, fiscal relations between China's central and local governments have shown the characteristics of "centralization of fiscal revenue and decentralization of fiscal expenditure and responsibilities." Accordingly, the central government provides a large number of intergovernmental transfer payments to cope with the mismatch between financial resources and responsibilities. Studies have shown that intergovernmental transfer payments can reduce the financial gap and income inequality between regions (Yin and Zhu, 2009; Mao et al., 2011; Su and Xie, 2015; An and Wu, 2016), promote the equalization of basic public services (Guo and Jia, 2008; Fan and Zhang, 2013), increase the economic growth rate (Guo et al., 2009; Ma et al., 2016), and improve the quality of the ecological environment (Fu and Miao, 2015). At the same time, intergovernmental transfer payments also bring negative effects such as the flypaper effect. The flypaper effect refers to the phenomenon whereby intergovernmental transfer payments lead to greater fiscal expenditure by local governments than if the equivalent fiscal revenue was raised by local governments themselves (Gramlich, 1969; Inman, 2008; Dahlberg et al., 2008; Lundqvist, 2015; Gennari and Messina, 2014; Leduc and Wilson, 2017). The flypaper effect indicates that although intergovernmental transfer payments only redistribute financial resources across different regions, they affect the scale of fiscal expenditure by changing the revenue structure of local governments.

As shown by many empirical studies, the size of the flypaper effect varies between countries. The estimated size of the flypaper effect is 0.25~1.06 in the U.S. (Hines and Thaler, 1995; Brennan and Pincus, 1996; Knight, 2002; Gordon, 2004; Lutz, 2010; Leduc and Wilson, 2017) and about 1 in Europe (Dahlberg et al., 2008; Lundqvist, 2015; Gennari and Messina, 2014). Astonishingly, based on a limited number of studies, the estimated size of the flypaper effect in China is considerably larger than in Western countries. For example, Liu and Ma et al. (2015) find that a 1 percent increase in general and special transfer payments as a percentage of GDP leads to a 1.5 and 3 percent increase, respectively, in the county governmenfs fiscal expenditure as a percentage of GDP. The county-level estimation in Mao et al. (2015) shows that the flypaper effect of general transfers is as high as 2.2~2.5. As a result, it is necessary to explain China's high flypaper effect in light of China's particular budgetary and intergovernmental transfer systems.

Using China's province-level panel data from 1994 to 2015, we find that a RMB 1 yuan increase in general and special transfer payments is associated with a 1.61 and RMB 2.12 yuan increase, respectively, in fiscal expenditure, revealing a large flypaper effect. We also find that the flypaper effect of general transfer payments reduced after 2010 when the central government began to release the transfer payment quota to subnational governments in advance. Further investigation using monthly data indicates that special transfer payments augment the flypaper effect through a well-known mechanism: the year-end crash expenditure. Our findings add to the impression that the uncertainty of merited transfer payments to subnational governments, delays in the distribution and appropriation process of transfer payments, and the rigidity of China's budgetary system jointly contribute to the larger flypaper effect in China.

This paper adds to the literature in the following ways. First, based on the interaction between China's special fiscal budget management system and the intergovernmental transfer payment system, this paper explains why China's flypaper effect found in the empirical literature is so large. This paper is also the first to use provincial fiscal data to calculate the monthly contribution to the annual flypaper effect. This decomposition helps us to observe details concealed by the annual data. Our study indicates that the central government should regulate the intergovernmental transfer payment system, expand the scope of intergovernmental transfer targets, expedite the progress of funding, build a cross-annual budget balance mechanism, and prevent the moral hazard problem of intergovernmental transfer payments. Subnational governments should in turn improve their implementat ion of budget management and strengthen their adherence to governmental budgets.

Land Financing, Local Debt, and Leverage: Analysis of the Land Mortgage Behavior of Local Government Financing Platforms

ZHANG Li WEI Hechong OU Deyun

(International School of Business & Finance,

Sun Yat-Sen University; Dongxing Securities;

National School of Development, Peking University)

China's local economic development and large-scale urban construction rely heavily on the urban land market. Land is used as a form of leverage to motivate the financing of urban construction, which also triggers the risk of excessive local debt. An important entity in local debt is the financing platform. The financing platforms are local government-backed investment companies, which are used to seek financing channels to bypass the legal constraints. Most researchers focus on municipal investment bonds, while less attention is paid to project loans from banks, when in fact bank loans account for a larger share of local debt. Among bank loans, land mortgages play an important role.

However, due to data limitations, research on the land mortgage behavior of local financing platforms rarely includes rigorous empirical analysis based on microdata. This study is the first to analyze micro-level land mortgage data, and it finds that financing platforms have higher mortgage rates and larger amounts in land mortgages. We also discuss the strong motivation and ability of local governments to intervene, leading to a mismatch of credit resources, which is inefficient and contains a large debt risk.

This study makes the following contributions. (1) It studies urban land in China, whereas most researchers study land transfers by local governments or debt financing by financing platforms. This paper is the first to investigate financing platforms for land mortgages and conduct an empirical analysis based on micro-level data. (2) It contributes to the study of China's local debt risk by verifying the impact of credit discrimination on land mortgages, providing evidences that local government intervention leads to higher debt and inefficient allocation of credit resources, and revealing the potential risk of excessive land mortgage loans. (3) It provides empirical support to solve the problem of high leverage in China. We demonstrate that local governments have an inescapable responsibility for the high economic leverage.

In the empirical section, based on the Chinese Land Market website (www. land-china. com), we collect the details of land mortgages from January 1th, 2006 to February 28th, 2016. The regional economic data is taken from the Regional Economic Statistical Yearbook, the China Urban Statistical Yearbook, and the Wind database. The list of financing platforms is taken from the China Banking Regulatory Commission (Now China Banking and Insurance Regulatory Commission). The data on officials are collected from the resumes on Peopled Daily Online, Xinhua website, and Baidu Encyclopedia.

The results show that the mortgage amounts and rates are significantly higher with financing platforms. Although mortgages by financing platforms are restricted through policies and regulations, the overall over-borrowing is noteworthy. Given the systematic differences between financing platforms and non-platform companies, we use the Propensity Score Matching (PSM) method for robustness testing. We then further explore the political and economic factors behind the phenomenon. First, we examine the regional heterogeneity and find that mortgage loans and mortgage rates were significantly higher in the central and western region. Second, we investigate the impact of municipal investment bonds, and find a positive relationship between the stock of municipal investment bonds and land mortgages. Third, we discuss government goals and official incentives, and find that the increase in land mortgages is related to financing needs under the pressure of expansion. Finally, we explore the existence of government intervention through the differences in coefficient of the different government levels and land uses.

A series of empirical results shows that a financing platform can indeed obtain more land mortgage loans and higher mortgage rates. The reason behind this is that local governments have strong motives and intervention capabilities, resulting in inefficient allocation of credit resources. This means that even such a low-risk financing channel still carries local debt risk and crowds out the financing space of other entities. In the future, they should be regulated through a reform in the budgetary and financing system, or the development of government financing channels.

Further research should include an empirical analysis of the impact of the financing platform's own performance on land mortgages. Specifically, based on the findings of this paper, we would further control the characteristics of local financing platforms, including financial data and other information related to solvency.

Government Fiscal Incentives, Tax Enforcement, and Enterprise Earnings Management: A Study Based on the Natural Experiment of Fiscal PMC Reform

LI Guangzhong JIA Fansheng

(Business School, Sun Yat-sen University)

The Chinese government, due to its tax claim on cash flows, is de facto the largest minority shareholder in almost all corporations. Therefore, it has the incentive to impose stringent tax enforcement, which has a spillover effect on corporate governance. However, serious identification issues arise in research as a result of the inability to overcome endogeneity problems, such as reverse causality and missing variables. A key issue in the study of such problems is how to clearly identify the motives for government tax enforcement. The fiscal Province-Managing-County (PMC) reform is a natural experiment that provides the opportunity to examine how tax enforcement affects corporate earnings management, as it enables provinces to directly contact the counties regarding business matters such as revenue and expenditure division, transfer payments, capital transactions, financial budgets, and year-end settlements. This reform changes government tax enforcement incentives at the county level. In view of this, we use the data on industrial enterprises in China from 1998 to 2006, treat the PMC reform as an exogenous shock, and investigate whether tax enforcement affects corporate governance from the perspective of enterprise earnings management. Earnings management is an important aspect of corporate governance that affects not only corporate information transparency and investment efficiency, but also the market information environment and resource allocation. Therefore, earnings management is significant for enterprises, markets, and economic development. Theoretically, when a county-level government strengthens tax enforcement due to tax incentives, less earnings management is observed, while loosening tax enforcement produces the opposite effect. We find that the PMC reform effectively reduces the earnings management behavior of enterprises. Compared with the unreformed counties, the reformed counties' earnings quality is 10.7% higher than the average. This conclusion passes a series of endogeneity and robustness tests, including the dynamic effect test, propensity score matching sample regression, alternative dependent (independent) variables, and subsample analysis. We also find that the impact of PMC reform is only significant in enterprises under the jurisdiction of county-level governments, and when the county-level government has a large fiscal deficit or a large tax base, the PMC reform influence is stronger, further indicating that PMC reform can improve county-level government tax enforcement incentives, and thus the quality of corporate earnings. Finally, we find that the PMC reform reduces tax avoidance behavior by enterprises and significantly increases the fiscal revenue of governments. Overall, our findings show that the PMC reform increases county-level government financial incentives, stimulates county-level governments to enforce tax laws strictly, reduces the earnings management and tax avoidance of enterprises within their jurisdictions, and increases county-level government fiscal revenue. The main contributions of this paper are as follows. First, it provides evidences on how government tax enforcement affects corporate earnings management based on a natural experiment, thus enriching the literature on government tax enforcement and corporate governance. Second, it provides micro evidences for how the PMC reform alleviates financial difficulties for county-level governments, and confirms that the PMC reform encourages county-level government to enforce tax laws more strictly, thereby reducing tax avoidance behavior and increasing the fiscal revenue of the government. Third, the paper expands the research on fiscal decentralization and government governance structures, and provides a reference for how to optimize county-level government functions. It finds that the PMC reform encourages county-level government to further fulfill its agency responsibilities and impose stringent tax enforcement, optimizing county-level government functions. The conclusion of this paper is that improving county-level government financial autonomy and the tax-sharing ratio by optimizing government structures can alleviate the inter-governmental agency problem and stimulate county-level governments at the frontline of economic construction to enforce tax laws more strictly. This not only improves county government fiscal revenue, but also alleviates financial difficulties for county-level governments and optimizes the regional accounting information environment, which plays an important role in optimizing resource allocation, improving investment efficiency, and promoting economic development.

08 Inclusive Finance & Social Development

The Effect of Financial Inclusion on Income Distribution and Poverty Alleviation: Policy Framework Selection for Efficiency and Equity

LI Jianjun HAN Xun

(Central University of Finance and Economics)

The concept of financial inclusion was formally proposed during the "International Year of Microcredit" in 2005, and focuses on broad inclusiveness and a commitment to provide reasonably priced, convenient, and efficient financial services to all social strata. In theory, financial inclusion can alleviate the financial constraints of the poor rural population and promote investment in production, operations, and human capital through providing savings, credit, and insurance, which are helpful in alleviating poverty. Can financial inclusion therefore improve the current situation of uneven income distribution and reduce the incidence of poverty? Is there a significant difference between traditional finance and information-based financial inclusion? This study addresses this question.

The focus of this study is the impact of financial inclusion on income distribution and poverty alleviation. Specifically, a theoretical model is first used to explain the connotation of financial inclusion and construct a financial index system for financial inclusion. The study then examines the impact of financial inclusion on income distribution and poverty alleviation at the country level, and also on regional heterogeneity in the concentrated and non-concentrated destitute areas, the western and eastern regions. Second, it examines why financial inclusion has failed to reduce the incidence of poverty via two mechanisms:

capture of the rural credit market by the elite and lack of financial knowledge. Third, it uses a Difference-in-Differences quasi-natural experiment to empirically analyze the influence of financial inclusion on income distribution and poverty alleviation. Then, using the two dimensions of banking and insurance, it examines the role of the financial inclusion framework design in reducing the incidence of poverty, taking broad coverage, specific matching, and sustainability into account. Finally, it explores the positive role of information-based financial inclusion compared with the traditional financial system.

Based on the county level data of 2009 and 2015, this study empirically examines the impact of financial inclusion on urban-rural income distribution and the per capita disposable income of rural residents in concentrated and non-concentrated areas. In addition, we select data for 31 provinces, municipalities, and autonomous regions from 2002 to 2015 to empirically analyze the policy effects of financial inclusion. The county-level data are derived from "The Yearbook of Socio-economic Statistics of County (City) in China from 2000 to 2015," the "China Statistical Yearbook for Regional Economy," the CEINET Statistics Database, and manual collection. The provincial-level data are derived from the 2015 "Report on China's Regional Financial Operation," the "China Statistical Yearbook," the website of the People's Bank of China, and the Wind database.

The results show that in the initial stage, financial inclusion can narrow the rural-urban income gap, but this effect is only significant in concentrated destitute areas and the western region. Elite capture of the rural credit market and lack of financial knowledge are the reasons that financial inclusion has not alleviated poverty. A policy framework needs to take account of extensive inclusivity, specific ratios, and commercial sustainability to realize the dual goals of efficiency and fairness. Information-based financial inclusion can overcome the high thresholds, high service costs, and adverse selection problems of formal financial institutions, becoming the optimal framework for the selection of Pareto efficiency to promote fair income distribution and alleviate poverty.

The contribution of this paper lies mainly in the following aspects. First, it overcomes the overlapping problem of financial inclusion and the Financial Exclusion Index, improving the design of the Inclusive Financial Index system. Second, it examines the effect of financial inclusion on income distribution and poverty reduction at the county and provincial level, answering the question of whether financial inclusion can improve the situation of uneven distribution and poverty, and further verifying the differential impact of the institutional environment on the economic consequences of financial inclusion. Third, it compares and analyzes the problems and advantages of traditional financial institutions and information-based finance in the development of financial inclusion, providing theoretical support and practical guidance for the selection of a policy framework, and helping to improve the role of financial inclusion in improving income distribution and alleviating poverty.

Health Insurance, Health Heterogeneity, and Targeted Poverty Reduction: A Vulnerability to Poverty Approach

LIU Zining ZHENG Wei JIA Ruo JING Peng

(School of Economics, Peking University;
School of Insurance, Southwest University of Finance and Economics)

Disease is the primary cause of poverty in China. Following the implementation of the Chinese poverty reduction program, the fraction of diseases caused by poverty increased from 42.2% of the impoverished population in 2013 to 44. 1% in 2015, which corresponds to nearly 20 million people. Worldwide, approximately 100 million people fall into poverty as a result of medical expenditure every year, and 150 million suffer from the economic shock of medical expenses. Thus, disease-related poverty is not only a primary concern of China but also a global challenge.

Health insurance is an important tool for managing health risks and mitigating the economic shock of disease. It is a widely accepted hypothesis that health insurance alleviates the poverty problem. However, the empirical evidence on the effectiveness of health insurance in alleviating poverty remains inconsistent. Some research suggests that health insurance has a significant effect in reducing poverty, and that significance increases over time. Other research suggests that this effect is insignificant or minimal because of a low degree of coverage, inaccurate targeting of groups, and the long and complex process of making claims. In this paper, we examine this issue from a new perspective, i.e., the heterogeneity of health status, to explain the inconsistent poverty reducing effects of health insurance.

We address the following two research questions. First, we examine whether the impact of health insurance on poverty reduction depends on health status by focusing on the change from having no health insurance to having health insurance. Second, we examine whether the impact of increased health insurance coverage on poverty reduction depends on health status by focusing on the change from low health insurance coverage to high coverage.

Using data from the China Health and Retirement Longitudinal Study (CHARLS) in 2011, 2013, and 2015, we construct an asset-based "vulnerability to poverty" index (i.e., the probability of poverty) at the individual level. Next, we use Propensity Score Matching with Difference-in-Difference (PSMDD) to estimate the effect of health insurance participation on the poverty reduction in different health groups. We also use a multivariate regression to estimate the impact of health insurance coverage on poverty reduction, and find that an individual's health status moderates the relationship between health insurance and poverty reduction. Participation in health insurance and increasing the health insurance coverage reduce the levels of poverty among poor health individuals. However, this poverty reduction effect is insignificant for good health individuals. In addition, we further analyze the mediating effects of the labor supply and medical expenses on poverty reduction, and find that health insurance reduces poverty through improving the labor supply.

This paper makes the following contributions to the literature. First, we theoretically and empirically fill the research gap on whether health insurance has different poverty reduction effects on populations with different health status. Second, the literature focuses on analyzing the impact of health insurance participation, i.e., the treatment effect of having health insurance compared with no health insurance. We extend this analysis by examining the impact of the degree of health insurance coverage, considering the over 95% health insurance coverage rate in China. Third, we examine the mediating effects of the labor supply and medical expenditure on the relationship between health insurance and poverty reduction. We are the first providing evidence showing how health insurance reduces poverty through improving the labor supply.

Our empirical analyses show that participation in health insurance and improving the degree of coverage have significant effects in reducing poverty under certain conditions, namely, a relatively long period of insurance coverage and targeting people in need (i.e., those with poor health). Considering the limited resources available for poverty reduction programs, we suggest that more resources should be allocated to the unhealthy poor. Policy makers should consider the heterogeneity in the health status of the population and consider offering different reimbursement rates to different health status groups.

Our paper provides several directions for future research. First, more empirical tests are needed to determine whether different insurance products have different effects in reducing poverty. Second, because progressive coverage may create a moral hazard, researchers should develop more effective approaches to control the moral hazard in poverty reducing insurance products.

The Pro-poor Index and the Generational Burden of Indirect Taxes: Can Tax Cuts Spontaneously Benefit the Poor

ZHANG Nan LIU Rong LU Shengfeng

(School of Public Finance and Taxation,
Southwestern University of Finance and Economics;
School of Economics and Management, Wuhan University)

Guided by the principles that "rich people help the poor" and "redistribution puts more emphasis on equity", China recently implemented a new concept of shared development based on changes to the fiscal distribution system. As an important part of the financial poverty relief mechanism, taxation policies have played an important role in promoting the targeted alleviation of poverty. In this paper, we examine the poverty reduction effects of cuts to indirect taxes under the unified framework of the targeted alleviation of financial poverty. Our analysis addresses the lack of research on tax poverty alleviation in the literature. By evaluating whether the tax reduction policies for indirect tax can provide immediate relief for the poor, we also provide theoretical support for the large-scale tax cut policies that China is currently implementing to help reduce poverty.

We use CFPS2012 household survey data and the China input and output tables in 2012 to calculate the indirect tax burden of households using a micro-simulation method based on the premise of shifting forward. We use the pro-poor growth index provided in the literature as a reference. Inspired by the index, which measures the "trickle-down effect" of the economy, we also construct a quantitative method for identifying and measuring the pro-poor nature of the tax system. Specifically, we use three poverty lines, two equivalent size adjustment methods, and three ways of weighting the poor population to conduct a comprehensive analysis of the pro-poor characteristics of indirect taxes. Furthennore, we estimate the generational differences in the indirect tax burden among family members of different ages.

We present a number of empirical findings. First, indirect tax is a form of "negative income" and the collection of indirect taxes increases the breadth, depth, and intensity of poverty. Second, our empirical analyses show that the pro-poor index of indirect tax is greater than 1 in both the urban and rural samples, which indicates that indirect taxes are not pro-poor. Thus, policies aimed at reducing indirect taxes can help the poor, although they provide more benefits to urban poor households than rural poor households. However, tax reduction policies provide little help for the severely poor who struggle to feed and clothe themselves. Third, value-added tax has a more obvious pro-rich effect than consumption tax and sales tax. Because consumption tax covers some luxury goods, it can play a pro-poor role in redistributing income. However, the pro-poor index of consumption tax is still greater than 1 most of the time, largely because rural low-income groups spend part of their income on items such as alcohol and tobacco, which are subject to consumption tax, and indirectly bear the consumption tax on fuel when they travel. Fourth, children, adults, and the elderly are all bearers of indirect taxes. Our empirical results show that poor families pay a higher proportion of indirect taxes for raising children. In contrast, they pay a smaller proportion of indirect taxes for supporting the old.

Based on the empirical results of this paper, we propose the following policy suggestions. First, the government should continue to step up efforts to promote large-scale indirect tax reduction policies to support the targeted alleviation of poverty, and use differentiated value-added tax and consumption tax adjustment strategies to change the "pro-rich nature" of indirect tax. Second, the government should combine the indirect tax cuts with policies that give full play to the auxiliary role of direct tax in alleviating poverty, and gradually form a multi adjustment system in which different taxes are coordinated to alleviate and reduce poverty. Third, in the long run, China's tax system should be gradually transformed to the pattern that main proportion of revenue is derived tares from direct taxes rather than indirect taxes.

Overall, the government can achieve fairer income distribution by reducing the proportion of indirect tax and increasing the progressive structure of the tax system. However, tax is not the only mechanism for alleviating financial poverty. The government should also ensure that the basic needs of the poor are met through public transfer payments and improve the social security system to resolve the pension problems faced by poor households.

Financial Market Participation, Risk Heterogeneity, and Household Well-Being

YIN Zhichao YUE Pengpeng CHEN Xirong

(School of Finance, Capital University of Economics and Business;
School of International Trade and Economics,
University of International Business and Economics)

Well-being is closely related to utility, and the literature is rich in factors that can influence well-being. Studies tend to use the terms "well-being" and "happiness" interchangeably. Some scholars point out that economic growth is unlikely to lead to happiness, but that economic crises, inflation, and unemployment reduce household well-being. From the perspective of income, some studies find that increased income does not significantly improve well-being, which is known as the happiness-income paradox. In this regard, scholars have proposed research perspectives such as an inverted U relationship between income and happiness, the effects of absolute and relative income on happiness, and the impact of income inequality on happiness. There are also studies on how the characteristics of individuals such as marriage, health, unemployment, social network relationships, and values affect happiness.

Nevertheless, there is scant evidence of the impact of household investment on well-being. Several studies find that household financial assets, property, liabilities, and investment performance affect household well-being, and that household assets can have a significant positive effect on happiness. However, the literature has not considered the impact of financial market participation or the risk level of financial investments on household well-being. Our research question is whether financial market participation can improve household well-being and whether the riskiness of financial investments has a heterogeneous impact.

First, we establish a theoretical model. Through our theoretical analysis, we find that financial market participation can affect household well-being through risks and returns. We then test the impact of financial market participation on household well-being using the 2015 China Household Finance Survey (CHFS) data. The CHFS includes detailed information on household assets and financial wealth, liabilities and credit constraints, income and insurance, and intergenerational transfers, demographics, and employment. We define household well-being through the CHFS questionnaire on the subjective well-being of respondents. We define households as participants in the financial market if they have demand deposits, time deposits, stocks, funds, financial products, bonds, derivatives, non-Renminbi assets, gold, other financial assets, or any loans to others.

To address endogeneity concerns, we use an instrumental variable and employ maximum likelihood estimation. The results show that participation in the financial market will significantly increase the possibility of household well-being. When households participate in the financial market, the possibility of household well-being will be improved by 18. 77%. We further find that the risk heterogeneity of financial investments has a significant impact on household well-being: participation in low-risk financial investment increases the likelihood of household well-being by 20. 56%, whereas high-risk financial investment significantly reduces it by 17. 75%.

We also find that participation in private lending significantly increases the likelihood of household well-being by 44.47%. The heterogeneous impact of private lending investment risk on well-being also exists. High-risk lending has a significant negative impact on happiness. This paper also finds that when households lend money to relatives, the likelihood of household well-being increases significantly by 7.58%.

This paper provides new evidences for understanding the relationship between household financial investment behavior and happiness, and also provides a reference for the construction of a harmonious society.

Credit Cards, Risk Coping, and Stock Market Participation in Urban Households

XU Lihe　LYU Jiawei　HE Qing

(Guangdong Institute for International Strategies,
Guangdong University of Foreign Studies;
Institute for Economic and Social Research，Jinan University;
Survey and Research Center for China Household Finance,
Southwestern University of Finance and Economics)

According to the precautionary savings or liquidity constraints theory, households with liquidity constraints will use savings to cope with risk. The emergence of credit cards has reduced liquidity constraints and consequently improved household consumption. Based on the household choice to consume, save, or invest, the development of credit cards is likely to affect investment decisions. However, few studies have explored this effect.

According to the Chinese Household Finance Survey (CHFS) data for 2013, the percentage of urban households in China with credit cards surged from 0.5 percent in 2000 to 24 percent in 2012. Meanwhile, the percentage of households participating in the stock market rose from less than 1 percent in 2000 to 11.5 percent in 2012, showing the same upward trend as the credit card market. Theoretically, there are two possible channels: first, credit cards can reduce liquidity constraints, and second, they can be considered as financial tools for coping with risk. This study uses Chinese household microdata to investigate the relationship between credit cards and household investment, including the mechanisms behind this effect. It contributes to our understanding about the effect of credit card market's development in China on household investment decisions, and it reveals empirical evidences for the hypothesis of liquidity constraints and limited stock participation.

The Chinese Household Finance Survey (CHFS) was conducted by Southwestern University of Finance and Economics in China. It provides representative financial panel data at the household and individual level, including financial and non-financial assets, liabilities, credit cards, credit constraints, income, consumption, demographic characteristics, and payment habits. This comprehensive and systematic household panel survey focused on the Chinese financial system and covered 8438 households in 2011 and 28143 during the second wave in 2013. Among these samples, 6847 households could be followed up, comprising 66.7 percent of urban households.

This study conducts an empuical analysis using not only cross-sectional pool data but also panel data that could be followed up. The findings are as follows. First, credit card holders in urban China are more likely than non-holders to participate in the stock market. The total investment value also increases with the enhancement of the credit line. Second, the credit card is considered to be a financial tool for coping with short-term income risk. By keeping consumption level constant, households can allocate more to stock assets instead of holding cash and fixed savings deposits. This study also finds that the more credit cards households hold, the more they participate in the stock market, and the investment value in the stock market depends mainly on the credit line.

To avoid measurement errors generated by reverse causality and omitted variables, we apply the instrumental variable method of estimation using the 2SLS-Probilt model. Specifically, the instrumental variable of whether the household holds a credit card is measured by whether there are promotions in the household's community. To exclude the impact of omitted variables, we perform numerous robustness checks, including applying the fixed effect model using panel data that could be followed in 2011 and 2013. Furthennore, we use relatively exogenous proxy variables such as the number of credit cards and the credit line to estimate the effect of credit cards on stock market investment. In addition to proxy variables, we consider the sequence of credit card holding and stock holding to avoid reverse causality problems. The results of these variant methods all support our conclusion.

Although there is international empirical evidences that credit cards can boost consumption, which is consistent with the prediction of precautionary savings theory, the development of the Chinese credit card market has not reduced the household savings rate or increased consumption as previously concluded. On the contrary, Chinese households prefer to use credit cards as financing tools to respond to short-term income risks, and increase risky investments by cutting back non-risk assets (cash or fixed deposits) with little reduction in savings on average. To sum up, further research is needed to establish whether the development of credit cards enhances the consumption or investment.

09 Corporate Governance & Corporate Finance

The Internal Pay Gap and Firm Value: New Exploration Based on Life Cycle Theory

LIANG Shangkun ZHANG Yu WANG Yanchao

(School of Accountancy /
China's Management Accounting Research & Development Center,
Central University of Finance and Economics)

Firm operating efficiency is important to the whole economy, and the clarification of the compensation distribution relationship between managers and ordinary employees under given resources has become an important issue.

There are two opposing theories on the relationship between the internal pay gap and firm value: tournament theory holds that expanding the internal pay gap is conducive to improving organizational performance (Lazear and Rosen, 1981; Rosen, 1986), whereas behavioral theory holds that this pay gap is not fully conducive to cooperation, but reduces organizational performance (Cowherd and Levine, 1992; Carpenter and Sanders, 2004). Arguments against and evidences for these two views appear in various studies (Pfeffer and Langton, 1993; Williams et al. , 2006; Lin et al. , 2003; Zhang, 2008; Liu and Sun, 2010; Zhao, 2012; Li and Hu, 2012). This controversy prompts us to consider whether it is partly due to heterogeneous effects of the internal pay gap in different situations.

With this in mind, this study explores the question from the perspective of the firm life cycle. The life cycle is an important characteristic of a firm, and studies show that it greatly affects a firm's investments, financing, distribution, and other behaviors (Anthony and Ramesh, 1992; Bens et al. , 2002; DeAngelo et al. , 2006; DeAngelo et al. , 2010; Hribar and Yehuda, 2015). At different life cycle stages, managers and employees face different responsibilities and pressures. Therefore, the same internal pay gap may produce different results.

Using a sample of A-share firms listed on the Shanghai and Shenzhen Exchanges from 2005 to 2014, we study the impact of firm life cycle on the relationship between the internal pay gap and firm value. We find that (1) the internal pay gap is conducive to overall firm value, which is consistent with tournament theory, (2) the promotion effect is strongest in the growing stage and weakens as the life cycle progresses, and (3) the main mechanisms are the importance of managers to firm performance and employee demand for equity. The above findings remain stable with other life cycle measurements.

The study makes three contributions. First, it shifts our understanding of the relationship between the internal pay gap and firm value from a static to a dynamic perspective. While examination of the internal pay gap and firm value has a long history, the literature has mainly taken a static approach (Zhang 2008, etc.), and ignored the dynamic impact of the internal pay gap at different stages of development. Based on the life cycle theory, this study predicts and finds that the internal pay gap has heterogeneous effects on firm value at different stages of the life cycle. It effectively links tournament theory and behavioral theory through the life cycle theory, placing them within a consistent discussion framework, with additional exploration of the mechanisms involved.

Second, although scholars have studied manager incentives in depth, this study emphasizes the importance of ordinary employees, who have received little attention in the past. Firm performance is a function of the productivity of both managers and ordinary employees, and the role of the ordinary employee should also be considered (Chen et al., 2015). Our findings show that in the actual compensation formulation, especially for mature firms and those in recession, the interests of ordinary employees need to be considered, and setting a reasonable pay gap is conducive to improving firm value. For the large number of firms newly listed on the Small and Medium Enterprise (SME) Board and

Growth Enterprise Market (GEM) in China, managers should also be given sufficient rewards for their efforts. Thus the findings of this study provide some theoretical references for the reform of income distribution.

Third, this study provides some guidance for research methods in future research. Unlike previous studies that rely on a single life cycle measurement method (Zhao and Sun 2005; Cao et al. , 2010; Li et al. , 2011; Li and Li, 2012; Dong and Mao, 2013; Luo and Li, 2015), this study uses several life cycle measurement methods, including the comprehensive scoring method, retained earnings method, and enterprise-industry growth method, allowing for more stable conclusions and opening opportunities for future research in this field.

The Intra-Firm Pay Gap and the Adjustment of Human Capital

YANG Wei KONG Dongmin

(School of Business, East China University of Science and Technology;

School of Finance, Zhongnan University of Economics and Law;

School of Economics, Huazhong University of Science and Technology)

Although human capital theory was a revolutionary and controversial concept when it was first proposed in the 1960s, it has evolved into one of the most universally accepted research objects in economics and other social sciences. The research on human capital and economic consumption has mainly been conducted at the theoretical or macro level using factors such as economic growth, wage contract, and life cycle. In contrast, studies from a micro perspective focus on the returns from investments in private education and health. As a result, little firm level research is available. Moreover, in recent years, the pay gap between executives and employees has attracted significant attention from the media, the public, and the government. For example, in January 1st, 2015, the Chinese government implemented a salary reform scheme for central enterprise principals, targeting around 200 executives from 72 SOEs. This reform reduced the executive-worker pay ratio to about eight times. However, further research is needed on the economic consequences of the intra-firm pay gap between executives and employees.

In this paper, we examine the impact of the pay gap between executives and employees on the human capital structure of firms. Research has shown that the intra-firm pay gap has a significant influence on firm performance and productivity, and that this influence originates from the incentive effect of the pay gap on different levels of employees. We argue that the firm pay gap can affect the human capital structure of a firm by altering the incentives of both managers and employees. We use two competing theories to describe the economic incentives of pay gaps: tournament theory and comparison theory. In addition, we use the economic theories of matching and managerial talent to explain some of our results. Practically, firms match the various abilities of managers by designing different pay policies. Moreover, different compensation contracts provide different choices for employees with different levels of education. Therefore, it is important to investigate how the pay gap affects the human capital structure of firms.

We manually collect education data on the employees of Chinese listed firms from 2000 to 2015. Specifically, we classify human capital into three types: high education employees, medium education employees, and low education employees. We use the ratio of the average managers' remuneration to the average employees' salary to measure the intra-firm pay gap. We obtain financial data and corporate governance information about the listed firms from the China Stock Market and Accounting Research (CSMAR) database and the Wind database. We also exclude firms from the financial industry. Our analyses generate the following findings. First, a fimfs pay gap reduces the ratio of bachelor degree employees, and increases the ratio of employees with low education. Second, using an instrumental variable approach and a scenario analysis of the global economic crisis, we find that the pay gap has a causal impact on the human capital structure of firms. Third, for firms with a small pay gap, enlarging a firm's pay gap significantly increases the ratio of employees with a low education, whereas it reduces the ratio of employees with a mid-level education. A possible explanation for this is that employees with different levels of education have different degrees of bargaining power. However, for the firms with a high pay gap, increasing the pay gap has a positive effect in attracting employees with a high level of education who may be future managers. Fourth, the relation between a firm's pay gap and the changes in the human capital structure are more salient in firms that are large or employ young executives. Finally, human capital has a significant mediating effect on the relationship between a firm's pay gap and innovation, which suggests that a high pay gap increases the ratio of highly educated employees and thus leads to more innovations.

This paper makes three contributions to the literature. First, we measure firms' human capital using their employees' educational data, and thus are able to provide direct evidences of firms' human capital. Second, we examine the effects of the intra-firm pay dispersion on the structure of human capital at the firm level, which provides a relatively new angle for uncovering the economic consequences of the intra-firm pay gap. Third, our findings provide clear policy implications by showing the relationship between the pay gap and a firm's human capital structure. To match the human capital structure to the development of firms, policy makers need to designan a effective compensation system.

How Do Former CEO Directors Affect Corporate Resource Adjustments

ZHOU Linjie LIU Huilong ZHANG Hongxia

(School of Economics, University of Chinese Academy of Social Sciences; Business School, University of International Business and Economics)

It is common for companies to retain their former CEO on the board (Brickley et al., 1999; Korn Ferry, 2014; Lee, 2011). However, whether companies should have former CEO directors is theoretically controversial. On the one hand, former CEO directors have accumulated firm and industry expertise and social relations with company stakeholders, allowing them to fulfill their tasks effectively (Andres et al., 2014; Fahlenbrach et al., 2011). On the other hand, former CEO directors may hinder the authority of the incumbent CEO, weaken the independence of the Board of Directors, and prevent the company from canceling projects implemented during their tenure (Andres et al., 2014; Fahlenbrach et al., 2011), thus creating barriers to the company's efforts to improve operations through resource adjustments. Therefore, the economic consequences of retaining former CEO directors is an interesting topic that requires empirical testing. However, such research remains rare. The literature focuses on the effects of former CEO directors on management incentives and corporate performance (e.g. Andres et al., 2014; Bermig and Frick, 2010; Evans et al., 2010; Fahlenbrach et al., 2011; Fiss, 2006; Quigley and Hambrick, 2012), while no research has investigated the impact of former CEO directors on company resource adjustment behavior.

This paper uses the data on Chinese listed companies to study the impact of former CEO directors on company resource adjustment behavior from the perspective of cost stickiness. Cost behavior is a result of resource adjustment. Cost stickiness indicates that resource input is “easy to increase and hard to reduce”, which is an important perspective that reflects corporate resource adjustment behavior. We find that former CEO directors increase cost stickiness, and this effect is more pronounced when managerial ownership is lower, the company is non-state controlled, and industry competition is less intense. We also find that former CEO directors increase cost stickiness whether they are retained as the chairman or ordinary director, and whether it is a family business or not. These results indicate that former CEO directors increase cost stickiness by hindering the corporation’s reduction of resource input. These results are not explained by the effects of the former CEO directors’ knowledge, experience, and social capital on corporate resource adjustment costs, or the effects of former CEO directors on management agency problems.

This paper contributes to the literature in several ways. First, it enriches the research on the economic consequences of former CEO directors from the perspective of cost stickiness, which reflects the asymmetric characteristics of company resource adjustment. As cost stickiness has a direct impact on company performance, the findings deepen our understanding of the channel through which a former CEO affects company performance. Second, as far as we know, no prior research has explored the impact of former CEO directors on cost stickiness. By filling this gap, this paper enriches our understanding of how cost stickiness is affected by personnel arrangements on the board, and is the first to provide empirical evidences for the “adjustment cost view” of cost stickiness from the perspective of former CEO directors.

The findings have important implications for theoretical research and practices. First, we should consider the asymmetrical effects of former CEO directors on company resource adjustment when studying their effects on company performance. Second, when studying the economic consequences of former CEO directors, the moderating effects of ownership and market competition should be considered. Third, as the asymmetrical impact of former CEO directors on company resource adjustment is likely to benefit the former CEO director instead of the company, the practice of retaining former CEOs on the board may require regulation. Fourth, the empirical evidences in this paper can help companies to adjust resources more efficiently by adjusting board structure. For example, as former CEO directors make resource input "easy to increase and hard to reduce", companies may need to avoid retaining the former CEO on the board to better promote the downward adjustment of resources.

Can High-speed Railway Improve the Accuracy of Analysts' Earnings Forecasts? Evidence from Listed Companies

YANG Qing JI Yun WANG Yanan

(School of Economics, Fudan University;

School of Finance, Central South University of Finance, Economics and Law)

China's achievements in high-speed rail have attracted worldwide attention. The development of the high-speed rail network has effectively broken the spatial barriers between cities and facilitated the mobility of resources and production factors, especially people and information. As information intermediaries in the financial market, securities analysts actively collect important information on listed companies through various channels, such as company announcements, field investigations, and strategy meetings. They then use this information to make earnings forecasts and guide their investment decisions in the capital market. For security analysts, the high-speed rail network has effectively shortened the space-time distance between cities and reduced the cost of communicating information. The network has also facilitated field investigations of listed companies and private communications with managements for analysts, and thus reduced the original information restrictions and helped improve the accuracy of analysts' earnings forecasts.

For our empirical analysis, we collected data on the high-speed rail stations in 201 Chinese prefecture-level cities from 2006 to 2016, and then matched these data with the panel data of 1244 listed companies in the A share market. Using the operation of high-speed rail as a quasi-natural experiment and using the Difference-in-Difference (DID) model, we studied the impact of high-speed rail on the earnings forecasts of security analysts. We found that after the high-speed railway entered service, the accuracy of the analyst earnings forecasts for companies located along the network was significantly improved, and the forecast divergence and optimism of the analysts' earnings were reduced. Further analysis of the internal mechanism showed that the introduction of high-speed rail prompted analysts to conduct more field investigations of the listed companies along the network. Compared with firms not located along the network, the number of analysts participating in investigations and the number of investigations per capita increased for the companies on the network after high-speed rail was introduced. Moreover, we found that the high-speed rail had heterogeneous effects on analysts' earnings forecasts. For enterprises with lower information processing costs, better corporate governance, and lower fund shareholding, the accuracy of the analysts' earnings forecasts clearly improved, and the divergence and optimism of the earnings forecasts were effectively reduced. In addition, from a dynamic point of view, the impact was mainly detected two years after the high-speed rail network began operating, which indicates that it takes some time for high-speed rail to affect the mobility of the information in the capital market by increasing the research frequency and private information of analysts.

The study makes three main contributions to the literature. First, it extends the research on the economic effects of high-speed rail, and uses data at the micro-company level for the first time to demonstrate the impact of a high-speed rail network on the earnings forecasts of security analysts from the perspective of private information on the capital market. Second, by using the high-speed rail network as a quasi-natural experiment in which the ability of analysts to obtain private information is improved, we verify the impact of the relaxation of the information constraints on analysts' earnings forecasts and effectively alleviate the problems of self-selection and endogeneity in the samples. Third, we confirm the internal mechanism by which the introduction of high-speed rail improves the accuracy of analysts' earnings forecasts through the increased field research and information mobility of the analysts.

The findings of this study have two main implications for policymakers. First, our findings show that high-speed rail helps to accelerate the movement of people and information between adjacent cities, and hence enhances the information disclosure of listed companies and reduces the degree of information asymmetry in the capital market. This shows that the construction of the high-speed rail network produced positive externalities and provides empirical supports for the construction of high-speed rail networks. Second, we also add to the literature on analysts's earnings forecasts. The capital market is itself a market for information. Thus, we examine the exogenous impact of high-speed rail on the cost of communicating information. We then study the impact of the acquisition of private information on analysts' forecasting behavior, and find that there is still a serious degree of information asymmetry between analysts and listed companies. Field investigations by analysts provide an effective channel for alleviating this information asymmetry and help to improve the pricing function and resource allocation efficiency of the capital market.

Fund Performance Attribution and Investor Behavior

LI Zhibing LIU Xiaoyu

(Guanghua School of Management, Peking University;
School of Economics and Management, Tsinghua University)

Open-end funds are one of the most popular asset management tools worldwide, and the past decade has witnessed their blossoming in China. By the end of 2016, the net asset value of open-end funds in China had increased to RMB 8886.899 billion yuan, gaining a market share of 97. 74% in the whole fund market in China. Therefore, what most influences Chinese investors when selecting open-end funds is a topic worth exploring.

The literature on how investors make investment decisions is mainly focused on the U.S. market. Some studies find that CAPM alpha explains U.S. mutual fund flows (Barber et al., 2016) and hedge fund flows (Agarwal et al., 2018) better than the alphas of more sophisticated models. As the Chinese fund market is still emerging, and the Chinese market differs from that of the U.S. in terms of microstructure, we are interested in how Chinese investors identify the manager ability. Which aspect of fund performance do they value most when making decisions on buying or redeeming? The risk exposure or the alpha? And which alpha? In addition, institutional investors are believed to have greater professional skill and information advantage compared with individual investors, and thus to be less prone to irrational issues when making decisions (Daniel et al., 1997). Do they therefore behave differently from individual investors in fund selection?

The main contribution of this paper lies in seeking to identify how investors distinguish the fund manager's active management ability from fund risk exposure over a long period. We thus compare the impact of alphas adjusted by different risk factors on the net cash flow of funds and the influence of risk exposure. Our paper also supplements the literature on the "redemption anomaly" in China's fund market by providing evidences from a new perspective. Given that rational investment decisions select funds with stable alphas, we explore the link between investor redemption behavior and the fund's alpha rather than its performance as a whole. We find differences between institutional and individual investors in the evaluation of risk adjustment benchmarks and fund manager ability, and thus provide new evidences for their behavioral differences.

In the empirical section, we focus on 64 open-end funds lasting from January 1st, 2006 to December 31st, 2016, drawing all data from CSMAR. We find that the current and lagged raw excess return, CAPM alpha, Fama-French 3-factor alpha, and Fama-French 5-factor alpha all have strong explanatory power for net fund flows. The current alphas are positively correlated with net capital flow whereas the lagged alphas are negatively correlated. The results indicate that the lagged alpha has a greater effect on buying decisions, whereas the contemporaneous alpha is more responsible for redeeming behavior. Investors tend to redeem their shares when the contemporaneous fund alpha is high, perhaps to realize immediate gains. Such behavior corresponds to the "redemption anomaly" which is still in suspense based on the perspective of the funds' alpha, which may be related to the disposal effect in China's fund market and is adverse to the long-term development of China's fund industry.

Overall, we discover that simple models such as the raw excess return and CAPM alpha can better explain changes in net fund flows, which may be due to a lack of sufficient investment tools in the Chinese market. Although some risk factors are recognized by the market, it remains difficult for individual investors to hedge against these factors at low cost or to obtain a corresponding benefit in the actual investment. Therefore, investors may resort to simple models such as CAPM as a benchmark and investors regard the compensation for risk exposure fund style as the measurement of manager ability of the fund manager. In subsample tests, we find that individual investors rely more on simple adjustments in evaluating a fund managers' ability, while institutional investors make stricter distinctions. Further, we find that the advantages of raw excess return and CAPM alpha are mainly concentrated in periods of lower market volatility and higher investor spirit.

In addition, we find that fund flows are far more sensitive to risk exposure than to manager ability (alpha), contrary to the findings in the U.S. market (Barber et al., 2016). The tendency of Chinese investors to investors regard the compensation for risk exposure fund style as the measurement of manager ability may lead to herding behavior that further aggravates the volatility of the capital market. Therefore, it is necessary to equip individual investors in China with more professional knowledge and more financial products to guide them particularly to fully understand risk, and enable them to manage it effectively.

Mutual Fund Manager Turnover, Stock Connection, and Stock Price

LI Ke LU Rong XIA Yi HU Fan

(School of Finance, Shanghai University of Finance and Economics)

Mutual fund investment behavior has a great impact on the stock price. The imperfections in China's capital market affect the stock return and return correlation, which may lead to large fluctuations in the capital market. Based on previous research on stock connection and stock price, we study how fund behavior affects the stock connection and stock price from the perspective of fund manager turnover. Specifically, new fund managers usually sell the stocks held by former fund managers and rebuild their own investment portfolios. The turnover of fund managers therefore breaks the stock connections in the original portfolios and reduces the correlation of stock returns, thus affecting stock prices.

Based on the sample of mutual funds in China from 2008 to 2014, this paper studies the impact of fund manager turnover on the stock connection. The stock connection in the original portfolio will be weakened if the new fund manager sells the stocks of the original portfolio and rebuilds a new portfolio. The results of the study show that the stock connection in the original portfolio is reduced by 1.9 percent after fund manager turnover, and the effect is statistically and economically significant. Furthermore, the stock connection for stocks with higher common ownership are more affected by the influence of fund manager turnover.

Furthermore, we study whether the change in stock connection caused by fund manager turnover affects the stock price. We construct a hedging strategy:

buy the stocks with the highest fund common ownership in a non-turnover portfolio, and sell the stocks with the highest fund common ownership in a turnover portfolio. We find that the hedging strategy achieves significant excess return. The average daily excess return of hedging portfolios is 0.1 percent after adjusting against the CAPM model and the Fama-French three-factor model. The evidence shows that the stocks of the original portfolio experience lower returns after fund manager turnover.

The excess return of the hedging strategy comes from the change in the stock connection caused by fund manager turnover. We continue to examine the joint impact of fund manager turnover and stock connection on the stock price. We process a regression analysis to study the effect of fund manager turnover, fund common ownership, and their interaction on the daily normal return and the risk-adjusted abnormal return. The results show that the regression coefficient of the interaction of fund manager turnover and fund common ownership is-0. 009, which indicates that the daily return of the stocks with the highest correlation in the original portfolio is reduced by 0. 9 percent after fund manager turnover.

This paper makes several contributions to the literature. First, it extends the research on stock connection. Stock connection is an important topic in finance, but in empirical research it is always influenced by the endogeneity problem. The literature provides empirical evidences from the perspective of mutual fund flows, and this paper extends that research. We find that even without a change in fund flows, a change of fund behavior will affect the investment behavior of fund managers, and in turn affect the stock connection and stock price. Second, this paper extends the research on fund common ownership by providing evidences that fund common ownership may exacerbate stock price volatility. Previous studies have suggested that information sharing leads to stock connections, therefore fund common ownership exacerbates the stock price volatility. However, there is little evidences to prove the micro-economic mechanism of this effect. From the perspective of exogenous shocks to fund common ownership, this paper provides evidences on how fund behavior affects the stock connection and stock price. Third, this paper extends the research on fund manager turnover. Previous research regards fund manager turnover as an independent event within a fund, focusing on the characteristics of fund manager turnover or the impact of fund manager turnover on the fundus investment behavior and performance. This paper argues that a change in fund manager has an impact not only within the fund, but also outside it. Therefore, we take fund manager turnover as an external shock, and study the impact of fund behavior on the stock connection and stock price. The evidence from the study shows that fund manager turnover will not only affect the stock price of the manager's own fund, but also the correlation and price of other stocks through fund common ownership.

Composite Profitability of Chinese Firms and Stock Returns

XIE Qian TANG Guohao LUO Qianlin

(Institute of Economics, Chinese Academy of Social Sciences;
College of Finance and Statistics, Hunan University)

The question of why different assets deliver different returns is a fundamental problem in finance. In this regard, the literature has mainly focused on the relationship between the profitability and subsequent stock returns of firms. Profitability is also an important factor in the newly proposed asset pricing models. Furthemiore, the empirical research on asset pricing has shown that a large number of firm characteristics can be used to forecast a cross-section of stock returns. However, because some of these factors have lost their predictability after being identified in academic papers or learned by the market, the question of how to extract the commonalty of the predictors and aggregate the effective information has become a key issue in empirical finance. Different from the literature, which explores the predictability of individual profitability-related proxies, in this paper, we aggregate a composite profitability measure of Chinese firms from a set of individual profitability-related indicators. We then investigate the relation between a firm's composite profitability and stock returns in the Chinese stock market.

Specifically, we use the Partial Least Squares (PLS) and Forecast Combination (FC) methods to aggregate a composite profitability measure from 12 individual profitability related proxies. Composite profitability provides a comprehensive measure of a firm's profitability, and may provide the basis for a new asset pricing model. We obtain data from the China Stock Market and Accounting Research (CSMAR) database from 2000 to 2017, including accounting data, monthly stock returns, Fama-French (1993, 2015) common factors, and the Chinese risk-free rate. We find that firms with high composite profitability always have high future stock returns. Using the single factor PLS method and taking the 12-month average slopes are the most efficient way to aggregate the composite profitability. The long-short portfolio generates 15% average annualized returns, with a Sharpe ratio of 0.75. In comparison, using the FC method to calculate the composite profitability generates lower subsequent stock returns. The main objective of PLS is to extract a common factor from a set of predictors that has the highest covariance with the predicted variable, which is a "disciplined" dimension reduction technique. The FC approach averages the univariate predictive regression values of firms' profitability equally, but it ignores the multivariate information structure and the interaction between firms' profitability. Hence, the PLS approach is more effective in aggregating information for cross-sectional analyses, and makes more accurate future return predictions.

We use different asset pricing models to calculate the abnormal returns generated by the composite profitability, including the Fama-French five-factor model. The results show that when using the PLS single factor model, the abnormal returns of the monthly long-short portfolios are 1. 27% (t=3.07), 1. 50% (t=3.16), and 1. 22% (t=2.94) based on the Capital Asset Pricing Model, and the Fama-French three-factor and five-factor models. After controlling for other firm characteristics and risks, such as firm size, book-to-market ratio, and reversal, the positive relation between composite profitability and stock returns is still significant and robust. We then investigate why firms with a high composite profitability have higher future stock returns. The results indicate that the composite profitability premium is stronger among firms with low investment friction, which is consistent with the implications of the investment-based Q-theory asset pricing models. However, the premium is not stronger among firms with high mispricing, which contradicts the behavioral mispricing explanations.

Our results differ from the findings on the U.S. market, which suggests that investors in the Chinese market have to focus on the rational expectation-based model. Our findings also indicate that the research on the international markets cannot adequately explain what happens in the Chinese market. Furthermore, reducing the investment friction helps the market to value its composite profitability more precisely. Future studies should focus on other aggregated information on firm characteristics, such as the investment and trading frictions. Moreover, the economic links and information structure of these factors should also be explored to understand the uniqueness of the Chinese stock market.